大数据+

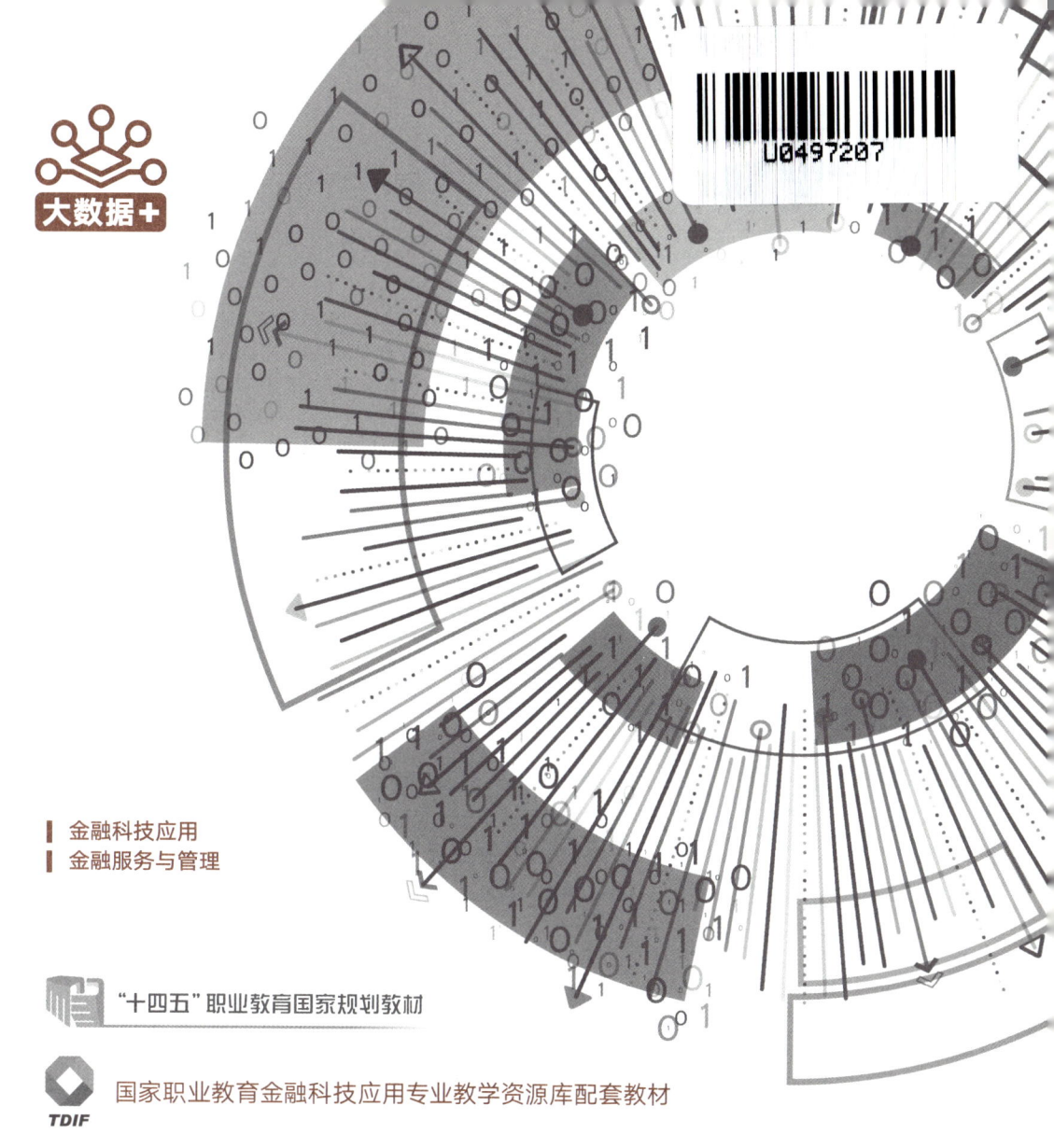

金融科技应用
金融服务与管理

"十四五"职业教育国家规划教材

国家职业教育金融科技应用专业教学资源库配套教材

职业教育国家在线精品课程配套教材

高等职业教育财经类专业群 **数智化财经** 系列教材

金融科技概论

主编　郭福春　吴金旺

中国教育出版传媒集团
高等教育出版社·北京

内容提要

本书"十四五"职业教育国家规划教材，是国家职业教育金融科技应用专业教学资源库配套教材，是高等职业教育财经类专业群数智化财经系列教材之一。

本书为适应《职业教育专业目录（2021年）》中"金融科技应用"新专业的设置要求，采用校企双元合作开发方式编写。本书的主要内容包括：金融科技概述、金融科技的技术基础、金融科技的支付工具、银行业金融科技、证券业金融科技、保险业金融科技、其他行业金融科技、金融科技的风险与监管、金融科技发展展望。

本书可作为中等职业院校、高等职业院校、职业本科院校及应用型本科院校财经商贸类专业金融科技相关课程的教材，也可以作为金融科技领域相关从业人员和科研人员的参考用书。

本书依托国家职业教育金融科技应用专业教学资源库建设了课程标准、教学设计、微课、动画、视频、图表、案例、习题、试卷、实训等类型丰富的数字资源，精选其中具有典型性、实用性的资源在教材中以二维码的方式呈现，供读者即扫即用。其他资源服务详见书后"郑重声明"页的资源服务提示。

图书在版编目（CIP）数据

金融科技概论 / 郭福春，吴金旺主编 . -- 北京：高等教育出版社，2021.8（2023.8重印）

ISBN 978-7-04-056361-0

Ⅰ．①金… Ⅱ．①郭… ②吴… Ⅲ．①金融-科学技术-高等职业教育-教材 Ⅳ．① F830

中国版本图书馆 CIP 数据核字（2021）第 134046 号

金融科技概论
JINRONG KEJI GAILUN

策划编辑	黄 茜	责任编辑	黄 茜	封面设计	李树龙	版式设计	于 婕
插图绘制	黄云燕	责任校对	窦丽娜	责任印制	赵 振		

出版发行	高等教育出版社	咨询电话	400-810-0598
社 址	北京市西城区德外大街 4 号	网 址	http://www.hep.edu.cn
邮政编码	100120		http://www.hep.com.cn
印 刷	北京鑫海金澳胶印有限公司	网上订购	http://www.hepmall.com.cn
开 本	787mm×1092mm 1/16		http://www.hepmall.com
印 张	17.75		http://www.hepmall.cn
字 数	330 千字	版 次	2021 年 8 月第 1 版
插 页	2	印 次	2023 年 8 月第 6 次印刷
购书热线	010-58581118	定 价	46.80 元

本书如有缺页、倒页、脱页等质量问题，请到所购图书销售部门联系调换
版权所有 侵权必究
物料号 56361-A0

总　　序

物联网、区块链、大数据、人工智能、移动互联网、云计算等现代信息技术的发展与进步，推动了许多传统行业的变革，金融业也不例外。近年来，大量基于现代信息技术的金融服务模式应运而生，并对传统金融业产生了深刻而长远的影响，"金融科技"逐渐成为社会各界关注的焦点。2022年1月，《金融科技发展规划（2022—2025年）》发布，明确了金融科技行业的发展环境、总体布署、重点任务、实施保障。金融科技作为技术驱动的金融创新，是深化金融供给侧结构性改革，增强金融服务实体经济能力的重要引擎。数字经济的蓬勃兴起为金融创新发展构筑广阔舞台，数字技术的快速演进为金融数字化转型注入充沛活力，金融科技逐步迈入高质量发展的新阶段。

国家职业教育金融科技应用专业教学资源库（原"互联网金融专业教学资源库"）项目自2017年开始筹建，2019年获教育部、财政部正式立项。项目由中国特色高水平学校浙江金融职业学院主持，广东番禺职业技术学院、安徽国际商务职业学院、保险职业学院、长春金融高等专科学校、扬州工业职业技术学院、浙江同济科技职业学院、黎明职业大学、北京经济职业管理学院、广西国际商务职业技术学院、河北软件职业技术学院、无锡商业职业技术学院、长江职业学院、武汉职业技术学院、台州科技职业学院等高校参与，在全国金融职业教育教学指导委员会、高等教育出版社以及金融和金融科技企业的支持下开展建设与应用。项目响应国家"一带一路"倡议，服务"信息技术"赋能"金融"国家战略，适应"互联网+教育"融合发展趋势，发挥信息技术在金融科技职业教育专业教学改革中的关键作用，把握金融科技行业发展趋势及人才培养需求，以大数据、人工智能、移动互联网、云计算、物联网、区块链等先进技术为指引，以金融科技的主要业务模式及核心技术为主线，依托金融科技应用专业人才培养模式的相关研究成果，融合互联网行业的最新技术应用，融入创新创业教育，实现线上线下混合式教学的资源应用模式。项目打造了体现职业教育特色的"互联网+金融"复合型、创新型、专业型人才培养的教育资源体系，在资源建设领域、资源应用领域、资源管理领域充分运用"互联网+"思维与最新技术，创新"常态有效管理+联盟共建共享+校企深度融合"的资源库应用与更新管理机制，建成国家急需、设计一流、结构合理、素材丰富、资源优质、广泛使用、持续更新、深度应用的专业教学资源库。项目遵循"一体化设计、结构化课程、颗粒化资源"的建构逻辑，构建"一体两翼三保障四用户"的资源体系，建立从资源建设到资源应用与再生的良性循环。"一体"即资源建设主体，以专业资源中心、课程资源中心、创新资源中心、培训中心为平台，建设2门专业基础课程，7门专业核心课程、7门专业拓展课、1门国际化课程、1门社会培训课程、1门对接专业的创新创业课程，以及7个专业素材库和11个特色资源中心。"两翼"即支撑，是服务于"一体"的两大支撑系统，包括外部评估系统、内部共建系统。"三保障"是为了保障资源库建设的运行保障体系，包括组织保障、资金保障、技术保障体系。"四用户"是指最终建设的资源库能够满足学生、教师、企业员工、社会学习者四类用户的需求。

本系列教材根据《职业教育专业目录（2021年）》和《职业教育专业简介》（2022年修订）的要求，结合高职高专学生学情，在内容选取上结合金融科技发展态势，增加了新兴业态；在体例上采取理实一体化、案例式、项目化等形式组织教学内容，符合职业教育人才培养要求。国家职业教育金融科技应用专业教学资源库数字化资源丰富多样，在数量和类型上超出标准化课程调用的资源范围，实现资源冗余，以方便教师自主搭建课程，同时方便学生开展拓展学习。资源文件标注元数据，标注资源适用的课程、使用主体、教学应用类型等应用建议，实现多方需求主体对颗粒化资源的个性化定制需求，系列化纸质教材直接链接相关数字化教学资源，实现资源库"能学辅教"的功能目标。

我们相信通过科技的力量赋能金融，金融服务将更加便捷、高效，金融将会更快、更精准的服务实体经济，使得更多的人拥有享受金融服务的权利，这也是金融行业发展的必然趋势。金融科技行业的健康发展，需要大量既懂金融又懂科技的专业人才，优化金融业人员结构，为金融科技发展提供智力支持。这套由高职院校和金融科技权威企业共同编写的教材，包含着近万条优质数字化教学资源，已累计服务全国9万余名网络学习者，得到使用者的广泛好评。衷心地希望国家职业教育金融科技应用专业教学资源库项目成果能为高职金融科技应用新专业技术技能型人才培养提供有效支持，引导金融职业教育人才培养改革与创新，提高职业教育的市场适应性、贡献率和社会吸引力，提升职业教育支撑我国金融业发展的能力。

国家职业教育金融科技应用专业教学资源库项目组

2023年5月

前　言

在新一轮科技革命和产业变革的背景下，人工智能、大数据、云计算、5G、物联网、区块链等信息技术与金融业务深度融合，为金融发展提供源源不断的创新活力。金融科技通过提升传统金融业务服务实体经济的能力，为推动经济高质量可持续发展创造条件，已经成为金融业发展的制高点和重要方向，为我国实现高水平科技自立自强、建成现代经济体系的宏伟愿景贡献力量。

国家职业教育金融科技应用专业教学资源库于2019年获教育部、财政部正式立项，"金融科技概论"是该项目的核心课程之一。本书是"金融科技概论"课程的配套教材，编写过程中认真贯彻落实党的二十大精神，立足科技自立自强、文化自信，"坚持科技是第一生产力、人才是第一资源、创新是第一动力"的人才培养方向，以"职业化"为特色，以问题为导向，以案例为载体，从培养学生职业素质、专业能力、社会能力、方法能力、学习能力出发，以服务专业、服务后续课程、服务应用、服务市场为宗旨，理论与实践结合，理论知识以必需够用为度，加强实践技能的训练，培养学生发现问题、分析问题、解决问题的职业技能。

本书的编写突出以下特色：

第一，契合《职业教育专业目录（2021年）》中"金融科技应用"新专业的设置要求，采用校企双元合作开发方式编写而成。

第二，依托国家专业教学资源库，建设了大量包含微课、动画、虚拟仿真等类型丰富的数字化教学资源，精选其中具有典型性、实用性的教学资源，以二维码形式标注在教材边白处，实现信息时代时时、处处、人人学习的需求。

第三，融合现代信息技术与金融业务，关注金融科技领域的新趋势、新变化、新政策，融入企业真实案例，将金融科技领域最新的变化体现在教材编写中。

第四，从高等职业教育应用型金融科技人才培养的实际情况出发，同时兼顾了高等职业院校学生理论知识的可接受程度，教材内容简洁明了，通俗易懂，图表丰富，具有较强的可阅读性、实用性、趣味性和新颖性。

第五，确保内容新颖易学、够用、实用、可拓展，力求体现"以就业为导向，以能力为本位"的精神，突出讲、学、练一体的思想，满足不同地域、不同类型高职院校的教学需求。

第六，每章设有知识目标、能力目标、素养目标、思维导图、延伸案例、实训练习和课后习题，体现知识、技能和素养培养与学习并重的理念，在最后有全书的思维导图，帮助学习者架构知识体系。

本书由高职院校一线教师及企业专家共同编写而成，由郭福春、吴金旺担任主编，具体编写分工如下：第1章由浙江金融职业学院陈文婷、余倩、申睿编写；第2章由浙江安防职业技术学院张丽娜编写；第3章由浙江金融职业学院史浩编写；第4章由长江职业技术学院李蓓蓓、刘熠、王微编写；第5章由四川大学锦城学院梁剑编写；第6章由上海高金金融研究院金融科技研究中心执行主任姜振兴、浙江金融职业学院周园编写；第7章由浙江经济职业技术学院姚建锋、吴庆念、吴珊、傅凌燕、许洋、徐扬、章莹编写；第8章由武汉职业技术学院曹文芳、李杏、付慧莲编写；第9章由北京经济管理职业学院吕勇、张蓓、魏曼编写。各章初稿完成之后，由吴金旺进行统稿和总纂，最终经郭福春审查定稿。主要编写人员均有商业银行、证券公司等金融机构以及金融科技公司工作或实习经历。

金融科技是金融与信息技术交叉的学科领域，融合还在不断深化，业务还在不断向前发展。本书在编写过程中，参考了大量文献资料，吸收了最新的研究成果，在此对有关作者表示感谢。由于作者水平及时间有限，本书还有很多不足之处，敬请广大专家和读者批评指正。

编者
2023年6月

目录

第1章 金融科技概述 / 001
1.1 金融科技的内涵与实质 / 004
1.2 世界几个主要国家金融科技发展现状 / 009
1.3 金融科技发展的理论基础 / 014
1.4 金融科技的影响与变革 / 021

第2章 金融科技的技术基础 / 033
2.1 5G与物联网 / 036
2.2 大数据 / 039
2.3 云计算 / 046
2.4 人工智能 / 050
2.5 区块链 / 056

第3章 金融科技的支付工具 / 067
3.1 电子银行支付 / 070
3.2 第三方支付 / 079
3.3 数字货币 / 085

第4章 银行业金融科技 / 099
4.1 银行业发展现状 / 102
4.2 银行业业务变革 / 104
4.3 银行业业务发展趋势 / 114

第5章 证券业金融科技 / 131
5.1 证券业发展现状 / 134
5.2 证券业业务变革 / 144
5.3 证券业业务发展趋势 / 153

第6章 保险业金融科技 / 165
6.1 保险业发展概述 / 168
6.2 保险业主要业务变革 / 172
6.3 保险业业务发展趋势 / 183

第 7 章　其他行业金融科技　/　193

7.1　征信行业金融科技　/　196

7.2　财富管理行业金融科技　/　200

7.3　互联网企业金融科技　/　204

第 8 章　金融科技的风险与监管　/　219

8.1　金融科技的主要风险　/　222

8.2　金融科技的风险控制　/　226

8.3　监管科技应用　/　234

第 9 章　金融科技发展展望　/　245

9.1　金融科技创新面临的挑战　/　248

9.2　金融科技未来场景展望　/　253

9.3　全球金融科技生态系统　/　260

参考文献　/　270

Chapter 01

第 1 章
金融科技概述

- 1.1 金融科技的内涵与实质
- 1.2 世界几个主要国家金融科技发展现状
- 1.3 金融科技发展的理论基础
- 1.4 金融科技的影响与变革

学习目标

知识目标
- 掌握金融科技的概念、内涵与实质
- 熟悉世界主要国家金融科技发展状况
- 掌握金融科技发展的理论基础
- 了解金融科技的影响、价值与变革

能力目标
- 能够对金融科技的发展进行简单分析
- 能够对金融科技发展的理论基础进行比较分析

素养目标
- 通过各国金融科技发展现状的对比，强化社会主义核心价值观和爱国主义精神
- 通过学习金融科技的影响与变革，培养学生的开放精神、全球视野和民族自信

思维导图

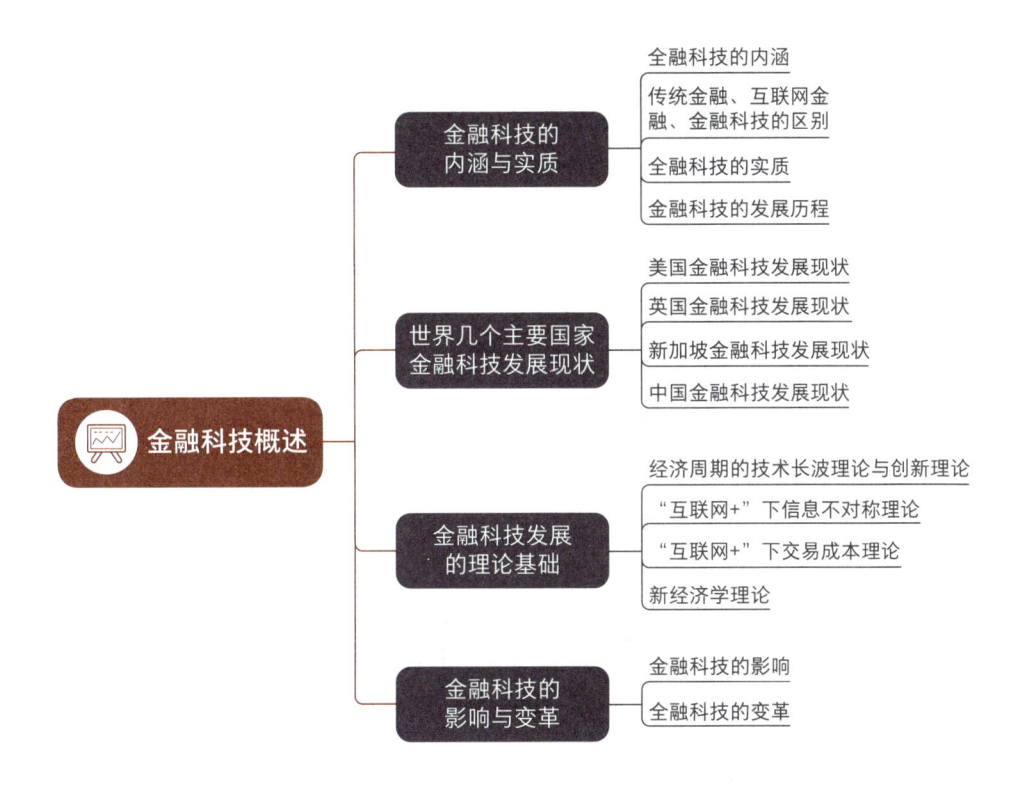

- 金融科技概述
  - 金融科技的内涵与实质
    - 金融科技的内涵
    - 传统金融、互联网金融、金融科技的区别
    - 金融科技的实质
    - 金融科技的发展历程
  - 世界几个主要国家金融科技发展现状
    - 美国金融科技发展现状
    - 英国金融科技发展现状
    - 新加坡金融科技发展现状
    - 中国金融科技发展现状
  - 金融科技发展的理论基础
    - 经济周期的技术长波理论与创新理论
    - "互联网+"下信息不对称理论
    - "互联网+"下交易成本理论
    - 新经济学理论
  - 金融科技的影响与变革
    - 金融科技的影响
    - 金融科技的变革

1.1　金融科技的内涵与实质

1.1.1　金融科技的内涵

蓬勃发展的信息技术正在深刻改变着全球经济和社会生活的方方面面，数字经济已经成为当前各国经济增长的最大驱动力。与之匹配的金融科技也在金融乃至更广泛的领域产生影响与变革。金融科技是大数据背景下利用网络数字化技术所形成的一种金融新业态，是与数字经济相匹配的一种金融服务。2019年8月，中国人民银行印发《金融科技（FinTech）发展规划（2019-2021年）》，从国家层面指明了金融科技的发展方向，推动和规范金融科技的健康发展。

金融科技是金融与科技的结合，互联网行业将信息技术应用于金融，或者金融行业引入互联网技术，即"互联网+金融"或"金融+互联网"。对此，谢平等（2014）称为互联网金融，认为互联网金融是一个谱系概念：一端为传统银行等中介及市场，另一端是瓦尔拉斯一般均衡对应的无金融中介或市场的情形，介于两端之间的所有金融交易与组织，都属于互联网金融。这个概念强调了互联网金融的中介性，却未区分互联网金融与金融科技的区别，以及金融科技的内涵与本质特征。金融科技与传统金融、互联网金融都有着本质上的差别。

目前，广泛引用的金融科技概念是金融稳定理事会（Financial Stability Board, FSB）于2016年3月的定义，即金融科技是由技术所带来的金融创新，能创造新的业务模式、流程、产品，从而对金融市场、金融机构提供服务的方式造成巨大影响。该定义强调了技术对推动金融创新的重要性和这种金融创新的结果，但未指出技术如何推动金融创新。

易宪容等（2019）把金融科技定义为通过网络数字化的技术，全面整合相应的金融数据资源，实现金融数据共享，以此为客户提供创造价值的定制化金融服务，最终实现金融服务的自动化、行动化、智能化、大众化、普惠化，从而形成的一种金融服务的新业态。该定义概括了金融科技的主要内涵和本质特征，即以大数据为基础的新金融服务业态。

1.1.2　传统金融、互联网金融、金融科技的区别

随着人类迈入数字经济时代，海量数据不断涌现，人类的数字化处理技术和能力也得到大幅度提升，大数据时代随之到来。大数据时代提供了观察复杂金融行为的新视角和新方法，人类在认知世界、实践方式和价值取向方面都发生了重大变革。这样的认知使得金融科技与传统金融、互联网金融都有着本质上的区别（见表1-1）。

表 1-1　金融科技与传统金融、互联网金融的区别

项目	传统金融	互联网金融	金融科技
本质特征	强调金融中介的重要性	金融价值创造、传递、交换	试错、快速迭代金融产品、高频率推陈出新
技术/金融服务维度	重金融服务维度——存款、信贷、汇款	重金融服务维度——支付清算、融资融券、基础设施、投资管理	重技术服务维度——大数据分析、移动计算、量化模型、云服务、人工智能、物联网、机器学习、生物识别（刷脸、指纹、声纹等）、区块链、SDK/API（场景服务技术）
机构主体	金融机构	金融机构、互联网企业、通信机构	金融机构、互联网企业、新兴科技公司、通信机构、基础设施部门、监管机构
新兴业态	无	互联网支付、互联网基金销售、互联网保险、互联网消费金融、金融门户等	支付&结算、交易&投资、流程&合规、数据&分析、数字现金&安全、开放银行等

微课：互联网金融的未来——金融科技

首先，金融科技是科技与金融的深度融合，用科技的力量和方式助力金融的发展，在产品和服务的表现形式上更多体现出科技公司的特点，从需求端出发设计产品，采用互联网公司小步快跑、快速迭代的产品运作模式，借助数据监控和智能开发工具，快速迭代金融产品，高频率推陈出新，从而快速找到适应市场需求的产品和服务模式。而传统金融和互联网金融更多从供给端出发，依据产品设计人员对市场的判断设计金融产品。

金融的本质是中介服务，利用信息的不对称性获取收益。传统金融主要借助人的力量消除市场上的信息差，效率较低，服务人群范围较窄；互联网金融借助互联网的力量，大大加速了金融信息的流动，但仍未从信息提供和交换方式上发生根本变革。而金融科技借助大数据、人工智能等算法，从需求端出发快速收集并深度挖掘和分析需要的信息，可以快速抹平信息差，使用户体验和客户利益最大化。

其次，从服务维度来看，传统金融侧重金融服务维度，围绕传统的"存、贷、汇"业务进行展业；互联网金融丰富了金融服务类型，通过互联网化改造提升了服务体验和服务效率，在支付清算、投资管理等领域优化了使用流程，但重心仍在金融服务。而金融科技充分发挥技术的力量，用大数据、物联网、移动计算、人工智能、SDK/API等技术深度改造金融服务流程，并拓展出更多

的金融服务类别和可能性，更加侧重技术服务维度。

再次，从机构主体的维度看，传统金融主要是各家金融机构参与其中，为客户提供专业而适当的金融服务。在互联网金融模式下，互联网公司和通信机构等"非传统"机构加入竞争，使得金融业态更加多元，服务更加多样，金融加入科技元素后，爆发出前所未有的生命力和新的创新方向。在金融科技模式下，科技对金融更深层次的参与和改造使得区块链、人工智能、身份认证等新兴科技公司加入金融赛道。此外，由于金融科技深度依赖云计算、5G 等基础设施，传统的基础设施部门也越来越深入地参与到金融科技的发展中。伴随着金融科技的快速发展，金融业的风险特点也在发生快速转变，对应的监管方式和监管模式也从宏观审慎监管逐步发展为科技监管（RegTech），监管机构借助科技的力量向监管智能化方向发展，以适应和匹配金融科技的发展。因此，由于金融科技模式下科技对金融进行了深度改造，由科技力量推动金融深化改革和发展，金融科技的参与机构主体也更加丰富和多元。

综合以上分析可见，金融科技与传统金融、互联网金融有着显著的不同，它们分别代表金融演进的三个阶段和层次。传统金融以"人"的力量为主，通过人力提供金融服务，信息传递效率较低，服务人群较窄；互联网金融借助互联网的力量，对传统的金融销售渠道产生了巨大冲击，大大提升了信息传输效率，拓展了金融服务人群，但技术仍起辅助作用，金融服务的核心和侧重点未产生本质改变；而金融科技阶段，大数据、人工智能等技术使金融朝智能化方向发展，技术深度改变了金融展业方式、风控手段等，成为推动金融发展的主要力量，由此产生了智能投顾、数字货币、开放银行等崭新的金融业态。

1.1.3 金融科技的实质

金融科技脱胎于传统金融和互联网金融，但与这二者又有本质区别。金融科技是以众多新兴科技为后端支撑，给传统金融行业带来新的业务模式的金融创新。金融科技利用新兴科技提升了金融的服务效率，创造了新的金融产品，拓展了新的金融服务需求，催生了新的商业模式，塑造了信用评级、风险定价等新方式。综合来看，金融科技具有以下五个典型特征。

1. 以新兴科技作为后端支撑

离开科技，金融科技就无从谈起。大数据、云计算、人工智能、区块链等新兴技术，是金融科技的重要后端支撑。

大数据不仅指数据的量大，还要求数据维度丰富，信息范围广泛。移动智能设备的普及使得用户生活方方面面的行为数据被捕捉，形成大数据。海量的数据犹如一座待开发的富矿，是金融科技的原材料，辅以云计算提供的算力和各种算法等分析工具，便可以对用户、产品、金融市场有更加全面而深刻的解读，挖掘出更加丰富的信息。

云计算提供数据的存储空间和计算能力，是大数据时代必备的基础设施。一方面，为大数据提供了灵活可变的存储空间和计算能力，为数据挖掘和应用打下坚实的基础；另一方面，可有效降低企业在服务器等硬件上的投入成本，降低创业门槛，促进金融科技的蓬勃发展。金融行业对数据的安全性和稳定性要求都高于平均水平，云计算也为金融行业定制了解决方案——金融云。依托金融云稳定可靠的存储和计算能力，金融科技有了发展的基石。

人工智能起源于20世纪四五十年代，经历了大半个世纪的理论研究和实践探索。得益于当前大数据的"原材料"积累和云计算的"处理能力"保障，人工智能进入快速落地和大规模商用阶段。在金融领域，人工智能通过分析和学习海量投资数据，可以为用户量身订制投资方案，提出理财建议；通过分析样本数据的用户特征及违约案例，可以智能预测真实用户的违约概率，进行智能风控；通过分析运营活动的成本收益关系，可以对不同消费倾向的用户实行智能定价，精准控制运营成本等。人工智能相当于金融科技的"大脑"，通过强大的自学习能力，对大数据中隐藏的信息进行充分挖掘，并且自我迭代和升级，为用户提供智能的金融服务，极大地降低了人力成本，提升了信息处理和解决问题的效率。

区块链是一种去中心化的分布式记账技术，因数字货币而被人熟知。从区块链的本质可以看到，区块链是具有去中心化、开放性、自治性、匿名性、信息不可篡改性等颠覆性特征的创新技术，除数字货币外还在支付清算、征信、智能合约等领域有着更广泛的应用。

综上，大数据为金融科技的发展提供了"原材料"，云计算提供了处理能力，人工智能是金融科技的"大脑"，区块链则从底层基础架构上革新了金融的信息组织模式。这四者有机统一，共同形成了金融科技的后端支撑，使得金融业在以这四项技术为代表的新兴科技驱动下，产生了许多科技与金融业务深度耦合的新业态，极大地促进了金融的发展。

2. 以金融业务模式作为应用对象

金融科技虽然以科技作为主要驱动力，并且深度嵌入金融业务之中，但本质仍是金融。人类社会正在经历着前所未有的信息技术革命，大数据、云计算等新兴科技对社会生活的各个方面均产生了重大而深远的影响，金融科技是其中之一。因此，金融科技是以金融业务模式作为新兴技术的应用对象，通过新兴技术的运用，深度改造金融业务和行业，是信息技术革命这个大背景下的一个缩影。金融科技在运行过程中，仍然要遵循金融的客观规律，对风险存有敬畏之心，用好科技这把"利剑"。

3. 以创新为灵魂

区别于互联网金融阶段中互联网对金融业务流程的优化方式和程度，在金融科技阶段，新兴技术对业务的参与度更深，颠覆了金融行业的部分业务展业方式，产生了刷脸支付、智能投顾、数字货币等全新的金融业态。正是由于这些颠覆性创新，才使得金融服务更加智能、普惠、高效，经历了数百年的发展之后重新焕发出勃勃生机，并且覆盖到更加广泛的客户群，对社会发展起到了积极的作用。创新是企业发展、行业发展、国家发展的不竭动力，金融科技所展现出的巨大生产力和蓬勃生命力，正是其不断拓展业务边界、精进创新的结果。

4. 技术与业务高度融合

金融科技是用新兴技术的手段解决金融的问题，金融和科技相辅相成，缺一不可。金融业务是技术的应用场景，技术是金融需求的解决和优化手段。同时，金融科技的大发展得益于技术和业务的高度融合，大数据、人工智能等技术不是停留在将金融业务电子化的浅层优化，而是从业务逻辑和问题解决方式上深度切入业务流程，从底层架构和信息流转方式上优化金融业务，提升生产效率。

例如，传统的信贷审批采用的是人工审查材料的方式，通过申请人/申请企业递交的材料中体现的还款能力、还款意愿等信息，审批人员依据经验判断风险，而金融科技背景下的智能风控，通过对申请人/申请企业的经营数据、行为数据等大数据综合分析，结合历史信贷案例和智能风控模型，判断申请人/申请企业的信用风险和可贷额度，持续追踪经营状况，进行动态及时的贷后管理。与传统的人工审核方式相比，智能风控不仅包含了传统人工审核的审核内容，而且拓展了监控的数据范围，优化了风控模型，很大程度上提升了风控的准确度和效率，这都是新兴技术与信贷管理业务高度融合的结果。

5. 后端技术交叉度高

大数据、云计算等新兴技术并不是孤立存在的，他们之间高度关联，互相协同，共同构成了金融科技的技术基础。大数据、云计算、人工智能、区块链四者相互关联，形成一个有机整体，共同开启了金融科技的新时代，推动金融行业向智能化发展。在智能投顾、智能客服、智能风控等场景下，均需要有大数据的信息输入，存储在云端，接着通过人工智能的各种算法进行分析，挖掘出数据中包含的信息，进而作出投资、风控、问答等决策，为用户提供便捷而普惠的金融服务。

1.1.4 金融科技的发展历程

金融科技的发展是金融和科技不断互动、相互融合的过程。科学技术的不断创新和深入发展，为金融服务的实现方式提供了更多可能性，也持续不断地塑造和改变着金融服务的实现形态甚至基础实现架构。伴随着科学技术发展的不断深化，金融科技总体经历了三个发展阶段（如表1-2所示）。

表1-2 金融科技发展阶段

阶段	金融科技1.0	金融科技2.0	金融科技3.0
金融与技术的融合形式	金融IT	互联网金融	金融科技
技术驱动力	银行、证券等行业软件系统应用、互联网普及	移动互联网的兴起和发展	大数据、云计算、人工智能、区块链
业务特点	业务驱动	场景驱动	数据驱动
典型应用举例	磁条信用卡、ATM机、POS机、交易系统、清算系统	网上银行、手机银行、无卡支付、互联网信贷	刷脸支付、机器人客服、智能网点

1.2 世界几个主要国家金融科技发展现状

1.2.1 美国金融科技发展现状

美国作为金融科技（FinTech）一词的诞生地，金融行业和高科技产业都很发达，金融行业与高科技的融合发展也走在世界的前列。目前，美国的金融科技产业发展处于国际领先水平，产业生态已经相当成熟，能够提供比较完善的产品和服务。但是，美国金融科技行业的发展虽然起步比较早，但主要还是在一些零星的领域，以补充为主，其主要原因一是那些历史较为悠久的金融机构实力更为雄厚，它们也一直跟随科技的脚步不断进行金融产品和服务的创新，这给美国的金融科技行业带来了很大的竞争压力；二是美国监管行业较为严格，严监管对金融创新有一定的影响。因此，美国的金融科技行业只能在传统大金融企业涉及不深的领域夹缝中发展。

2019年12月，浙江大学互联网金融研究院等单位联合发布《2020全球金融科技中心城市报告》，该报告根据总排名从高到低，精选前40座全球城市，美国的旧金山（硅谷）、纽约登榜八大全球金融科技中心城市，分别位于榜单中的第二和第三名。美国的金融科技发展地域分布比较集中，最有代表性的是旧金山（硅谷）和纽约。根据第29期"全球金融中心指数（GFCI 29）"显示（见表1-3），纽约是全球金融中心的榜首，紧密依托华尔街庞大的资本基础和既有的金融市场专才，不断涌现出表现出色的金融科技机构。硅谷的最大优势是科技创新，众多的金融科技独角兽企业在此孵化而生，而GAFA四大企业Google、Apple、Facebook、Amazon也持续在金融科技领域扩大投资。

表1-3 全球金融中心指数（GFCI 29）

全球金融中心	GFCI 29 排名	GFCI 29 得分	GFCI 28 排名	GFCI 28 得分	排名的变化	得分的变化
纽约	1	764	1	770	0	−6
伦敦	2	743	2	766	0	−23
上海	3	742	3	748	0	−6
香港	4	741	5	743	+1	−2
新加坡	5	740	6	742	+1	−2
北京	6	737	7	741	+1	−4
东京	7	736	4	747	−3	−11
深圳	8	731	9	732	+1	−1
法兰克福	9	727	16	715	+7	+12
苏黎世	10	720	10	724	0	−4
温哥华	11	719	24	698	+13	+21
旧金山	12	718	8	738	−4	−20
洛杉矶	13	716	11	720	−2	−4
华盛顿	14	715	19	712	+5	+3
芝加哥	15	714	20	711	+5	+3
首尔	16	713	25	695	+9	+18
卢森堡	17	712	12	719	−5	−7
悉尼	18	711	32	682	+14	+29
迪拜	19	710	17	714	−2	−4
日内瓦	20	709	14	717	−6	−8

数据来源：《第29期全球金融中心指数报告（GFCI 29）》

来自CB Insights的数据显示，2020年全球共有600多家独角兽企业，总市值超过2万亿美元。在所有细分市场中，金融科技和互联网软件服务是最具代表性的类别，分别占独角兽企业总数的15%；其次是直销电商（12%）和人工智能（8%）领域。

金融科技领域的独角兽企业共有96家，总值达4040亿美元。从全球分布上看（见图1-1），美洲地区为榜首，占比53%，其中美国拥有46家金融科技独角兽企业，占全球总数量的一半。这其中包括一些估值最高的金融科技公司，如：移动支付公司 Stripe（950 亿美元）、数字银行 Chime（145 亿美元）、在线券商 Robinhood（117 亿美元）、区块链技术公司 Ripple（100 亿美元）。

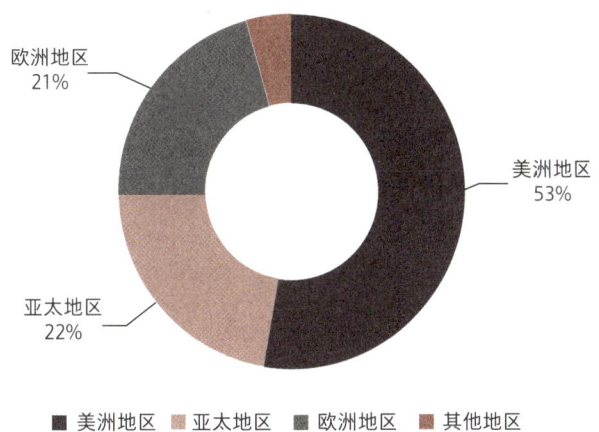

图 1-1　全球金融科技独角兽公司地区分布

数据来源：CB Insights

1.2.2　英国金融科技发展现状

英国是现代金融体制的发源地。1694 年，首家股份制银行英格兰银行的诞生，标志着现代商业银行出现以及新的信用制度的建立。一直以来，英国伦敦都是欧洲乃至整个世界的一个重要金融中心。第 29 期"全球金融中心指数（GFCI 29）"中，英国伦敦仅次于美国纽约位居第二（见表 1-3），这得益于其强大的金融体系、金融科技的优势条件（英国在金融服务业方面的强势、英国国民对金融科技的接受度、英国灵活明确的监管环境、金融开放吸引外资）以及目前积累的经验与创企基数，英国追随金融科技浪潮，再度成为这一新兴领域的领军力量。

2019 年 5 月，英国财政部、国际贸易部和行业机构 Innovate Finance 联合发布的《英国金融科技国家报告》（UK Fintech State of the Nation）显示，目前英国的 Fintech 公司超过 1 600 家，预计到 2030 年这一数字将翻一倍。据毕马威（KPMG）2019 年 7 月底发布的数据，英国金融科技行业在 2019 年上半年的投资活动总额达到 39 亿美元，占了整个欧洲地区金融科技相关的风险投资和私募股权投资总额的 68%。

英国金融科技良好的创新与发展离不开监管政策的支持，英国是最早推出（2015 年）和最早实践（2016 年）监管沙盒的国家。2016 年英国金融行为监管局（FCA）进行了监管沙盒的首轮测试，至今英国已经进行了五轮测试。2019 年 4 月，在第五轮监管沙盒测试中，有 99 个企业递交了申请，申请量达到了自 2015 年监管沙盒首次推出以来的最高值。监管沙盒在时间和空间上创造了稳固、可控、安全的监管环境，以此在推动金融科技创新发展的同时控制金融风险，形成长效的监管机制。

但值得注意的是，2020年1月31日，英国正式"脱欧"，结束其47年的欧盟成员国身份。这意味着英国目前面临着脱欧带来的重大挑战，并在一定程度上影响英国金融科技的国际地位，英国的金融科技发展进程仍存在不确定性。

1.2.3 新加坡金融科技发展现状

新加坡作为全球第五大金融中心（见表1-3）以及东南亚地区金融科技发展的代表地区，致力于发展全球智能科技中心和智能金融服务中心，建立"智慧国家"。根据埃森哲对CB Insights数据的分析，新加坡金融科技行业的投融资金融从2015年的128百万美元上涨到2019年的735百万美元。2019年，金融科技投资主要聚焦在支付金融科技、借贷金融科技和保险金融科技，分别占比34%，20%和16%（见图1-2）。

新加坡金融科技投资量　　新加坡金融科技投资领域占比图

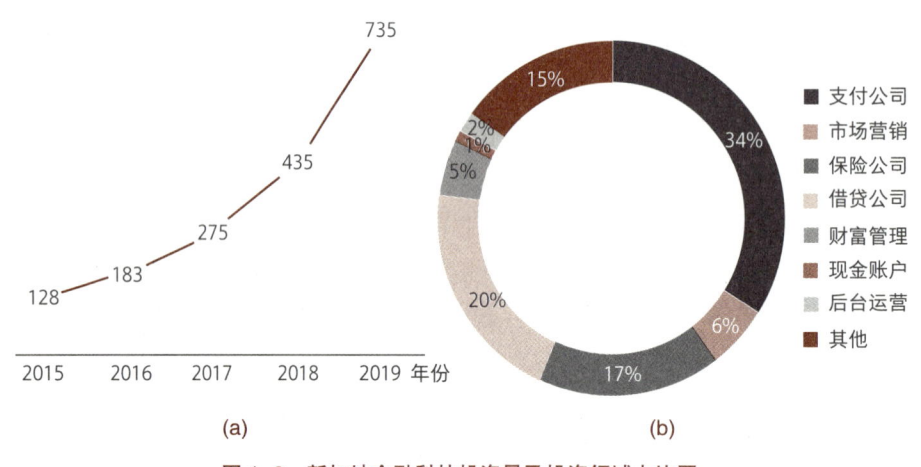

(a) 折线图数据：2015年128，2016年183，2017年275，2018年435，2019年735

(b) 饼图数据：支付公司34%，市场营销6%，保险公司17%，借贷公司20%，财富管理5%，现金账户1%，后台运营2%，其他15%

图1-2　新加坡金融科技投资量及投资领域占比图

数据来源：CB Insights

新加坡政府在积极鼓励、促进金融科技发展方面做出了很多努力。2015年8月，新加坡金融管理局（MAS）成立新的下属机构：金融科技创新组织（Fintech & Innovation Group，简称FTIG），以支持金融科技的发展，并承诺在五年内会提供2.25亿新元（即1.642亿美元）的资金以刺激当地金融科技行业的创新。2017年，MAS也采用并制定了适用于新加坡的"监管沙盒"制度，该举措将进一步促进金融科技创新发展，监管对象包括数字和移动支付、身份验证和生物识别、区块链和分布式分类账及大数据等。

1.2.4 中国金融科技发展现状

中国金融科技公司的发展引领世界，影响力遍及全球。随着《金融科技(FinTech)发展规划(2019–2021年)》的出台与执行，以及中国人民银行启动金融科技创新监管试点，推动中国版"监管沙盒"落地，中国金融科技行业的发展迎来了曙光。产业为本、金融为用、科技创新，金融科技通过对金融业实现数字化升级进而为企业及个人用户提供更为普惠的金融服务。在2017年到2019年毕马威（KPMG）和金融科技投资公司（H2 Ventures）联合发布的全球金融科技100强榜单中，中国连续三年位居榜首，在金融科技领域发展继续强劲，并在2019年再次成为入围前十名企业数量最多的国家，共有10家中国金融科技公司进入百强名单。上榜的中国金融科技公司涉足财富管理、保险及跨行业企业有所增加，这与榜单反映的环球趋势吻合，显示科技和创新应用已扩展至越来越多的金融服务领域。

埃森哲研究表明（见图1-3），2018年全球金融科技投资增长逾一倍，达到553亿美元，主要原因是中国资金激增，中国金融科技交易价值增长了9倍，达到255亿美元，几乎相当于2017年全球所有金融科技投资（267亿美元）。2018年，中国占金融科技投资总额的46%。由此可见，在全球金融科技的浪潮中，中国已成为金融科技发展的领航者。

全球金融科技投资规模

年份	投资额/百万美元	交易数量/笔
2010	1 001	342
2011	2 634	479
2012	3 229	642
2013	4 844	818
2014	13 358	951
2015	21 213	1 208
2016	23 378	1 839
2017	26 676	2 743
2018	55 334	3 251
2019	53 304	3 472

图1-3 2010—2019全球金融科技投资规模

数据来源：埃森哲

北京、上海、深圳、杭州已成为中国金融科技发展重地，具有较好的金融科技发展前景与潜质，并相继出台金融科技支持政策与措施，支持金融科技发展。2017 年，深圳福田区发布《关于促进福田区金融科技快速健康创新发展的若干意见》，在金融科技方面推出若干创新举措，推动深圳福田区的金融科技发展；2018 年 10 月，北京发布《北京市促进金融科技发展规划（2018 年—2022 年）》提出努力把北京打造成为具有全球影响力的国家金融科技创新与服务中心；2019 年中国人民银行金融科技委员会提出研究出台金融科技发展规划具有现实性与必要性。除此之外，上海、杭州等地都在金融科技领域出台具体政策，明确了发展愿景。2019 年 6 月，中关村互联网金融研究院发布《2019 中国金融科技竞争力 100 强》榜单指出，我国金融科技企业整体实力明显上升，"北上深杭"成为百强企业集中所在地；成立 5~10 年的企业最多，大数据服务和人工智能技术的研发普遍度最高，金融科技回归技术本源成趋势。2020 年 6 月，中关村金融科技产业发展联盟、中关村互联网金融研究院联合发布了《2020 中国金融科技竞争力 100 强榜单》，"北上深杭"成为百强企业集中所在地，其中蚂蚁集团、京东数科、度小满金融、小米金融等知名金融科技公司皆入选榜单。

除了美国、英国、新加坡、中国之外，其他国家及地区也在金融科技领域取得了突破性的成绩。例如，德国依靠发达的科学技术以及稳健的金融政策和市场，成为欧洲第二大金融科技中心；荷兰作为欧洲最大的创业中心，建立了一个金融科技行业基地，以此打造 Fintech 生态系统，扩展海外影响力；印度在废钞令后掀起了数字化热潮，利好的市场政策和全球第二的人口基数使得印度金融科技市场吸引了全球资本。虽然世界各个地区的金融科技都具有自己的独特之处，但是它们都有共同的目标——支持金融科技发展，提升国际影响力。

1.3 金融科技发展的理论基础

1.3.1 经济周期的技术长波理论与创新理论

从 19 世纪末开始，许多经济学家发现了资本主义经济发展中的一个规律，即大体 50~60 年出现一次长期波动，由此也开启了学术界对"经济长波"这一命题的研究与探讨。在各种长波学派和学说当中，将技术创新作为经济长波的主要原因的理论研究是主流，可以将这些研究统称为技术创新长波论。约瑟夫·熊彼特（Joseph Alois Schumpeter）是最早从技术创新视角来解释长波的经济学家，他将长波的形成归结为以产业革命为代表的技术创新，他在《经济周期循环论》中对创新的定义为，所谓创新就是要"建立一种新的生产函数"，即"生产要素的重新组合"，就是要把一种从来没有的关于生产要素和生产条件的"新组合"引进生产体系中去,以实现对生产要素或生产条件的"新组合"。约瑟夫·熊彼特(Joseph Alois Schumpeter)尤其强调创新不是渐进式变化,对应的是一种重大革新,在竞争性的经济生活中,这种创新带来的"新组合"往往意味着对旧组织通过竞争而加以消灭。

著名的演化经济学家卡洛塔·佩雷斯(Carlota Perez)在原有技术长波论的基础上加入了制度演变的思想,使技术创新长波理论有了很大的发展。他认为,经济长周期就是每次技术革命从大爆炸到产业成熟所经历的扩散和社会吸收的全过程,他将此称为发展的巨浪。18世纪末以来的世界经济共出现了五次发展巨浪,分别为1771年开始的英国工业革命,1829年开始的蒸汽动力、煤炭、铁、铁路的时代,1875年开始的以钢、重型机械制造业,以及电力等为标志的时代,1908年开始的石油、汽车、石化产品的时代,以及1971年开始的信息和通信技术革命的时代。预计在2020—2030年左右,会从数字、物理、生物等领域开始,掀起包括人工智能、物联网、无人驾驶汽车、增强现实技术与虚拟现实技术、纳米技术等技术革命所引发的第六次发展巨浪(见图1-4)。

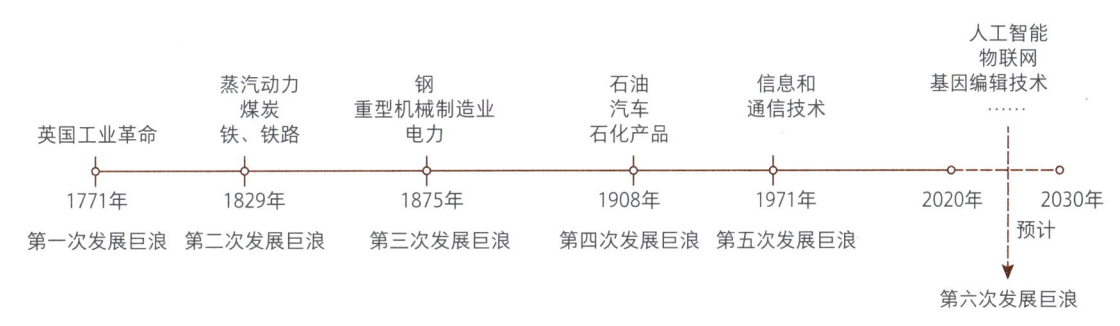

图1-4 技术革命发展巨浪

每次技术革命的扩散分为两个阶段,即导入期和拓展期。卡洛塔·佩雷斯认为,金融资本的灵活性会使其在导入期掌握控制权,推动经济向自由主义转变,这一阶段的过度投资和泡沫经济会使虚拟经济与实体经济之间的差距越来越大,最终导致技术泡沫的破裂;技术泡沫破裂之后便迎来了导入期向拓展期的过渡,政府在这个过渡时期必须有所作为,即加强金融监管,进行广泛的社会制度变革;进入了技术革命的拓展期,新技术范式的财富创造潜力会带来全面的经济增长;而到了拓展期的末端,有利可图的投资机会不断减少,这会促使新技术革命的产生,金融资本通过支持新技术企业家再次掌握控制权。

随着第四次工业革命和第六次技术革命的发展,金融科技既探索了新的业务模式,也开辟了新的市场(普惠市场),从而形成了对传统金融体系的差异化竞争优势,符合熊彼特关于"创造性破坏"的特征,在实践发展中也一度在特定领域取得领先。但与传统产业不同，金融体系是整个经济正常运转的基石，稳定性要压倒创新性，任何"创造性破坏"都只能在可控的框架内才能被允许，否则便是系统性风险。根据卡洛塔·佩雷斯的思想，面对金融科技浪潮的快速发展，国际政府应积极探索适宜国情的监管框架。一方面，政府不能任由金融科技"不可控"发展；另一方面，在全球金融体系日益固化（西方发达国家占据主导性优势）的背景下，金融科技代表金融业发展的趋势与方向对于各国而言都是难得的弯道超车或保住优势地位的机会，必须要为创新留下足够的空间。

1.3.2 "互联网+"下信息不对称理论

信息不对称理论是指在市场经济活动中，各类人员对有关信息的了解是有差异的。市场中卖方比买方更了解有关商品的各种信息，掌握更多信息的一方可以通过向信息贫乏的一方传递可靠信息而在市场中获益，掌握较少信息的一方则会努力从另一方获取信息。信息不对称主要造成两类后果：一是交易达成前隐藏信息，导致"逆向选择"；二是交易达成后隐藏行动，导致道德风险。信息不对称会显著增加交易成本，抑制市场交易和经济金融发展，造成市场失灵。因此，必须设计最优的市场体制方案来防止信息不对称问题带来的"市场失灵"。

近年来，"互联网+"风起云涌，在互联网背景下运用大数据、云计算、区块链等技术可以实现信息资源的充分交流与共享，通过汇聚资金、信息、人才形成信息的匹配和优化，推动创新创业，改善了信息不对称的问题，重塑市场信任。例如，在线电子商务有大量的交易记录，这些记录可以对企业的资质、销售情况、生产经营状况等提供一些支持的信息。第三方支付亦是如此，很多客户消费购物时使用第三方支付，客户购买商品的同时也提供了他的消费量、消费习惯、信用等大量的累积信息，有助于实现信息对称，改善交易行为的信息不对称问题。

金融科技能有效降低信息不对称，帮助中小微企业解决融资难的问题。中小微企业融资难的内部原因在于信息不对称。从内部来说，中小微企业的财会制度缺失；从外部来说，中国并未建立起针对中小微企业的信用体系。内外两大因素，导致传统银行获取中小微企业的信息成本高，而且中小微企业规模相对较小，贷款额度不高，多数中小微企业也缺乏足够的可供抵押资产，此消彼长，其信息调查、审核成本所占比例进一步提高，这也是传统金融机构排斥中小微企业的原因。因此，解决信息不对称，是金融科技赋能中小微企业的第一条路径，而中小微企业每一次金融服务的完成，就是数据和信息变为"信用资产"的过程，也是帮助其建立信用体系的开始。

1.3.3 "互联网+"下交易成本理论

经济学家罗纳德·哈里·科斯（Ronald H. Coase）首先把交易成本引入

经济学的研究范围，他指出交易成本是交易活动过程中发生的成本，交易成本是从自由市场上寻找、沟通、购买一项服务，为这个购买能够达成所付出的时间和货币成本。通常来说，传统交易成本包括信息、搜寻、转移、签约、决策、履约成本等。在"互联网+"经济的背景下，交易成本包含并扩充了传统交易成本，增加了界定、保护知识产权的交易成本、安全成本、监管成本（见图1-5）。

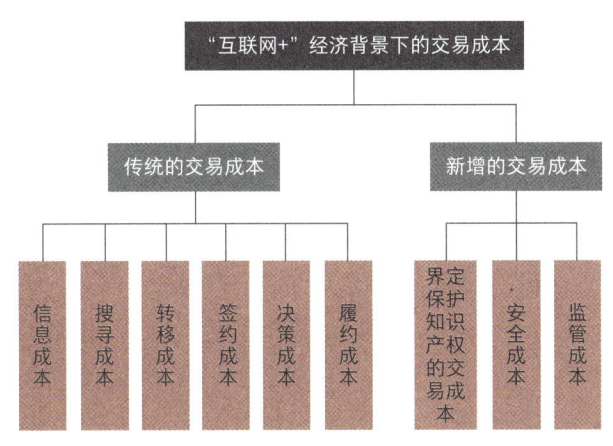

图1-5 "互联网+"经济背景下的交易成本

互联网经济节约了信息成本和搜寻成本。在传统经济中，交易双方信息交流比较困难。一方面，消费者在寻找合适交易对象的过程中查询商品的质量、价格、商誉等会付出很大一部分信息成本和时间成本；另一方面，企业大范围采集顾客的需求信息，并对其进行分析的信息成本很高，这就导致企业很难面对不同消费者、市场实施针对性的营销策略。然而，在互联网经济中，交易双方可以通过线上直接交流获取双方的信息，同时信息的复制成本和增量成本很低，其扩散范围也广。一方面，消费者能够通过网络查询商品和商家的公开信息；另一方面，企业可以通过网络大范围采集客户数据，并对其进行分析，用以制定针对性的营销策略，提供个性化和定制服务。这个过程中，信息不对称程度大大降低，交易双方可以减少搜索信息的精力和时间，即信息成本降低，这意味着经济运行成本的减少和经济效率的提高。

互联网经济节约了转移成本。在传统经济条件下，顾客对供应商较高的忠诚度决定了供应商要从其他供应商处获取新的顾客需要花费很大的转移成本。顾客更换供应商需要再一次付出寻找新供应商并建立生意关系的信息和搜寻成本，即顾客承担的转移成本。在互联网背景下，一方面，顾客的信息成本和搜寻成本通常很低，而且顾客在信息网络时代追随潮流，心理习惯成本降低，因此顾客的转移成本降低。另一方面，顾客随时改变的消费需求使供应商获取新的客户不再需要同顾客共同承担总的转移成本，并且供应商向潜在顾客发送营销信息的成本降低，顾客会因为供应商的商品具有吸引力自愿转移过来。因此，供应商的转移成本也会下降。

互联网经济节约了签约成本和履约成本。交易双方信息交流的效率提高导致收集、分配能力不断提升，进而降低经济签约、履约过程的费用，促进经济活动的进行。另一方面，网络信息技术所提供的文件传输，交通物流等实质交流方式也降低了签约和履约成本，空间上扩大了交易范围。

由上可见，互联网经济背景下，传统的交易成本大幅降低。但与此同时，互联网增加了界定和保护知识产权的交易成本、安全成本、监管成本。首先，互联网技术在给人们的经济和生活带来巨大改变的同时，也逐渐导致了知识产权的侵权问题，通过建立法律法规、监督和中介机构等各种手段来保护知识产权刻不容缓。因此，必须花费这一部分成本，即界定和保护知识产权的成本来促进互联网经济发展。其次，要保证互联网经济健康、稳定、高效地发展，企业和国家就必须花费成本解决各方面的安全问题。最后，互联网加大了监管难度且监管滞后的现象明显，在这样的背景下，要确保互联网经济的发展，就必须加强研究和完善法律制度，这需要花费很大的监管成本。

1.3.4 新经济学理论

1. 平台经济学

以数字化、智能化和网络化为核心特征，人类社会正迎来新一轮工业革命。随着云计算、大数据、物联网、机器学习等数字技术体系的发展，各种基于互联网的商业模式和产业形态重组了社会生产与再生产的各个过程。例如，人们通过手机APP就可预约车辆出行，预约民宿租住，购买电影票等。企业不仅可以通过通用电气的工业云平台实时监控流水线和库存，而且可以通过亚马逊网络服务平台的虚拟服务器功能，进行数据的计算和存储。这些可以收集、处理并传输生产、分配、交换与消费等经济活动信息的一般性数字化基础设施，称为数字平台。它为数字化的人类生产与再生产活动提供基础性的算力、数据存储、工具和规则。那些运营和维护数字平台，并依赖数字平台参与社会经济运行的新型企业组织，可称为平台组织。这种新生的组织形式在竞争中对社会生产和再生产活动，进行了基于数字化逻辑的革命，除了与平台直接相关的各种社会活动外，原有的产业和产业组织活动也会被重塑并整合纳入平台的运行逻辑。平台组织在经济的循环和周转过程中，与经济中其他主体所形成的各种经济联系的总体，就是平台经济。平台经济以敏感的数据采集和传输系统、发达的算力和功能强大的数据处理算法为基础，以数字平台为核心，可以跨时空、跨国界、跨部门地集成生产、分配、交换与消费活动的信息，促进社会生产与再生产过程顺利进行。

平台经济（见图 1-6）主要具备三个特征：多边性、规模效应、网络效应。

图 1-6 平台经济的特征

多边性指构成平台经济的用户是多方的，既有买方也有卖方。

规模效应主要体现在两个方面，一是在间接外部性的作用下，当一边用户对平台形成稳定偏好和使用习惯后，平台企业将拥有自我增值和规模扩张的内在动力，由于数字技术的高度抽象性和流动性，地理时空界限和企业内部管理能力局限，对数字平台供给方规模效应的作用范围所施加的上限，远高于传统工业和商业企业；二是以信息通信技术为基础的平台边际成本极低，甚至接近于零，这一特征在电子商务平台、搜索平台、门户网站等互联网平台上最为显著。数字技术体系使得不同地域和部门中具有相似逻辑的经济活动，都集成到同一数字平台上进行。这意味着，同一套硬件、软件和管理组织取代了原来分散的经济组织，用户的增加意味着初始投入成本的直接摊薄，即具有供给方的规模效应。

网络效应，兼具直接和间接两类。直接网络效应是指某一产品或服务的使用者数量的增多，会提升其使用价值。例如，作为熟人社交的数字化基础设施，微信的用户越多，就越能充当熟人社交的数字媒介。间接网络效应是指产品或服务的某一类使用者增多，会提升它对于其他类使用者的使用价值。如亚马逊网上商城作为商品交易的数字化基础设施，买家增多可使卖家的商品销量更大、出售更迅速，卖家增多又可使买家更容易买到需要的商品。网络效应使得平台用户的平均付费意愿随着用户规模的增长而增加，因此也称为需求方的规模效应。

随着云计算、大数据、物联网、机器学习等数字技术体系的发展，数字平台的应用范围越来越广，逐步由一种商业现象发展为一种经济形态。因此，平台经济学主要研究以平台经济为载体的整合价值链的不同交易方的经济形态下各方的组织形式和行为特征。

2. 长尾理论

长尾理论（见图 1-7）主要原理是，随着互联网技术的不断推进，商品的存储成本、流通成本急剧降低，基数庞大但需求有限的产品占据的市场份额完全可以和少数需求旺盛的热卖品市场份额相匹敌，也就是说企业的销售重点将不在于传统需求曲线上代表"畅销商品"的头部，而在于代表"冷门商品"的尾部，这部分市场将带给企业具有潜力的利基市场产品。

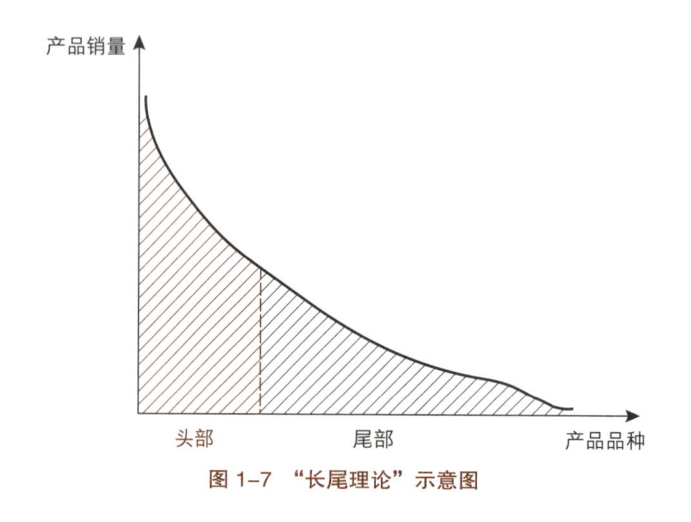

图 1-7 "长尾理论"示意图

同样的长尾理论逻辑也适用于金融科技行业。信息不对称、交易成本、风险管控的制约，致使传统主流金融市场排斥中小企业和低收入人群，这些因素催生了金融科技行业的长尾市场。传统金融服务偏向"二八定律"，即 20% 的高端客户给银行带来 80% 的利润，所以传统金融市场或机构重点关注高端客户，而金融科技主要服务另外 80% 的大众或中小企业，以消费需求驱动金融服务模式转型，将长尾客户纳入服务对象，其本质是普惠金融。

对于金融企业来说，金融产品是一种虚拟商品，不存在储存流通的成本，这与长尾理论的应用相适应。从银行的发展历程来看，以重点维护高净值客户的"二八定律"正在被打破，这为长尾理论在金融领域的大规模应用铺平了道路。一方面，银行的移动互联跨越了时间和空间的限制，全覆盖、全时段营销成为可能。另一方面，数字技术的运用有助于将碎片化的资金需求、供给方的资源以高效率的方式聚合起来，形成规模效应，降低平均成本，降低普惠金融的门槛。

金融科技领域利用长尾理论，主要是延长长尾策略和加厚长尾策略（见图 1-8）可以拓宽数字普惠金融的路径。从延长长尾角度看，一方面结合自身现有的渠道，创新运营模式，提高金融服务覆盖率，开拓客户基数。另一方面，运用数字技术对现有低净值客户进行大数据分析，拓展产品丰富度，提升客户活跃度，扩大有效客户基数。例如 2014 年天弘基金对支付宝的嵌入而衍生的余额宝，提高了支付宝的收益，导致支付宝用户从 2013 年年底的 4 306 万户猛增到 2014 年 7 月的 3 亿实名认证用户，投资者成病毒式的增长，从而延展金融科技市场的长尾。从加厚长尾角度看，发挥技术创新优势，嵌入多重应用场景，实施交叉营销，降低客户的搜索成本，引入更广泛需求，创造多元化价值。如果采取有效措施提升投资者的交易意愿，每个投资者的交易数量和频率会增加，从而金融科技市场的长尾向上移动，这对应于一个更肥厚的长尾。

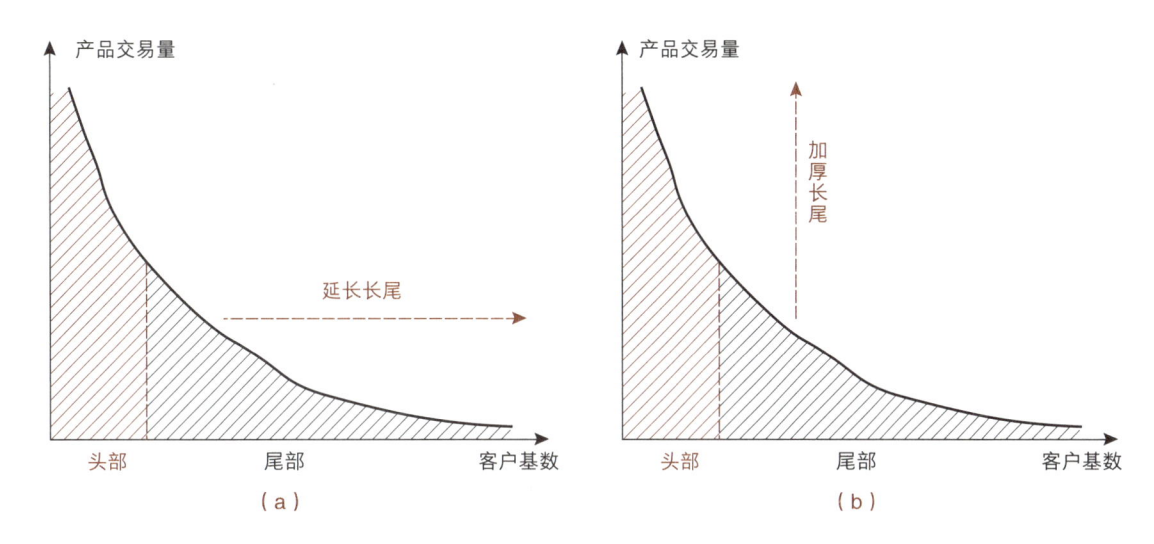

图 1-8 延长长尾策略和加厚长尾策略

1.4 金融科技的影响与变革

1.4.1 金融科技的影响

金融科技是科技与金融的深度结合，运用前沿科技成果改造或创新金融产品、经营模式、业务流程，推动了金融发展提质增效。金融科技的快速发展，不仅为金融行业注入了新的活力，在很大程度上提升了金融效率，促进了普惠金融的发展，也在客观上为前沿技术提供了丰富的应用场景，促使区块链、人工智能等技术更快落地并发展，推动了技术进步。

1. 对技术发展的推动

技术不是无源之水、无本之木，凭空发展而来，而是植根于一个个具体的场景，在解决实际问题的过程中推陈出新，不断发展和完善。金融行业门类丰富，子行业众多，对信息的安全性、稳定性、传输效率和智能化程度有较高的要求，为技术的发展提供了丰富的应用场景和较强的外生动力，客观上推动了技术发展。

（1）推动中国金融科技自主性发展。统计发现，2018 年全球金融科技发明专利申请量排行榜前 20 名的企业中，中国企业独占六家，且专利申请量占比高达 42%。中国企业在金融科技发明专利申请量上的优势，意味着中国金融科技企业研发实力的提升，在一定程度上体现了中国金融科技发展在国际市场上的领先地位，也证明了中国企业通过科技创新，从"中国制造"向"中国创造"转变的决心。

知识产权是科技创新的典型转化成果，其独占效应有助于保持专利持有者在科技创新中的领先和优势地位。可以预见，专利的积累将逐步从量变产生质变，最终帮助金融科技企业筑起技术"护城河"，提升企业科技含量和专利的整体价值，进一步加强企业的市场竞争力。

（2）推动金融科技开源发展。互联网技术兴起以来，开放共赢的互联网精神也风靡全球。技术虽然有独创性，但可以在保护知识产权的前提下进行开源，使更多企业快速接入，享受到先进便捷的技术服务，最终提升全行业甚至全社会的效率。全球范围内信息技术的高速发展，正是得益于各种开源项目和开源社区，使得全世界的智慧可以共享，加速了研发进程。

在金融科技行业，头部金融科技企业成为技术开源主力军，例如微众银行发布了包括联邦学习技术开源项目 FATE、区块链中间件平台 WeBASE、金链盟（全称：金融区块链合作联盟（深圳））底层开源平台 FISCO BCOS 等 10 款开源技术。金融科技企业的技术开源，一方面可以降低技术门槛，推动科技与业务自主创新。对于区块链等前沿技术，银行等金融机构通常会参考以太坊等开源技术架构进行企业级应用改造，相对降低了技术研发门槛，加速了技术在业务领域的落地，推动了技术进步；同时，开源可以弱化金融机构与软件厂商的绑定，增强技术自主性。

另一方面，金融科技开源有助于保障金融机构数据安全。中间件、数据库、PaaS 等主流技术的开源项目层出不穷，金融机构可根据自身情况选择合适的开源技术来代替商业软件，有助于加强金融机构的信息安全。

（3）推动金融 AI 落地。人工智能是未来科技的发展方向之一，金融 AI 是人工智能的重要应用场景，通过推动金融业务的智能化，可以大幅度提升信息处理效率，为用户提供更加便捷而高效的服务。但金融科技及技术服务商在金融机构的定制化服务中，处于隐私保护与数据安全的需求，机构之间的数据很难实现有效共享，技术公司难以实时获取有效的最新数据来强化算法模型，形成一个个数据孤岛，导致金融 AI 难以规模化落地。

金融科技的发展促使各机构陆续推出多个数据孤岛解决方案，例如微众银行推出的联邦学习平台、蚂蚁金服等推出的区块链多方安全计算平台，可以通过加密技术实现数据安全共享，在保证数据安全的前提下打破数据孤岛僵局，有力推动了金融 AI 的落地。数据孤岛解决方案见图 1-9。

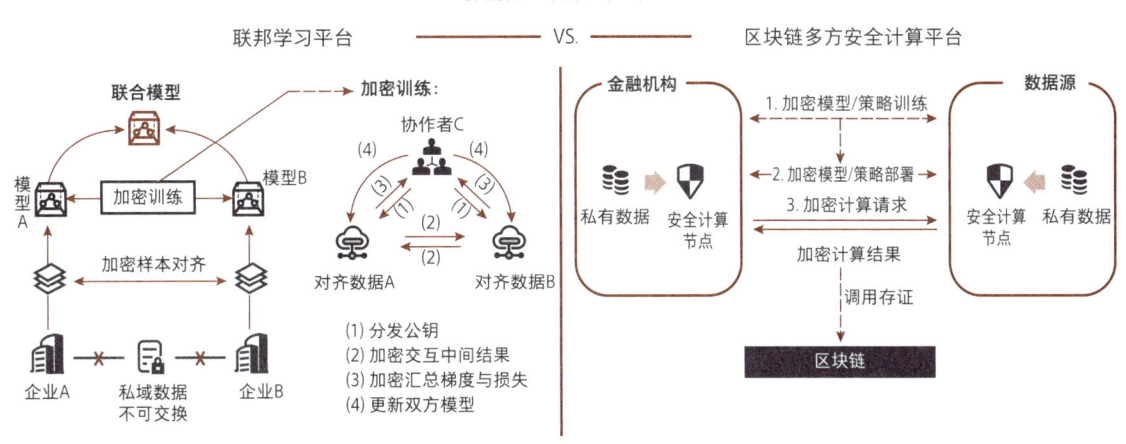

图1-9 数据孤岛解决方案

数据来源：微众银行论文《Federate Machine Learning: Concept and Applications》、公开资料、艾瑞研究院自主研究及绘制

2. 对业务发展的影响

金融科技不仅促进了技术进步，而且通过新兴技术的深度嵌入，有力地推动了金融业务的全方位转型升级。大数据、云计算、人工智能、区块链、物联网等新技术的运用，从底层逻辑开始全面优化了产品设计、风控、营销等金融业务各个环节的展业方式，优化了金融业务的信息获取和处理方式，拓展了金融业务边界。

（1）金融产品设计升级。在传统的金融业态中，保险、基金等金融产品的品类较为固定，同质化严重，缺乏产品创新。在金融科技时代，可通过移动端、物联网设备等多方终端数据采集，利用大数据和人工智能技术，实现用户需求的深度分析，进而设计出定制化甚至千人千面的金融产品，在一定程度上改善了产品同质化的现象。

该技术目前尚处于探索阶段，但在智能投顾方向已初见雏形，可以根据用户的资金、行为等大数据分析出投资者的理财需求、风险偏好、风险承受能力、所处生命周期等信息，进而为投资者量身订制合适的理财方案，并动态跟踪投资情况，适时提醒调整仓位，从而改善金融产品同质化的问题，向"千人千面"的金融产品和"贴身私人理财顾问"的方向努力。

（2）风控升级。从某种程度上看，金融其实是经营风险的行业。风控水平的好坏直接影响公司的营业收入和社会形象。传统的风控方式主要在线下完成，通过人工进行身份信息的匹配与查验、企业经营状况的分析与追踪，数据维度少，稳定性低，信息滞后，风控效果整体较弱。

在金融科技时代，数据与技术是风控的基础，在数据匹配、风险审核、风险监测等环节起着至关重要的作用。信息技术在风控的实施过程中有着天然优势，随着智能技术应用的落地，技术驱动下的多维数据连接得以实现，数据间的动态交互使得用户特征更加具象化。数据丰富化、动态化的调用与智能技术手段结合，可以帮助机构精准排查潜在风险用户，大大提升了金融机构的风险控制效率。

（3）精准营销全面提升获客效率。传统金融的营销获客主要通过线下铺陈式地推和线上海量广告投放的方式进行。随着金融业务互联网化进程的不断推进，线上获客的比重持续增长，而互联网流量红利的消退导致获客单价节节攀升。"大水漫灌"的方式在这种形势下已然不再行得通，市场环境倒逼企业寻求更加精准高效的获客方式。

依托大数据和人工智能的智能营销应运而生，很好地解决了这一问题。智能营销通过整合多方数据，从多个维度实现对一个用户的深度理解和精准定位，洞察用户潜在需求，并针对性地推出个性化的品牌营销策略，在精准获取用户的同时，有效降低获客成本，提升获客效率，带来了营销领域的一场"革命"。智能营销背后的新的内容推送和分发方式催生了今日头条、抖音等一系列新兴互联网应用，改变了金融乃至整个互联网行业的生态。

（4）成本结构得到优化。科技飞速发展的同时，传统金融机构也在发生裂变，无论是直接面对客户的业务端，还是提供支持的职能端，都能看到科技与金融深度融合的影子。在此影响下，银行、保险等传统金融机构对人力的依赖正逐步减小，冗杂的业务流程被优化，大量重复性、机械性的工作被技术工具承担或替代。与此同时，金融科技极大地降低了金融业务的获客、人力、运营等成本，技术和研发支出在企业成本结构中的占比越来越高——金融机构的成本结构正在逐步优化，各板块的协同性越来越强，企业的工作效率也越来越高。

例如，智能客服是金融科技的产物之一。与人工客服相比，智能客服的响应速度更快，错误率更低，并且可以 7×24 小时不间断服务。这些优点使得人工客服正在逐步被智能客服所替代。企业在智能客服方向的研发投入有所提升，但人力成本被大大降低，成本结构发生重大变化。

（5）多方业务协作更加高效。金融业务植根于实体经济，通常需要多个业务方共同协作。信息技术的应用使得信息流转速度加快，沟通效率提升，让业务协作更加高效。例如，供应链金融、ABS等业务都需要多方参与并进行业务协作。因为传统IT技术的数据存储方式无法满足各金融业务参与方的需求，所以无法构建一套企业间的业务协作系统，阻碍了企业间的信息流动和跨企业的业务合作开展。而区块链可以构建一套便于多方参与的链上业务协作系统，数据可经授权查看，上业务协作链成为可能。区块链和智能合约技术的运用，可以使业务线上化，减少人工干预，避免纸质单据流转造假风险；同时，用智能合约来执行，可以防止故意违约情况的发生；此外，全链路透明的信息可以实现穿透式监管，降低监管成本的同时，可提升监管效率。

1.4.2 金融科技的变革

不知不觉之间，金融科技已经深刻改变了金融和科技行业，也深刻改变了人们的生产和生活方式，并且仍然一刻不停地向前高速发展。金融科技的未来在哪里，它将走向何方？这个问题值得深思。总体来看，金融科技将沿着既有轨道，继续朝着智能化、业务化、开放化的方向发展，科技与金融实现更深层次的融合，最终融为一体，成为新的金融展业方式。具体来看，金融科技的变革将主要发生在以下几个方面。

1. 监管科技将迎来突破性发展

金融科技的不断发展，促使金融各个子行业的展业模式都更加数字化、智能化。但金融科技在业务中的逐渐应用让传统的监管模式无法满足监管需求，监管升级迫在眉睫，需要由传统金融时代的事后监管、审慎监管，逐步向科技监管转变，借助数字科技的力量，实现监管的动态化、智能化，以此在支持行业发展和防控金融风险之间找到动态平衡，提升监管效率。

2017年5月，成立了中国人民银行金融科技委员会，在重点关注金融科技发展的同时，强调了监管科技的重要性。之后，一系列鼓励监管科技发展的政策文件陆续下发。2018年8月，《中国证监会监管科技总体建设方案》的印发及相关的一系列举措，都为监管科技在中国的发展提供了有力支持。但是，与美国、英国等金融发展成熟度较高的国家相比，中国的金融科技企业起步晚，数量少。政策与需求的双重推动下，监管科技将成为一个争相涌入的市场。

案例：九大银行拥护金融科技，推动数字化转型

2. 银行走向开放化

作为市场经济中的重要主体，商业银行在金融体系内始终占据着重要地位。受到余额宝、移动支付等一系列互联网金融明星产品的冲击，以及金融科技给用户金融服务使用习惯上带来的改变，银行业也在金融科技浪潮的影响下探索起了新的发展模式，开启数字化转型。2013年，民生银行率先成立了直销银行部；此后，各银行都在积极探索智能银行、智慧银行、开放银行等新模式。除了原有的银行参与者之外，大批互联网公司也积极布局银行业：2014年下半年，深圳前海微众银行、浙江网商银行等中国第一批互联网银行批复成立；2019年3月，香港金融管理局（简称香港金管局）发放了八张虚拟银行牌照。金融机构和互联网公司共同改变着并将继续改变银行业的生态，通过先进的技术为用户提供更优质、更便捷的金融服务，推动银行业逐步走向数字化、开放化的新格局。银行新型发展模式见图1-10。

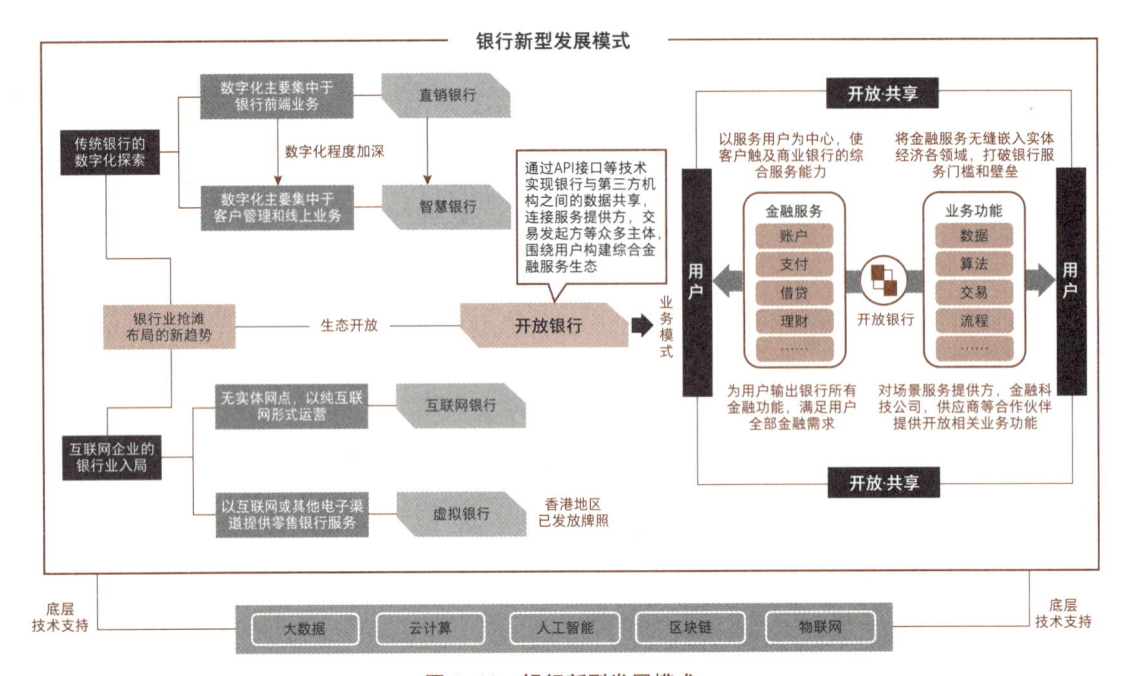

图 1-10　银行新型发展模式

数据来源：深圳前海微众银行、艾瑞咨询，中国金融科技价值研究报告 [R]

3. 区块链成为金融科技的重要战略方向

区块链技术自问世以来，因其加密性和不可篡改性，一直都受到金融行业的高度关注，并且在金融科技高速发展的浪潮中，在供应链金融、跨境支付、智能合约、数字货币等领域不断有项目落地实施，展现出较好的应用前景。

2019 年中共中央政治局第十八次集体学习会议上，习近平总书记强调了区块链技术创新发展与产业落地的重要性，并明确指出要推动区块链和实体经济深度融合，解决中小企业贷款融资难、银行风控难、部门监管难等问题，从国家层面确立了区块链的重要战略地位。这将带动金融机构对区块链技术投入的增加，并将加速区块链金融基础设施建设的完善和具体应用场景的探索落地。

监管专栏

金融科技总体监管政策

党的二十大报告强调"必须坚持守正创新"。金融科技是新生事物，平衡创新和监管是基础命题。鉴于我国实际，近年来，人民银行等监管机构为防范金融风险均加强对金融科技的政策监管，加大对违规金融科技机构的处罚力度，并出台了一系列金融科技监管政策，以规范金融科技公司经营，促进该行业持续健康发展，有效防范和化解金融风险。

1. 加强金融科技监管顶层设计

中国人民银行于2017年成立了金融科技（FinTech）委员会，2019年出台《金融科技（FinTech）发展规划（2019—2021年）》，指出"要加大金融审慎监管力度"，并提出要建立金融科技监管基本规则体系、金融协调性监管框架，提升穿透式监管能力，加强金融科技创新产品规范管理。由此可见，我国目前正在从过去的被动监管模式向主动监管模式转变。

2. 开展金融科技创新监管试点

为探索构建符合我国国情、与国际接轨的金融科技创新监管工具，中国人民银行组织多地开展金融科技创新监管试点工作，这被称为中国版的"监管沙盒"。2019年12月首先在北京试点，2020年4月扩大到上海、重庆、深圳、雄安新区、杭州、苏州，7月新增成都、广州，共计9个城市。截至2020年9月，共有60多家金融机构和30余家科技公司参与试点，共有60个应用项目参与，主要分为金融服务和科技产品两类，其中金融服务类包含36项，占比60%，科技产品类包含24项，占比40%。

3. 推出中国金融科技创新监管工具

在总结创新监管试点经验基础上，中国人民银行于2020年10月发布《中国金融科技创新监管工具白皮书》，制定了《金融科技创新应用测试规范》《金融科技创新安全通用规范》《金融科技创新风险监控规范》等一系列30多项监管规则，打造出一套符合我国国情、与国际接轨的创新监管工具。其设计思路主要有三个方面，一是划定刚性底线，要严格遵守现行法律法规、部门规章、基础规范性文件等，明确守正创新的红线；二是设置柔性边界，通过信息披露、公众监管等柔性的监管方式，为金融科技创新营造适度宽松的发展环境；三是在守住安全底线基础上，为真正有价值的金融科技创新预留足够的发展空间。

随着政策的相继出台和落地，金融科技公司市场准入、业务范围、关联交易、风险监管等方面将会更加规范化、法治化，金融科技行业的发展也将更加健康、稳健，成为国民经济的重要助推力量。

延伸案例

重庆：充分利用金融科技助力社会经济新发展

2019年10月，中国人民银行等六部委批复重庆市开展金融科技应用试点，探索运用科技手段提升金融服务、公共服务、社会治理的质量和效率，增强服务实体经济与防范化解风险的能力。目前，重庆市26个试点项目均已上线运行，在抗击新冠肺炎疫情、便民惠民、服务中小微企业等方面取得显著成效。

在中央各部委的指导下，重庆市政府出台《关于推进金融科技应用与发展的指导意见》（以下简称《指导意见》），统筹推动全市金融科技应用发展工作。《指导意见》以推动人工智能、大数据、云计算、区块链等新兴技术在金融领域广泛应用为目的，以改进金融服务质量、提升金融风险防控能力为主线，以打造"四区两中心一高地"为重点，通过打造金融科技产业聚集区、高质量发展制度创新区、监管科技应用先行区、金融科技标准示范区，助力金融业高质量发展。

2020年10月10日，重庆市组织召开国家金融科技认证中心成立大会。国家金融科技认证中心致力于金融科技相关标准落地实施，强化金融科技安全与质量管理，切实防范因技术产品质量缺陷引发的风险向金融领域传导，是我国重要的国家级金融科技基础设施和金融监管辅助设施，是全国金融科技及金融标准化领域的一大创新举措。

在顶层设计不断完善、国家金融科技认证中心成立的助力之下，监管科技、金融业数据融合应用、电子社保卡等重点项目有序推进，金融科技助力高质量发展的成效初步显现。

1. 畅通线上服务渠道，金融服务便捷程度快速提升。光大银行重庆分行"云缴费"服务在2020年一季度疫情防控关键期，帮助重庆市居民完成生活缴费617万笔，交易金额9.24亿元，服务用户502万户。农业银行重庆市分行"智慧疫情管理系统"提供在线宣传防疫知识、疫情助理、免费问诊等功能服务，点击量超10万次，服务客户5万余人次。人民银行重庆营业管理部建设"1+2+N普惠金融服务到村"线上服务平台，满足村民"足不出户"便捷获取金融服务的需求，以金融科技创新提升普惠金融服务水平，助力乡村振兴发展。

2. 加强数据融合应用，助力普惠金融发展成效明显。重庆农村商业银行综合运用电力大数据及时跟进企业融资需求，提高金融服务精准度，助力企业复工复产，截至2021年1月底，通过售电数据对接企业2 000余家，新增授信逾100亿元。重庆银行、工商银行重庆市分行运用大数据技术开展小微普惠金融智能化服务，缓解小微、民营企业融资难融资贵问题，截至2021年1月底，2家金融机构在线投放贷款超过50万笔、金额超过300亿元，融资企业中85%以上为注册资金50万元以内的小微企业。人民银行重庆营管部自主开发"长江绿融通"系统，实现金融、环保、财政、科技、建设等绿色信息共享，精准识别、定期推送绿色项目，对接市、区两级绿色重点项目和小微企业融资1 000多亿元。

3. 推动系统互联互通，打通公共服务的最后一公里。工商银行重庆市分行等26家银行与重庆市人力社保局合作，开展电子社保卡信息惠民应用试点，签发电子社保卡550余万张，实现医疗、社保等近60项便民服务。农业银行重庆市分行、中国银行重庆市分行、中国银联重庆分公司等积极加强与市卫生健康委、高校的协作，共同推进智慧医院、智慧校园应用。截至2021年1月底，"智慧医院"微信关注总数超过7万人，累计办理电子就诊卡超过3万张、线上交易总金额超过1亿元；重庆交通大学等30所学校的食堂、浴室、学杂费等便民应用累计用户量超过15万户，金融应用与民生服务良性互促。

4. 加快监管科技落地，金融科技技防能力稳步加强。人民银行重庆营管部建设监管科技基础平台，利用人工智能算法大幅提升反洗钱可疑交易识别效率，将原来历时数日的筛查工作压缩到数小时完成，有效提高可疑交易筛查效率和准确率，增强监管有效性。招商银行重庆分行、重庆农村商业银行、富民银行等试点机构，基于自然语言处理、生物识别、知识图谱等搭建反欺诈预警监测等平台，自动识别和阻止异常交易，提升内控水平和风险防控水平。重庆银行、马上消费金融股份有限公司等机构基于大数据、人工智能等技术，构建大数据智能风控平台，实现身份识别、欺诈侦测、信用评估、风险定价、贷后预警等全生命周期管理。

（来源：金融科技电子化杂志、中国人民银行重庆营业管理部金融科技课题组）

◆ **案例分析**

金融和科技都是现代社会的基础设施。二者结合产生的金融科技也逐渐覆盖社会生活的方方面面，从个人用户的日常所需，到公司业务的普惠助力，从市场主体的经济促活，到监管科技的与时俱进，金融科技都在其中起到了至关重要的作用，在一定程度上改善了金融服务甚至社会生活的面貌，使得金融服务更加公平普惠，金融监管更加精细有力，社会运转更加高效便捷。未来，金融科技将进一步助力金融服务覆盖面的扩大，让前沿科技创新成果惠及更广大的居民和企业，成为国家经济发展的重要推进器。

实训练习

各路人马抢占智能投顾市场机遇

1. 实训背景

（1）光大证券：智投魔方

2017年9月，光大证券互联网综合金融服务产品"智投魔方"发布会在上海成功举行,标志着光大证券在金融科技战略布局方面迈出里程碑式的一步。

"智投魔方"是一款集社交化、智能化、个性化、场景化、数据化于一体的金融科技新产品。该平台通过对用户特征的精准刻画及深度挖掘,融合社区在线人工服务,实现精准服务、主动触达,为用户提供多场景、实时、个性化的金融服务和产品,并跟随用户行为、投资偏好、风险偏好等的变化,及时调整金融产品和服务的供给。智能理财基于用户需求,以及客户风险偏好和风险承受能力,运用大数据挖掘、人工智能、机器学习等科技,为用户提供智能资产配置方案;金融社区基于问答、观点、股票模拟组合、模拟炒股大赛等应用场景,将投顾、客服融入社交场景中,为用户和投顾创造在线交流的平台。此外,智能资讯按照投资逻辑对资讯进行重新组织,除常规信息外,还为用户在海量的市场资讯中推荐用户感兴趣的、与用户相关的各类资讯信息等。

(2)招商银行:摩羯智投

2016年12月,"摩羯智投"作为招商银行App5.0的主打新功能正式上线。

摩羯智投是运用机器学习算法,并融入招商银行十多年财富管理实践及基金研究经验,在此基础上构建的以公募基金为基础的、全球资产配置的"智能基金组合配置服务"。

摩羯智投是一套资产配置服务流程,依靠"大类资产配置"和"围绕基金的金融大数据"进行双轮驱动。

一方面,其背后的专业团队根据现代投资组合理论设定大类资产配置逻辑,对资产进行分类,然后从招商银行代销的众多公募基金中遴选出产品组合。客户选择投资期限和风险承受等级后,摩羯智投会根据客户自主选择的"目标－风险"要求为客户构建基金组合,并提供了"一键购买"的便捷化服务功能。

另一方面,摩羯智投基于5.4万亿的财富管理数据,每天进行107万次的机器学习投资训练,使其具备算法进化能力,在对全球市场行情进行跟踪和监控的过程中发现并挖掘基金组合最优状态。不仅如此,摩羯智投每日会对客户持仓情况进行回归验证,当验证结果与当前最优状态有一定偏离时,为客户提供动态的基金组合调整建议,在客户认可之后,即可进行"一键优化"。

2. 实训内容

(1)体验"帮你投"和"摩羯智投"的投资过程,体会两种智能投顾产品在投资原理、投资流程、用户体验、组合构建、调仓机制等方面的异同。

(2)列出这两款智能投顾产品中用到的科技手段,如人工智能、大数据等,详细说明这些技术手段如何助力该款智能投顾产品,使投顾过程更加"智能"。

课后习题

1. 单选题

（1）金融科技的本质特征是（ C ）。

　　A．强调金融中介的重要性

　　B．金融价值创造、传递、交换

　　C．试错、快速迭代金融产品、高频率推陈出新

　　D．科技

（2）以下说法错误的是（ C ）。

　　A．传统金融注重金融服务维度

　　B．金融科技注重技术服务维度

　　C．互联网金融注重技术服务维度

　　D．金融科技是由技术带来的金融创新

（3）金融科技3.0的业务特点是（ A ）。

　　A．数据驱动　　B．业务驱动　　C．场景驱动　　D．服务驱动

（4）传统金融服务偏向"二八定律"，即20%的高端客户给银行带来80%的利润，所以传统金融市场或机构重点关注高端客户，而金融科技可以服务另外80%的大众或中小企业，以消费需求驱动金融服务模式转型，将长尾客户纳入服务对象，其本质是（ B ）。

　　A．降低信息不对称

　　B．普惠金融

　　C．减少交易成本

　　D．科技金融

（5）在互联网经济背景下，传统的交易成本的变化是（ A ）。

　　A．大幅降低　　B．大幅升高　　C．保持不变　　D．不确定

2. 多选题

（1）平台经济的特征是（ ABC ）。

　　A．多边性　　B．规模效应　　C．网络效应　　D．单一性

（2）金融科技3.0的技术驱动力有（ ABCD ）。

　　A．大数据　　B．云计算　　C．人工智能　　D．区块链

（3）金融科技的机构主体包括（ ABD ）。

　　A．金融机构　　　　　　　　B．互联网企业

　　C．监管机构和新兴科技公司　　D．通信机构

3. 判断题

（1）大数据、云计算、人工智能、区块链等新兴技术是金融科技的重要后

端支撑。(√)

（2）大数据不仅指数据的量大，而且要求数据维度丰富，信息范围广泛。(√)

（3）金融科技脱胎于传统金融和互联网金融，但与二者并无本质区别。(✗)

（4）金融科技能有效降低信息不对称，帮助中小微企业解决融资难的问题。(√)

（5）互联网降低了界定和保护知识产权的交易成本、监管成本、安全成本。(✗)

4. 简答题

（1）请简要描述金融科技的发展历程。

（2）分别从技术发展和业务发展的角度阐述金融科技带来的影响。

5. 分析应用题

金融科技的快速发展，不仅为金融行业注入了新的活力，在很大程度上提升了金融效率，促进了普惠金融的发展，而且在客观上为前沿技术提供了丰富的应用场景，促使区块链、人工智能等技术更快落地并发展，推动了技术进步。请应用所学的经济学理论知识，解释金融科技发展的动因。

Chapter

02

第 2 章
金融科技的技术基础

- 2.1 5G 与物联网
- 2.2 大数据
- 2.3 云计算
- 2.4 人工智能
- 2.5 区块链

学习目标

知识目标
- 了解 5G 与物联网、云计算、大数据、人工智能、区块链的概念、内涵和发展趋势
- 熟悉 5G 与物联网、云计算、大数据、人工智能、区块链的一般应用
- 了解云计算与边缘计算的联系与区别
- 了解大数据与云计算的关系
- 了解机器学习与深度学习

能力目标
- 能够理解大数据的框架体系
- 能够理解云计算的服务形式
- 能够分析区块链的工作原理
- 能够应用大数据的思维思考金融问题

素养目标
- 通过物联网、云计算与区块链的学习,加强网络安全意识
- 通过 3G 发展到 5G,中国网络通信科技逆袭夺冠历程的学习,培养学生树立科技追赶的勇气与担当,坚定道路自信
- 通过人工智能的学习,引导学生深入思考人类命运共同体的真正价值和内涵

思维导图

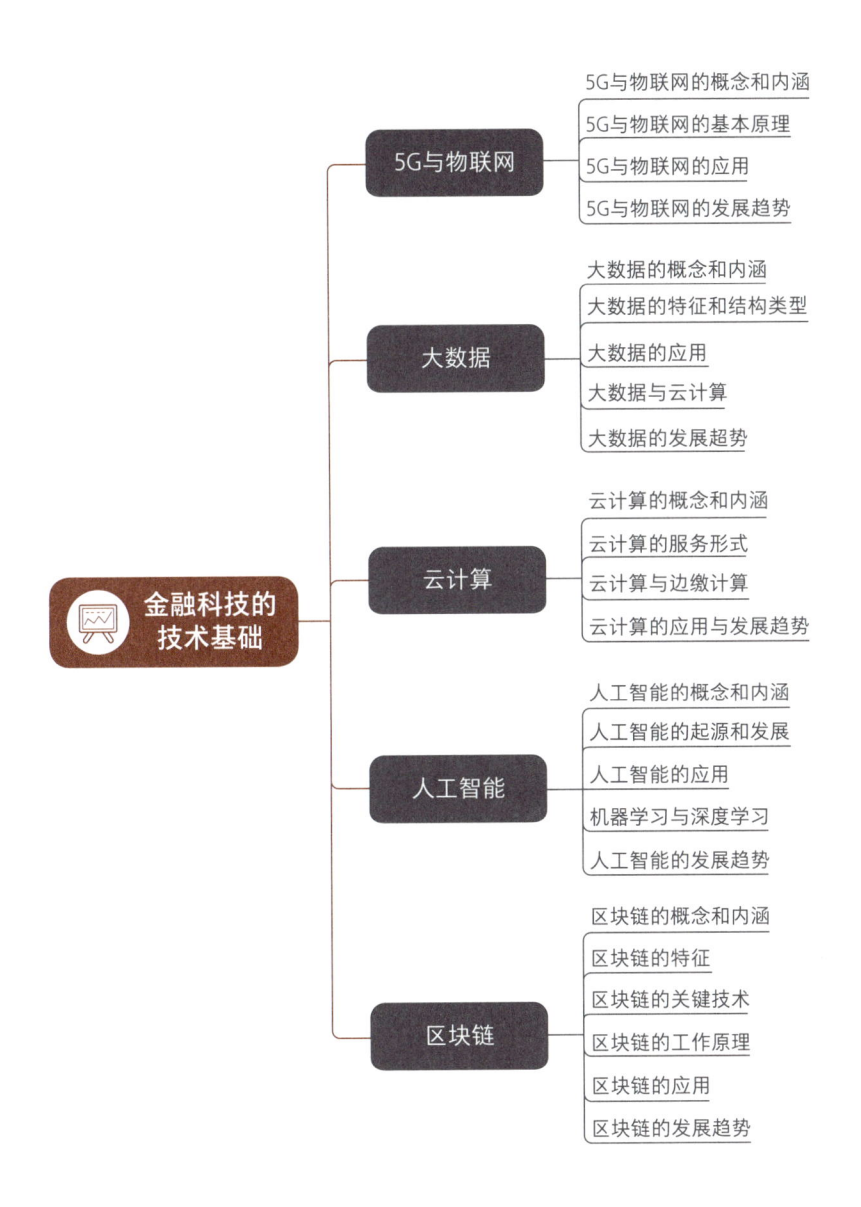

- **金融科技的技术基础**
  - **5G与物联网**
    - 5G与物联网的概念和内涵
    - 5G与物联网的基本原理
    - 5G与物联网的应用
    - 5G与物联网的发展趋势
  - **大数据**
    - 大数据的概念和内涵
    - 大数据的特征和结构类型
    - 大数据的应用
    - 大数据与云计算
    - 大数据的发展趋势
  - **云计算**
    - 云计算的概念和内涵
    - 云计算的服务形式
    - 云计算与边缘计算
    - 云计算的应用与发展趋势
  - **人工智能**
    - 人工智能的概念和内涵
    - 人工智能的起源和发展
    - 人工智能的应用
    - 机器学习与深度学习
    - 人工智能的发展趋势
  - **区块链**
    - 区块链的概念和内涵
    - 区块链的特征
    - 区块链的关键技术
    - 区块链的工作原理
    - 区块链的应用
    - 区块链的发展趋势

2.1 5G 与物联网

2.1.1 5G 与物联网的概念和内涵

1. 5G 的概念和内涵

第五代移动通信技术（5th Generation Mobile Networks），简称 5G，是 3G、4G 之后的延伸。5G 的标志性能力指标是"Gbps 用户体验速率"。5G 需要为大规模移动用户提供在热点区域 1Gbps 的数据的传输速率。据 IMT-2020 数据显示，与 4G 相比，5G 的优越性体现在用户体验速率、流量密度、时延、移动性和峰值速率上（见表 2-1）。

表 2-1 5G 关键指标

指标	描述
用户体验速率	指真实网络环境下用户可获得的最低传输速率，支持 0.1～1Gbps 的用户体验速率
连接数密度	指单位面积上支持的在线设备总和，每平方千米一百万的连接数密度
端到端时延	指数据包从源节点开始传输到目节点正确的接收时间，不高于 2 毫秒的端到端时延
移动性	指满足一定性能要求时，收发双方间的最大相对移动速度，每小时 500km 以上的移动性
用户峰值速率	指单用户可获得的最高传输速率，10Gbps 以上为峰值速率

2. 物联网的概念和内涵

物联网（Internet of Things，简称 IOT），是指通过各种信息传感器、射频识别技术、全球定位系统、红外感应器、激光扫描器等各种装置与技术，实时采集任何需要监控、连接、互动的物体或过程，采集其声、光、热、电、力学、化学、生物、位置等各种需要的信息，通过各类可能的网络接入，实现物与物、物与人的泛在连接，实现对物品和过程的智能化感知、识别和管理。简言之，物联网就是一个基于互联网、移动网络的信息承载体，它让所有能够被独立寻址的普通物理对象形成互联互通的网络。

2.1.2 5G 与物联网的基本原理

1. 5G 的基本原理

5G 移动网络是数字蜂窝网络，与 3G 和 4G 移动网络一样。在这种网络中，供应商覆盖的服务区域被划分为许多被称为蜂窝的小地理区域。表示声音和图像的模拟信号在手机中（由模拟数字转换器）被数字化，并作为比特流[①]

---

① 比特流：是一种内容分发协议。它采用高效的软件分发系统和点对点技术共享大体积文件，并使每个用户像网络重新分配结点那样提供上传服务。

传输。蜂窝中的所有 5G 无线设备通过无线电波与蜂窝中的本地天线阵和低功率自动收发器（发射机和接收机）进行通信。收发器从公共频率池分配频道，这些频道在地理上分离的蜂窝中可以重复使用。本地天线通过高带宽光纤或无线回程连接与电话网络和互联网连接。与现有的手机一样，当用户从一个蜂窝穿越到另一个蜂窝时，他们的移动设备将自动"切换"到新蜂窝中的天线。

移动网络中的所说的 4G、5G 的 G 是指"代"（Generation），4G 是指第四代移动电话行动通信标准，5G 是第五代移动电话行动通信标准。从 1G 到 5G，在功能上开始慢慢地增加，3G 开始有了网络，4G 开始出现了视频、VR 等，5G 时代出现了智能家居、无人驾驶、远程医疗等，如表 2-2 所示。

表 2-2　从 1G 到 5G 的标志性应用

起始时间	第 N 代	标志性应用
1980s	1G	音频
1991s	2G	音频、短信
1998s	3G	音频、短信、web 接入
2008s	4G	音频、短信、web 接入、视频
2020s	5G	音频、短信、web 接入、视频、物联网……

5G 网络的数据传输速率远远高于以前的蜂窝网络，其峰值传输速率会在 10Gbps 以上，最低传输速率也会稳定在 1Gbps 到 2Gbps 之间。比较而言，5G 的传输速率是 4G 的 100 倍以上，5G 的网络延迟低于 1 毫秒。未来，5G 网络将不仅仅为手机提供服务，而且还将为家庭和办公提供网络服务，可以与有线网络竞争。

2．物联网的基本原理

物联网的核心和基础是互联网，它是互联网的延伸和扩展。简言之，就是物联网的用户端延伸扩展到了物与物之间。

物联网的三层架构包括了应用层、网络层、感知层，感知层负责信息采集，网络层负责信息传输，应用层负责信息处理（如图 2-1 所示）。首先，对物体属性进行标识（包括静态和动态的属性），静态属性可以直接存储在标签中，动态属性需要先由传感器实时进行探测；其次，通过识别设备完成对物体属性的读取，并将信息转换为适合网络传输的数据格式；最后，将物体的信息通过网络传输到信息处理中心，由信息处理中心进行处理，并发出处理命令。

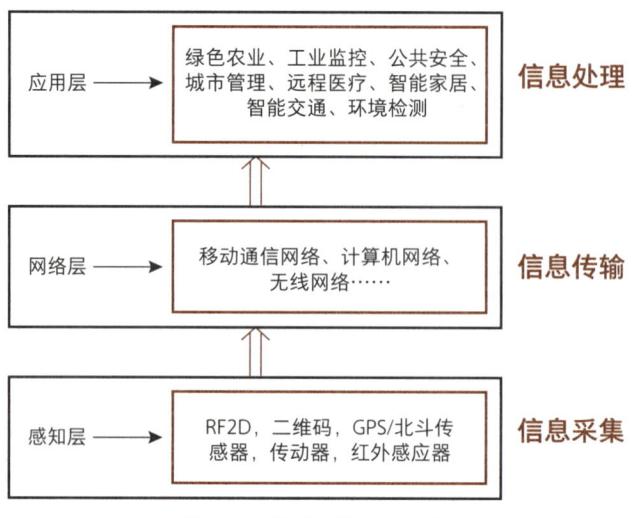

```
应用层 → 绿色农业、工业监控、公共安全、     信息处理
         城市管理、远程医疗、智能家居、
         智能交通、环境检测
              ↑
网络层 → 移动通信网络、计算机网络、          信息传输
         无线网络……
              ↑
感知层 → RF2D，二维码，GPS/北斗传           信息采集
         感器，传动器，红外感应器
```

图 2-1 物联网的三层架构

2.1.3 5G 与物联网的应用

5G 通信是物联网发展必不可少的通信技术。从物联网的应用层面看，目前的通信技术 (4G 通信) 满足不了多点接入，一是通信速率低，二是抗干扰差。5G 的优势正好弥补了 4G 的缺陷，为物联网在智能交通、智能电网方面实现奠定了基础。国际电信联盟（ITU）定义了 5G 的三大应用场景：增强移动宽带（eMMB）、海量机器类通信（mMTC）、高可靠低时延通信（uRLLC），如图 2-2 所示。

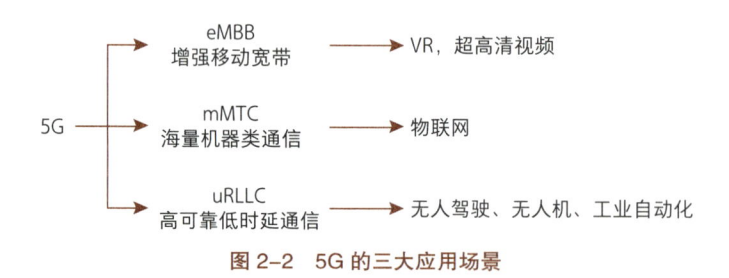

```
          → eMBB           → VR，超高清视频
            增强移动宽带
5G →      → mMTC           → 物联网
            海量机器类通信
          → uRLLC          → 无人驾驶、无人机、工业自动化
            高可靠低时延通信
```

图 2-2 5G 的三大应用场景

① 增强移动宽带，指 3D/ 超高清视频等大流量移动宽带业务。理论上，5G 网速是 4G 网速的几十倍。比如，一个 1080P 的高清视频（约 10G）用 5G 下载只需要 1 秒钟，而在 4G 时代，需要 1 分钟甚至更久。

② 海量机器类通信。指每平方千米的连接数量能达到上百万级，理论上可以实现使路灯、井盖、消防栓等市政管理设施全部接入，体现了 5G 的容量能力。

③ 高可靠低时延通信。人类用针扎自己感到疼痛的反应时间是 10 毫秒，在理想情况下，5G 可以达到 0.5 毫秒的时延。低时延主要用于控制类的操作，

5G 的大连接和低时延为无人驾驶等业务提供了基础。

2.1.4　5G 与物联网的发展趋势

在中国，5G 已成为国家科技战略的重点之一。5G 健康稳定的发展，离不开政府政策的支持以及用户需求的推动。中国不仅从宏观层面明确了未来 5G 的发展目标和方向，同时也确定将依托国家重大专项计划等方式，积极组织推动 5G 核心技术的突破。

全球 5G 专利中，中国占首位。2019 年 1 月中国信息通信研究院发布的《通信企业 5G 标准必要专利声明量是最新排名（2018）》显示，5G 标准的专利声明量超过 1 000 件的企业有华为、诺基亚、LG、爱立信、三星、高通和中兴。其中，华为以 1 970 件 5G 声明专利排名第一，占比达 17%。

5G 的建设是三大运营商的重中之重，各大运营商于 2020 年开始布局基站、频段以及相关的物联网场景建设工作。首批试点包含了北京、上海、广州以及成都等城市。总体来看，5G 建设部署时序将从东南沿海地区首先发展，随着西向深入，发展时序越来越靠后。

随着 5G 技术的发展与应用，5G 网络和人工智能、云计算、物联网将会构成新的网络基础设施，用于收集和处理海量大连接所产生的大规模数据。比如，更多的环境数据、政府及企业的运营管理数据、个人及家庭活动数据将得以发掘和输入，为大数据的发展提供原始数据。未来，5G、物联网将呈现出以下发展趋势。

趋势 1：学习娱乐相结合。学习将变成更有趣、更容易的过程（如 VR/AR 等沉浸式教学模式），教师的职能也将发生重大变化，由教授知识转变成为学生制定个性化学习计划。

趋势 2：高质量定制性服务全面普及。个人行为预测将深入商业各个领域，数据的爆发式增长对个体行为有了更加精确的刻画。消费从大规模标准化服务变为个性化或定制化精细服务，致使很多行业发生了根本性转变。例如：医疗治疗变成了健康干预，保险业根据大数据全面定制化服务，私人银行全面普及。

趋势 3：预防自然灾害更加及时有效。通过大数据、5G、AI 技术，人类可以实现对现实世界的数字化，进一步深入了解周围环境，对气象、地质、生态的预测、监控水平全面提升。

2.2　大数据
2.2.1　大数据的概念和内涵

大数据狭义上可以定义为：用现有的一般技术难以管理的大量数据的集合。所谓"用现有的一般技术难以管理"，是指数据结构复杂，用目前在企业数据库占据主流地位的关系型数据库无法进行管理。或者理解为，由于数据量的增大，导致对数据的查询响应时间超出允许范围。

对大量数据进行分析，并从中获得有用观点，这种做法在部分研究机构和大企业中，过去就已经存在了。现在的大数据和过去相比，主要有三个区别：一是随着社交媒体和传感器网络等的发展，人们身边产生了大量且多样的数据；二是随着硬件和软件技术的发展，数据的存储、处理成本大幅下降；三是随着云计算的兴起，大数据的存储、处理环境已经没有必要自行搭建。

高德纳咨询公司（Gartner）对大数据给出了这样的定义：大数据是需要新处理模式才能具有更强的决策力、洞察发现力和流程优化能力的海量、高增长率和多样化的信息资产。

大数据是一种规模大到在获取、存储、管理、分析方面大大超出了传统数据库软件工具能力范围的数据集合，具有海量的数据规模、快速的数据流转、多样的数据类型和价值密度低四大特征。

随着大数据的出现，数据仓库、数据安全、数据分析、数据挖掘、数据预测、数据可视化等，利用大数据的商业价值的方法正逐渐成为业内的焦点，引领了新一轮数据技术革新。

2.2.2 大数据的特征和结构类型

1. 大数据的特征

一般的理解，"大数据"只是容量非常大的数据集合。这种说法过于片面，容量只是大数据的特征之一。因为"用现有的一般技术难以管理"的状况，并不只是由于数据量庞大所造成的。

IBM提出，可以用3个特征相结合来定义大数据：数量（volume，或称容量）、种类（variety，或称多样性）和速度（velocity），或者就是简单的3V，即庞大容量、极快速度、种类丰富的数据"（见图2-3）。

图2-3 按照3V来定义大数据

（1）数量（volume）。用现有技术无法管理的数据量，从现状来看，基本上是指从 TB 到 PB 这样的数量级。按照麦肯锡全球研究院的观点，这是一个开放的、动态变化的定义，对于数量的要求不会过于具体。

数据容量足够大，达到能够影响数据的独立存储和处理需求，同时还能对数据备份、数据恢复、数据管理等操作产生影响。随着存储设备成本的降低，存储的数据量急剧增长，且增速越来越大。人类存储的数据种类也越来越多，比如：环境数据、财务数据、医疗数据、监控数据等。数据量的单位也逐渐从 TB 级转向 PB 级和 ZB 级。

（2）种类（variety）。数据多样性指的是大数据解决方案需要支持多种不同格式、不同类型的数据。数据多样性给企业带来的挑战包括数据聚合、数据交换、数据处理、数据存储等。

随着传感器、智能设备以及社交协作技术的激增，企业中的数据也变得更加复杂，不仅包含传统的关系型数据，而且包含来自网页、互联网日志文件（包括单击流数据）、搜索索引、社交媒体论坛、电子邮件、文档、主动和被动系统的传感器数据等，其中，一些数据爆发式增长，如网上的文本数据、位置信息、传感器数据、视频等半结构化和非结构化数据。

（3）速度（velocity）。数据产生和更新的频率也是大数据的一个重要特征。在大数据环境中，数据产生的很快，在极短的时间内就能聚集起大量的数据集。站在企业的角度，数据的速率代表数据从进入企业边缘到能够马上进行处理的时间。处理快速的数据输入流，需要企业设计出弹性的数据处理方案，同时也需要强大的数据存储能力，从而在数据变化的过程中就对它的数量和种类进行分析。

后来，IBM 在 3V 的基础上又提出第四个 V——veracity（真实和准确）。"只有真实而准确的数据才能让对数据的管控和治理真正有意义。随着社交数据、企业内容、交易与应用数据等新数据源的兴起，传统数据源的局限性被打破，企业愈发需要有效的信息治理以确保其真实性及安全性。"

IDC（互联网数据中心）提出，在大数据传统的基本特征之外，可以增加一个新特征——价值（value）。除了数据真实性和时间，价值也受如下几个生命周期相关的因素影响：一是数据是否存储良好；二是数据有价值的部分是否在数据清洗的时候被删除了；三是数据分析时提出的问题是否正确；四是数据分析的结果是否准确地传达给了做决策的人员。

综上所述，大数据是个动态的定义，不同行业根据其应用的不同有着不同的理解，其衡量标准也在随着技术的进步而改变。

2．大数据的结构类型

大数据具有多种形式，从高度结构化的财务数据，到文本文件、多媒体文件和基因序列图、地图数据等，都可以称为大数据。数据量大是大数据的一致特征，所以，处理大数据的首选方法就是在并行计算的环境中进行大规模并行处理（Massively Parallel Processing，MPP），这使得同时发生的并行摄取、并行数据装载和分析成为可能。实际上，大多数大数据都是非结构化或半结构化的，用传统的处理结构化数据的工具显然不可行，所以，需要新的技术和工具来处理和分析。未来，数据增长的 80%~90%将来自不是结构化的数据类型（半、准和非结构化）。大数据的结构类型见表 2-3。

表 2-3 大数据的结构类型

类型	特点
结构化	数据结构字段含义确定，清晰，典型的如数据库中的表结构
半结构化	具有一定结构，但语义不够确定，典型的如 HTML 网页，有些字段是确定的（title），有些不确定（table）
非结构化	杂乱无章的数据，很难按照一个概念去进行抽取，无规律性

结构化数据的分析技术已经比较普遍（如 SQL Server、Oracle），然而，半结构化数据（XML、网站地址字符串）和非结构化数据（视频、图片）带来了新的挑战，需要不同的技术来处理。

2.2.3　大数据的应用

1. 大数据的应用流程

大数据的应用流程主要包括数据导入、数据存储、数据分析、数据挖掘、数据可视化五个主要环节，如图 2-4 所示。

数据源 ⇒ 数据导入（ETL，提取转换加载）⇒ 数据存储（SQL、NoSQL）⇒ 批处理／数据分析／流处理 ⇒ 数据挖掘（数据仓库、OLAP、商务智能）⇒ 数据可视化 ⇒ 用户

图 2-4 大数据的工作原理

（1）数据导入：根据需求，从数据源中提取所需数据，或对数据进行转换。

（2）数据存储：采用高性能、高吞吐率、大容量的基础设备存放数据。简单的数据采集可以利用多种轻型数据库来接收发自客户端的数据，并且用户可以通过这些数据库来进行简单的查询和处理工作。

（3）数据分析：将海量的来自前端的数据快速导入一个集中的大型分布式数据库或者分布式存储集群，利用分布式技术来对存储于其内的集中的海量数据进行普通查询和分类汇总等，以此满足大多数常见的分析需求。

（4）数据挖掘：基于前面的查询数据进行数据挖掘，来满足高级别的数据分析需求。

（5）数据可视化：这是将数据信息转化为视觉形式的过程，目的是增强数据呈现的效果。用户可以以更加直观的交互方式进行观察、分析数据，了解数据之间的关联。数据可视化和信息可视化的含义不同，狭义上的数据可视化指的是将数据用统计图表方式呈现，而信息可视化则是将非数字的信息进行可视化。

2. 大数据分析

为了实现全数据分析，发掘出新的有价值的观点或结论，大数据分析系统应能够综合分析数量巨大、类型多样的数据。这就要求能够把结构化数据的方法、工具和非结构化数据的方法、工具有机地结合。既要兼备大规模并行处理数据库的高效率，又具有类似Hadoop平台①高扩展性的特点。

大数据分析主要包括四种类型：描述性分析、诊断性分析、预测性分析、策略性分析。

（1）描述性分析：对数据所代表性的含义进行描述性的揭示，常见的描述性分析有对历史数据的在线联机分析处理（OLAP分析）和对新产生的数据的流式分析。

（2）诊断性分析：用来揭示一些现象背后的成因，因此，它比描述性分析更深入。很多数据挖掘方法与诊断性分析密切相关。

（3）预测性分析：使用机器学习技术，对现有的大数据进行深度分析，构建数据预测和分类的模型，从而更好地支持数据预测和分类服务。

（4）策略性分析：在分析过程中减少甚至排除人的参与，在给定目标的驱动下，直接帮助人们找到好的策略，作用于大数据应用，使得未来数据指标能够按照设想的某些趋势去发展。

3. 商业智能（BI）

商业智能（Business Intelligence，简称BI）又称商业智慧，指用现代数据仓库技术、线上分析处理技术、数据挖掘和数据展现技术进行数据分析以实现商业价值。

商业智能通常被理解为将企业中现有的数据转化为知识，帮助企业做出明智的业务经营决策的工具。这里所谈的数据包括来自企业业务系统的订单、库存、交易账目、客户和供应商等来自企业所处行业和竞争对手的数据，以及来自企业所处的其他外部环境中的各种数据。而商业智能能够辅助的业务经营决

---

① Hadoop平台：是Apache软件基金会旗下的一个开源分布式计算平台，为用户提供了系统底层细节透明的分布式基础架构，是一种大数据处理架构。

策既可以是操作层的，也可以是战术层和战略层的决策。为了将数据转化为知识，需要利用数据仓库、联机分析处理（OLAP）工具和数据挖掘等技术。因此，从技术层面上讲，商业智能不是什么新技术，它只是数据仓库、OLAP和数据挖掘等技术的综合运用。

商业智能是对商业信息的搜集、管理和分析过程，目的是使企业的各级决策者获得知识或洞察力，促使他们做出对企业更有利的决策。商业智能一般由数据仓库、联机分析处理、数据挖掘、数据备份和恢复等部分组成。商业智能的实现涉及软件、硬件、咨询服务及应用，其基本体系结构包括数据仓库、联机分析处理和数据挖掘三个部分。

因此，把商业智能看成是一种解决方案应该比较恰当。商业智能的关键是从许多来自不同企业运作系统的数据中提取出有用的数据并进行清理，以保证数据的正确性，然后经过抽取（extract）、转换（transform）和装载（load）（即ETL过程），合并到一个企业级的数据仓库里，从而得到企业数据的一个全局视图。在此基础上利用合适的查询和分析工具、数据挖掘工具（大数据魔镜）、OLAP工具等对其进行分析和处理（这时信息变为辅助决策的知识），最后将知识呈现给管理者，为管理者的决策过程提供支持。

2.2.4 大数据与云计算

云计算是提高大数据分析能力的一个可行的方案。云计算和大数据相互依存、共同发展，云计算为大数据提供弹性的、可扩展的存储以及高效的数据并行处理能力，大数据则为云计算提供了新的商业价值。

云计算的技术发展主要解决的是大数据中结构化数据的存储、处理与应用难题。结构化数据具有很强的逻辑性，数据的因果关系度较高。然而，现实中大量数据事实上没有非常明显的因果关系，它的特征是随时、海量与弹性的，比如，一个突然变化的天气分析数据就包含了PB级的数据量。而一个社会新闻，比如乔布斯离世，瞬间所产生在互联网上的数据（微博、纪念文章、视频等）也是爆发式突增的。

"大数据"使人类社会进入一个以"PB"为单位的结构与非结构数据信息的新时代。云计算和大数据在很大程度上是相辅相成的，其最大的不同在于：云计算是你在做的事情，而大数据是你所拥有的东西。以云计算为基础的信息存储、分享和挖掘手段为知识生产提供了工具，而通过对大数据分析、预测会使得决策更加精准，两者相得益彰。从另一个角度讲，云计算是一种IT理念、技术架构和标准，而云计算也不可避免地会产生大量的数据。所以说，大数据技术与云计算的发展密切相关，大型的云计算应用不可或缺的就是数据中心的建设，大数据技术是云计算技术的延伸。

大数据为云计算计算能力提供了应用空间。同时，海量的数据也需要足够的存储来容纳它，快速、价格低廉、绿色的云数据中心部署成为关键。Google、Facebook、Rackspace 等公司都纷纷建设了新一代的数据中心，大部分都采用更高效、节能、订制化的云服务器，用于大数据存储、挖掘和云计算业务。数据中心正在成为新时代知识经济的基础设施。从海量数据中提取有价值的信息，数据分析使数据变得更有意义，并将影响政府、金融、零售、娱乐、媒体等各个领域，带来革命性的变化。

2.2.5 大数据的发展趋势

大数据是继云计算、移动互联网之后，信息技术领域的又一大热门话题。根据预测，大数据将继续以每年 40% 的速度持续增加，而大数据所带来的市场规模也将以每年翻一番的速度增长。大数据无疑给众多的 IT 企业带来了新的成长机会，同时也带来了前所未有的挑战。

学术界和工业界都在关注着大数据的发展，探索新的大数据技术、开发新的工具和服务，努力将"信息过载"转换成"信息优势"。大数据将跟移动计算和云计算一起成为信息领域企业所"必须有"的竞争力。如何应对大数据所带来的挑战，如何抓住机会真正实现大数据的价值，将是未来信息领域持续关注的课题，并同时会带来信息领域里诸多方面的突破性发展。

趋势 1：数据成为资源。大数据成为企业和社会关注的重要战略资源，企业必须提前制定大数据营销战略计划，抢占市场先机。

趋势 2：大数据与云计算的深度结合。大数据离不开云处理，云处理是产生大数据的平台之一。自 2013 年开始，大数据技术已开始和云计算技术紧密结合，预计未来两者之间的关系将更为密切。除此之外，物联网、移动互联网等新兴计算形态，也将一起助力大数据革命，让大数据发挥出更大的影响力。

趋势 3：科学理论的突破。随着大数据的快速发展，就像计算机和互联网一样，大数据也许会带来新一轮的技术革命。随之兴起的数据挖掘、机器学习和人工智能等相关技术，可能会改变数据世界里的很多算法和基础理论，实现科学技术上的突破。

趋势 4：数据科学成立。数据科学将成为一门专门的学科，也会催生一批与之相关的新的就业岗位。与此同时，基于数据这个基础平台，也将建立起跨领域的数据共享平台，数据共享将扩展到企业层面，并且成为未来产业的核心一环。

趋势 5：数据安全问题。除非数据在其源头就能够得到安全保障，否则，很多企业都将面临数据攻击。在财富 500 强企业中，超过 50% 的企业将会设置首席信息安全官这一职位。企业需要从新的角度来确保自身以及客户数据的安全，所有数据在创建之初便需要获得安全保障。

趋势 6：数据管理成为核心竞争力。数据管理成为核心竞争力，直接影响财务表现。数据资产是企业核心资产的概念深入人心，企业对于数据管理有了更清晰的界定，将数据管理作为企业核心竞争力，持续发展，战略性规划与运用数据资产，成为企业数据管理的核心。数据资产管理效率与主营业务收入增长率、销售收入增长率显著正相关；此外，数据资产的管理效果将直接影响企业的财务表现。

趋势7：数据质量是BI的关键。在实际业务中，很多数据源会带来大量低质量数据。企业需要理解原始数据与数据分析之间的差距，从而消除低质量数据并通过BI获得更佳决策。采用自助式BI工具进行大数据处理的企业将会脱颖而出。

趋势8：数据生态系统复合化程度加强。大数据的世界不只是一个单一的、巨大的计算机网络，而是一个由大量活动构件与多元参与者元素构成的生态系统，是终端设备提供商、基础设施提供商、网络服务提供商、网络接入服务提供商、数据服务使用者、数据服务提供商、触点服务、数据服务零售商等一系列的参与者共同构建的生态系统。数据生态系统的基本雏形已然形成，接下来的发展将趋向于系统内部角色的细分，也就是市场的细分；系统机制的调整，也就是商业模式的创新；系统结构的调整，也就是竞争环境的调整等等，从而使得数据生态系统复合化程度逐渐增强。

2.3 云计算
2.3.1 云计算的概念和内涵

云计算（cloud computing）是一种基于互联网的计算方式，通过这种方式共享的软件、硬件资源和信息可以按需求提供给计算机各种终端和其他设备。（维基百科的定义）。美国国家标准与技术研究院（NIST）的定义是：云计算是一种按使用量付费的模式，这种模式提供可用的、便捷的、按需的网络访问，进入可配置的计算资源共享池（包括网络、服务器、存储、应用软件、服务），这些资源能够被快速提供，只需要投入很少的管理工作，或与服务供应商进行很少的交互。

现阶段所说的云计算已经不单单是一种分布式计算，而是分布式计算、效用计算、负载均衡、并行计算、网络存储、热备份冗余和虚拟化等计算机技术混合演进并跃升的结果。

云计算是分布式计算的一种，指的是通过网络"云"将巨大的数据计算处理程序分解成无数个小程序，然后，通过多部服务器组成的系统处理和分析这些小程序得到结果并返回给用户。因而，云计算又称为网格计算。通过这项技术，可以在很短的时间内（几秒钟）完成对数以万计的数据的处理，从而达到强大的网络服务。

从大数据的角度看，云计算是一种基于互联网的计算方式，共享的软硬件资源和信息可以按需求提供给计算机和其他设备。云计算为人们提供了跨地域、高可靠、按需付费、所见即所得、快速部署等服务。随着云计算的发展，大数据正成为云计算面临的一个重大考验，云计算能够为一份大数据解决方案提供三项必不可少的材料：外部数据集、可扩展性处理能力和大容量存储。

2.3.2 云计算的服务形式

云计算按照服务的组织、交付方式的不同，有公有云、私有云、混合云之分。公有云向所有人提供服务，典型的公有云提供商是亚马逊，人们可以用相对低廉的价格方便地使用亚马逊强性计算云（EC2）的虚拟主机服务。私有云往往只针对特定客户群提供服务，比如一个企业内部IT可以在自己的数据中心搭建私有云，并向企业内部提供服务。目前也有部分企业整合了内部私有云和公有云，统一交付云服务，这就是混合云。

云计算包括三个层次的服务，如表2-4所示。

表2-4 云计算的三个服务层次

云服务类型	服务层次	对比
IaaS	基础设施即服务	IaaS与传统的主机托管有相似之处，但是在服务的灵活性、扩展性和成本等方面IaaS具有很强的优势
SaaS	软件即服务	能够按需提供计算能力和存储服务。不是在传统的数据中心中购买和安装所需的资源，而是根据公司需要，租用这些所需的资源。这种租赁模式可以部署在公司的防火墙之后或通过第三方服务提供商实现
PaaS	平台即服务	最简单的云计算交付模式，它用虚拟化操作系统、工作负载管理软件、硬件、网络和存储服务的形式交付计算资源。它也可以包括操作系统和虚拟化技术到管理资源的交付

IaaS（Infrastructure as a Service），基础设施即服务。消费者通过互联网可以从完善的计算机基础设施获得服务。IaaS通过网络向用户提供计算机（物理机和虚拟机）、存储空间、网络连接、负载均衡和防火墙等基本计算资源；用户在此基础上部署和运行各种软件，包括操作系统和应用程序。Iaas最关键的问题是网络安全威胁，对于金融服务等高度管制的行业尤为重要。

SaaS（Software as a Service），软件即服务。它是一种通过互联网提供软件的模式，用户无须购买软件，而是向提供商租用基于Web的软件，来管理企业经营活动，例如邮件服务、数据处理服务、财务管理服务等。

PaaS（Platform as a Service），平台即服务。PaaS实际上是指将软件研发的平台作为一种服务，以SaaS的模式提交给用户。因此，PaaS也是SaaS模式的一种应用。但是，PaaS 的出现可以加快 SaaS 的发展，尤其是加快 SaaS 应用的开发速度。平台通常包括操作系统、编程语言的运行环境、数据库和 Web 服务器，用户在此平台上部署和运行自己的应用。用户不能管理和控制底层的基础设施，只能控制自己部署的应用。目前常见的 PaaS 提供商有 CloudFoundry、谷歌的 GAE 等。

2.3.3 云计算与边缘计算

云计算是把握整体，那么边缘计算就更专注于局部。边缘计算是指靠近物或数据源头的一侧，采用网络、计算、存储、应用核心能力为一体的开放平台。网络边缘侧可以是从数据源到云计算中心之间的任意功能实体，这些实体搭载着融合网络、计算、存储、应用核心能力的边缘计算平台，为终端用户提供实时、动态和智能的服务计算。与在云端中进行处理和算法决策不同，边缘计算是将智能和计算推向更接近实际的行动，而云计算需要在云端进行计算，主要的差异体现在多源异构数据处理、带宽负载和资源浪费、资源限制、安全和隐私保护等方面。

边缘计算处理数据中心明显的优势有以下几点：

① 边缘计算可以实时或更快地进行数据处理和分析，让数据处理更靠近源，而不是外部数据中心或者云，可以缩短延迟时间。

② 在成本预算上可以大大减轻经费预算。企业在本地设备上的数据管理解决方案所花费的成本大大低于使用云和数据中心网络所花费的成本。

③ 提高网络效率以减少流量：将一些处理转移到外围，更靠近需要工作的地方，以提高性能、减少网络流量和减少延迟。

④ 提高应用程序效率。通过降低延迟级别，应用程序可以更高效、更快速地运行。

⑤ 互动体验个性化。通过边缘计算，可以持续学习，根据个人的需求调整模型，带来个性化互动体验。

⑥ 保障用户的数据安全和隐私。网络边缘数据涉及个人隐私，传统的云计算模式需要将这些隐私数据上传至云计算中心，这将增加泄露用户隐私数据的风险。在边缘计算中，身份认证协议的研究借鉴了现有方案的优势，同时结合边缘计算中分布式、移动性等特点，加强统一认证、跨域认证和切换认证技术的研究，以保障用户在不同信任域和异构网络环境下的数据和隐私安全。

边缘计算和云计算互相协同，它们是优势互补的存在，共同促进行业数字化转型，如图 2-5 所示。云计算是统筹中心，负责长周期数据的大数据分析，能够在周期性维护、业务决策等领域运行。而边缘计算则着眼于实时、短周期数据的分析，更好地支撑本地业务及时处理执行。边缘计算靠近设备端，也为云端数据采集做出贡献，支撑云端应用的大数据分析，云计算也通过大数据分析输出业务规则下发到边缘处,以便执行和优化处理。所以不管是云计算还是边缘计算,不存在一方完全取代另一方的状况,只是在各个擅长的领域各司其职。

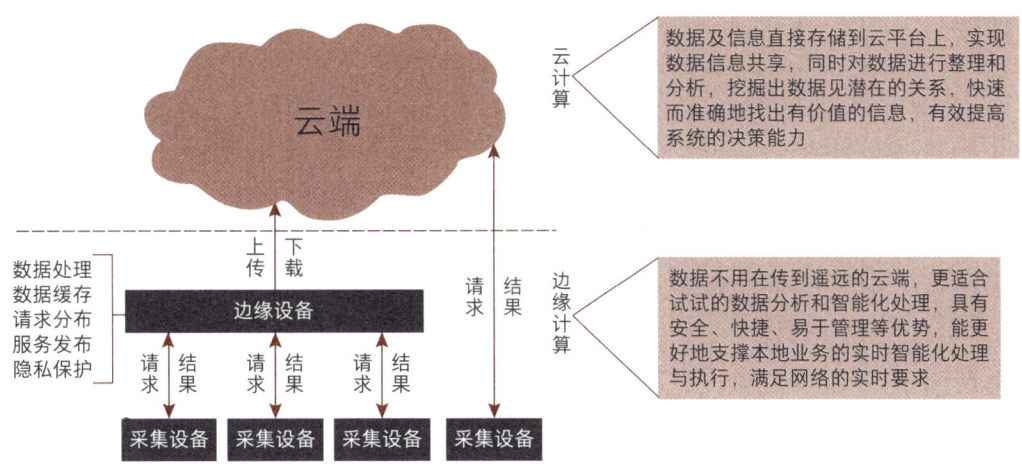

图 2-5 云计算和边缘计算

2.3.4 云计算的应用与发展趋势

较为简单的云计算技术已经普遍应用,比如网络搜索引擎和网络邮箱。常见的云计算应用有:① 存储云,又称云存储;② 医疗云;③ 金融云;④ 教育云。

越来越多的供应商提供云计算服务,以响应客户的需求,与其他提供商集成或减轻安全负担。未来,以下这些云计算的趋势将继续产生深远的影响。

趋势 1:云计算和 5G。通过将 5G 蜂窝网络与云计算技术相结合,可以将更多容量和功能用于物联网系统。5G 具有独特的基础设施,可提供更快的移动服务连接。

趋势 2:量子计算。只要持续关注大型云服务提供商的进展,就会不难发现,量子计算在云计算领域已经是一个热门话题。采用量子计算,极有可能将数学、材料科学和计算机科学理论转化为现实。基于量子计算,也许很快就能通过类似人类的交互,来优化复杂的系统,并构建更好的成本模型。

趋势 3:混合云解决方案。有人预测,混合云将征服商业世界。它结合了私有云和公共云,用户可以轻松地在网络上传输数据和应用程序。混合云具有灵活性、更优的工具和部署选项,可降低转换风险和总体成本。

趋势 4:应对欧盟通用数据保护条例(GDPR)。欧盟通用数据保护条例(GDPR)于 2018 年 5 月 25 日生效。GDPR 被视为"史上最严"的数据保护立法,企业在发生数据泄露事故的情况下,可能会面临年收入高达 4% 的罚款。所有销售和存储公民个人信息的公司都无法控制数据,一些公司很快就会遇到瓶颈和阻碍。为了确保数据完全符合 GDPR 的标准和要求，可以使用诸如容器和无服务器计算之类的当代计算模型来实现若干布置或内置控制，诸如身份访问管理、网络安全组和网关网络防火墙。

趋势 5：结合人工智能。人工智能可以充分利用大数据，收集商业智能、更好地了解业务运作方式。人工智能能够在数据科学家的手中，帮助云计算实现比传统框架更有效、更智能的运行，并且提高自动化程度，降低成本，优化数据管理与实践。

趋势 6：增强式多云平台。增强式多云平台灵活的外观模型，专门针对那些希望转变为不太传统的云模型的人。当然，要确保它包含一个数字管理平台，允许管理员和最终用户从一个集中位置访问相应的云服务。它还简化了所有云活动的管理。

2.4 人工智能
2.4.1 人工智能的概念和内涵

人工智能（Artificial Intelligence，简称 AI）是研究、开发用于模拟、延伸和扩展人的智能的理论、方法、技术及应用系统的一门新的技术科学，是一门自然科学、社会科学和技术科学交叉的边缘学科，它涉及的学科内容包括哲学、认知科学、数学、神经生理学、心理学、计算机科学、信息论、控制论、不定性论、仿生学、社会结构学与科学发展观等。

人工智能是对人的意识、思维的信息过程的模拟。人工智能不是人的智能，但能模拟人的思考，甚至可能超过人的智能。人工智能企图模仿人类智能，生产出一种类似人类反应的智能机器。

人工智能的定义可以分为两部分："人工"和"智能"。"人工"易于理解，比如考虑什么是人力所能制造的，或者人自身的智能程度有没有高到可以创造人工智能的地步等。"智能"涉及诸如意识、自我、思维等问题。

人工智能是研究人类智能活动的规律，构造具有一定智能的人工系统，研究如何让计算机去完成以往需要人的智力才能胜任的工作，也就是研究如何应用计算机的软件和硬件来模拟人类某些智能行为的基本理论、方法和技术。

弱人工智能（Top-Down AI）观点认为，不可能制造出能真正推理和解决问题的智能机器，这些机器只不过看起来像是智能的，但是并不真正拥有智能，也不会有自主意识。

强人工智能（Bottom-Up AI），又称多元智能。研究人员希望人工智能最终能成为多元智能并且超越大部分人类的能力。有些人认为要达成以上目标，可能需要拟人化的特性，如人工意识或人工大脑。这个问题被认为是人工智能的完整性问题——为了解决其中的一个问题，你必须解决全部的问题。即使一个简单和特定的任务也是如此，如机器翻译，要求机器按照作者的论点（推理），知道什么是与人谈论（知识），忠实地再现作者的意图（情感计算）。因此，机器翻译被认为是具有人工智能完整性的代表性应用。

强人工智能的观点认为，有可能制造出真正能够推理和解决问题的智能机器，并且它（们）将被认为是有知觉和自我意识的。强人工智能可以有两类：一是类人的人工智能，即机器的思考和推理就像人的思维一样；二是非类人的人工智能，即机器产生了和人完全不一样的知觉和意识，使用和人完全不一样的推理方式。

2.4.2 人工智能的起源和发展

计算机的出现，使技术上最终可以创造出机器智能，人类开始真正有了一个可以模拟人类思维的工具。

1956年夏季，以麦卡赛、明斯基等为首的一批年轻科学家在美国达特茅斯学院举办的学术研讨会上，共同研究和探讨用机器模拟智能的一系列有关问题，首次提出了"人工智能（AI）"这一术语，它标志着"人工智能"这门新兴学科的正式诞生。

人工智能60余年的发展大致可以划分为以下六个阶段，如表2-5所示。

表2-5 人共智能发展历程

时间	阶段	发展	代表
1956–1960年	起步发展期	人工智能诞生	机器定理证明，智能跳棋程序
1960–1970年	反思发展期	任务失败，目标落空	机器翻译笑话百出，定理证明发展乏力
1970–1985年	应用发展起	专家系统遍地开花，人工智能转向实用	医疗专家系统，化学专家系统，地质专家系统
1985–1995年	低迷发展期	多项研究发展缓慢	专家系统发展乏力，神经网络研究受阻
1995–2010年	稳步发展期	互联网推动人工智能不断创新和实用	深蓝战胜国际象棋冠军，IBM提出智慧地球，我国提出感知中国
2010–2020年	蓬勃发展期	深度学习与大数据兴起，带来人工智能的爆发	ImageNet大赛上CNN夺冠，AlphaGo打败李世石

我国政府以及社会各界都高度重视人工智能学科的发展。2019年6月17日，国家新一代人工智能治理专业委员会发布《新一代人工智能治理原则——发展负责任的人工智能》，提出了人工智能治理的框架和行动指南。这是中国

促进新一代人工智能健康发展,加强人工智能法律、伦理、社会问题研究,积极推动人工智能全球治理的一项重要成果。

2.4.3 人工智能的应用

用来研究人工智能以及能够实现人工智能技术的基础就是计算机,人工智能的发展是和计算机科学的发展紧密联系的。人工智能学科研究的主要内容包括:知识表示、自动推理和搜索方法、机器学习(深度学习)和知识获取、知识处理系统、自然语言处理、计算机视觉、智能机器人、自动程序设计、数据挖掘等方面。

人工智能的相关领域如表 2-6 所示。

表 2-6　人工智能的相关领域

场景应用	AI 安防、AI+ 金融、AI+ 制造、AI+ 教育、AI+ 医疗,……
消费级终端硬件	机器人、无人车、无人机,……
应用技术	图像识别、语音识别、文字识别、计算机视觉、自然语言处理,……
算法	深度学习、机器学习,……
数据及计算能力	传感器、芯片、数据、云服务,……

1. 智慧地球

把新一代 IT 技术充分应用在各行各业之中,即把传感器嵌入和装备到电网、铁路、桥梁、隧道、公路、建筑、供水系统、大坝、油气管道等各种物体中,并且被普遍连接,形成所谓"物联网"。通过超级计算机和云计算将物联网连接起来,实现人类社会与物理系统的整合。在此基础上,人类可以更加精细和动态的方式管理生产和生活,从而达到"智慧"状态。

2. 智慧城市

运用信息和通信技术手段感测、分析、整合城市运行核心系统的各项关键信息,从而对包括民生、环保、公共安全、城市服务、工商业活动在内的各种需求做出智能响应,其实质是利用先进的信息技术,实现城市智慧式管理和运行,进而为城市中的人创造更美好的生活,促进城市的和谐和可持续发展。

3. 智慧交通

建设智慧城市的前提就是要先建设好智慧交通。交通运输被认为是城市发展的"血管",在高速发展的现代化城市建设中,智慧交通的打造对于提升"血流"至关重要。智慧交通融合智能化、数据化、信息化发展的理念,进一步推动了城市化可持续发展进程,提升城市综合竞争实力。

4. 智能家居

利用微处理电子技术，来集成或控制家中的电子电器产品或系统，例如：照明灯、咖啡炉、计算机设备、保安系统、暖气及冷气系统、视讯及音响系统等。家庭自动化系统主要是以一个中央微处理机（CPU）接收来自相关电子电器产品（外界环境因素的变化，如光线变化等）的信息后，再以既定的程序发送适当的信息给其他电子电器产品。中央微处理机必须透过许多界面来控制家中的电器产品，这些界面可以是键盘，也可以是触摸式荧幕、按钮、计算机、电话机、遥控器等；消费者可发送信号至中央微处理机，或接收来自中央微处理机的讯号。

5. 智慧医疗

智慧医疗是指通过打造健康档案区域医疗信息平台，利用最先进的物联网技术，实现患者与医务人员、医疗机构、医疗设备之间的互动，逐步达到信息化。人工智能技术已经逐渐应用于药物研发、医学影像、辅助治疗、健康管理、基因检测、智慧医院等领域。其中，药物研发的市场份额最大，利用人工智能，可大幅缩短药物研发周期，降低成本。

6. 智慧教育

通过构建技术融合的学习环境，让教师能够施展高效的教学方法，让学习者能够获得适宜的个性化学习服务和美好的发展体验，使其由不能变为可能，由小能变为大能，从而培养具有良好的价值取向、较强的行动能力、较好的思维品质、较深的创造潜能的人才。

7. 新零售

新零售是指个人、企业以互联网为依托，通过运用大数据、人工智能等先进技术手段并运用心理学知识，对商品的生产、流通与销售过程进行升级改造，进而重塑业态结构与生态圈，并对线上服务、线下体验以及现代物流进行深度融合的零售新模式。

8. 智慧金融

依托互联网技术，运用大数据、人工智能、云计算等金融科技手段，使金融行业在业务流程、业务开拓和客户服务等方面得到全面的智慧提升，实现金融产品、风控、获客、服务的智慧化。

9. 智慧客服

目前智慧客服还是更多地用于对用户意图的理解和预测上。智慧客服首先能够解决"即时客服"的问题；再通过对用户意图的理解并将用户意图分类，普通常见的问题直接通过智慧客服解决，而复杂问题再由智慧客服转到人工客服。

微课：人工智能与金融

2.4.4 机器学习与深度学习

1. 机器学习

机器学习是研究如何使用机器来模拟人类学习活动的一门学科。较为严格的说法是：机器学习是一门研究机器如何获取新知识和新技能，并识别现有知识的学科。这里所说的"机器"指的就是电子计算机，中子计算机、光子计算机或神经计算机等。

机器学习的核心是"使用算法解析数据，从中学习，然后对世界上的某件事情做出决定或预测"。这意味着，与其依照习惯编写程序来执行某些任务，不如教计算机学会如何开发一个算法来完成任务。有三种主要类型的机器学习：监督学习、无监督学习和强化学习，各自有着不同的优点和缺点，如图2-6所示。

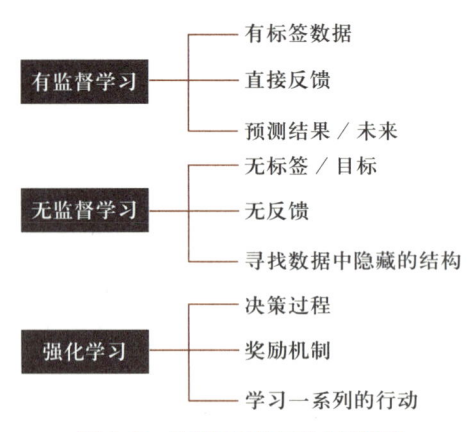

有监督学习 —— 有标签数据
　　　　　 —— 直接反馈
　　　　　 —— 预测结果／未来

无监督学习 —— 无标签／目标
　　　　　 —— 无反馈
　　　　　 —— 寻找数据中隐藏的结构

强化学习 —— 决策过程
　　　　 —— 奖励机制
　　　　 —— 学习一系列的行动

图2-6　机器学习的三种主要类型

2. 深度学习

机器学习最大的突破是深度学习。深度学习的目的是模仿人脑的思维过程，经常被用于图像和语音识别。

深度学习是一种以人工神经网络（ANN）为架构，对数据进行表征学习的算法，即可以这样定义："深度学习是一种特殊的机器学习，通过学习将实现使用嵌套的概念层次来表示并实现巨大的功能和灵活性，其中每个概念都定义为与简单概念相关联，而更为抽象的表示则以较不抽象的方式来计算。"

最初的深度学习是利用神经网络来解决特征表达的一种学习过程。深度神经网络可大致理解为包含多个隐含层的神经网络结构。为了提高深层神经网络的训练效果，人们对神经元的连接方法和激活函数等做出相应的调整。如今，深度学习迅速发展，奇迹般地实现了各种任务，似乎使得所有的机器辅助功能都变为可能，如无人驾驶汽车、预防性医疗保健、更好的电影推荐等，都近在眼前或者即将实现。

神经网络的原理是受动物大脑的生理结构——互相交叉相连的神经元启发。但与大脑中一个神经元可以连接一定距离内的任意神经元不同，ANN 具有离散的层、连接和数据传播的方向。

例如，人们可以把一幅图像切分成图像块，输入神经网络的第一层。在第一层的每一个神经元都把数据传递到第二层。第二层的神经元也是完成类似的工作，把数据传递到第三层，以此类推，直到最后一层，然后生成结果。以道路上的停止（Stop）标志牌为例。将一个停止标志牌图像的所有元素都打碎，然后用神经元进行"检查"：八边形的外形、救火车般的红颜色、鲜明突出的字母、交通标志的典型尺寸和静止不动的特性等。神经网络的任务就是给出结论，它到底是不是一个停止标志牌。神经网络会根据所有权重，给出一个经过深思熟虑的猜测——"概率向量"。可能会给出这样的结果：86% 可能是一个停止标志牌，7% 可能是一个限速标志牌，5% 可能是一个风筝挂在树上等，然后网络结构告诉神经网络，它的结论是否正确。

再比如，经过深度学习训练的图像识别，在一些场景中甚至可以比人做得更好。Google 的 AlphaGo（见图 2-7）先是学会了如何下围棋，然后与它自己下棋训练。它训练自己神经网络的方法，就是不断地与自己下棋，反复地下，永不停歇。

图 2-7 AlphaGo 与世界冠军的较量

2.4.5 人工智能的发展趋势

近年来 AI 技术本身以及各类商业层面解决方案已日趋成熟，目前正在快速进入"工业化"阶段。伴随着国内外科技巨头对 AI 技术研发的持续投入，在全球范围内将出现多家 AI 模型工厂、AI 数据工厂，并将 AI 技术进行模块化整合，大批量产出，从而实现赋能各行各业以求产业快速转型升级的终极目的，例如客服行业的 AI 解决方案将可以大规模复制运用到金融、电商、教育等行业。

以深度学习为框架的开源平台极大降低了人工智能技术的开发门槛，有效提高了人工智能应用的质量和效率。各行各业将会大规模应用深度学习技术实施创新，加快产业转型和升级的节奏。

多模态深度语义理解以声音、图像、文本等不同模态的信息为输入，综合感知和认知等 AI 技术，实现对信息的多维度深层次理解。随着视觉、语音、自然语言理解和知识图谱等技术的快速发展和大规模应用，多模态深度语义理解会进一步走向成熟，应用场景变得更加广阔。随着大规模语言模型预训练技术的出现和普及，通用自然语言处理技术，机器的理解和认知能力有了大幅度提升。基于海量文本数据的语义表示预训练技术将与专业领域知识进行深度融合，持续提升自动问答、情感分析、阅读理解、语言推断、信息抽取等自然语言处理任务的效果。具备超大规模算力、丰富的专业领域数据、预训练模型和完善的研发工具等特征的通用自然语言理解计算平台将逐渐成熟，并将在互联网、医疗、法律、金融等领域大展拳脚。

2.5 区块链

2.5.1 区块链的概念和内涵

2008 年，中本聪发表了论文《比特币：一种点对点的电子现金系统》，文中阐述了基于 P2P 网络技术、加密技术、时间戳技术、区块链技术等电子现金系统的构架理念。这篇论文堪称区块链技术和加密数字货币发明的基础。

2009 年 1 月 3 日，中本聪创建了第一个区块（创世区块）。创世区块里，中本聪留下一句永不可修改的话，这句话作为"时间戳"被永远地留在了"创世区块"中。

区块链是一种"去中心化"的数据库，包括一张被称作"区块"（Block）的列表，其中每个区块都含有一个"时间戳"（Timestamp）、一条与前一个区块的"链接"（Link）和交易数据。随着区块链技术的不断升级，业界将其演进发展历程分为三个阶段。

（1）区块链 1.0（可编程货币）：去中心化的数字支付系统，无障碍的价值转换，以比特币为应用典型，实现了数字货币的发行和流通，功能相对单一。

（2）区块链 2.0（可编程金融）：以智能合约的应用为特征，通过智能合约推动多业务系统的协作，扩展了区块链应用领域，如股票、清算、私募股权等众多金融领域。

（3）区块链 3.0（可编程社会）：将实现与物联网、云计算等技术融合发展，试图在大规模协作领域提高行业的运行效率和管理水平。以上三个阶段并非依次实现，而是共同发展，相互促进的过程。

2.5.2 区块链的特征

从技术的角度来看，区块链并不是一种单一的技术，而是多种技术整合的结果。这些技术以新的结构组合在一起，形成了一种新的数据记录、存储和表达的方式。

区块链具有以下特征。

(1) 开放、共识。任何人都可以参与到区块链网络，每一台设备都能作为一个节点，每个节点都可以获得一份完整的数据库拷贝。节点间基于一套共识机制，通过竞争计算共同维护整个区块链。任何一个节点失效，其余节点仍能正常工作。

(2) 去中心、去信任。区块链由众多节点共同组成一个端到端的网络，不存在中心化的设备和管理机构。节点之间数据交换通过数字签名技术进行验证，无须互相信任，只要按照系统既定的规则进行，节点不能也无法欺骗其他节点。

(3) 交易透明、双方匿名。区块链的运行规则是公开透明的，所有的数据信息也是公开的，因此每一笔交易都对所有节点可见。由于节点与节点之间是去信任的，因此节点之间无须公开身份，每个参与的节点都是匿名的。

(4) 不可篡改、可追溯。单个甚至多个节点对数据库的修改无法影响其他节点的数据库，除非能控制整个网络中超过51%的节点同时修改，而这几乎不可能发生。区块链中的每一笔交易都通过密码学方法与相邻两个区块串联，因此可以追溯到任何一笔交易的前世今生。

2.5.3 区块链的关键技术

1. P2P网络技术

区块链问世之前，分布式的P2P对等网络已经很成熟了。比如在网上下载视频，就是依赖这种点对点的网络传输协议。P2P网络是整个区块链的基础计算架构。在区块链分布式网络中，中央服务器的概念被弱化，也就不再需要任何中心枢纽。网络中的各个节点都可以作为一个独立的个体存在。这些节点既能作为提供服务的服务器，也能作为发送请求的客户端。它们不再需要服务器的桥接就可以直接交换资源：从一个节点上发出的信息经过验证被发送到周边相邻的节点，而每一个相邻节点又会将交易发送到其他的相邻节点，最终扩散到区块链网络中所有的节点上，从而实现用户与用户之间资源的直接分享与利用。P2P网络技术的特性保障了区块链技术是一个分布式的、去中心化的系统。

2. 加密技术

区块链使用的是非对称加密算法。非对称加密也就是加密一条信息实际上不是用单个密钥，而是用公钥和私钥两个密钥，他们可以保证在分布式网络中点对点信息传递的安全。

公钥是全网公开可见的，所有人都可以用自己的公钥加密一段信息，生成一个哈希值，来保障信息的完整性、真实性、并保证信息传递双方在不用信任的网络上安全地传递密钥。

私钥是不公开的。信息拥有者要高度保护私钥的安全，因为被公钥加密过的信息只有拥有对应私钥的人才能解密。具体来说，这种非对称密钥的工作原理是，在区块链的信息传递过程中，信息发送方使用私钥对信息签名、使用信息接收方的公钥对信息加密；信息接收方使用对方公钥验证信息发送方的身份、使用私钥对加密信息解密。公私钥加密与解密的成对出现保障了信息的完整性、一致性、安全性和不可篡改性。

除了非对称加密算法之外，在密码学技术里，还有非对称的数字签名技术、保证数据唯一性的哈希技术、保护信息传递双方敏感信息的隐私保护技术和包括防攻击、身份认证、授权等在内的安全技术。基于密码学产生的安全技术是区块链的核心安全技术。

时间戳服务器经常用来进行比对以及验证处理，时间戳服务器是一款基于PKI（公钥密码基础设施）技术的时间戳权威系统，对外提供精确可信的时间戳服务。它采用精确的时间源、高强度、高标准的安全机制，以确认系统处理数据在某一时间的存在性和相关操作的相对时间顺序，为信息系统中的时间防抵赖提供基础服务。

3. 智能合约

"智能合约"这个术语是由尼克·萨博（Nick Szabo）在1995年首次提出的。他给出的定义是：智能合约是一套以数字形式定义的承诺。可以把智能合约理解为一种聪明的合约，它允许在没有第三方监督的情况下，进行可信性交易，这种交易可以追踪，且不能逆转。

可以把智能合约理解成ATM机、自动贩卖机或者咖啡机，他们都是在一定外界触发条件下或一定规则下，自动实现特定功能，并没有任何人为因素从中干预。在商业活动中，线上交易提出了简化交易的流程要求，同时还要提供对应的安全保证。而智能合约扮演的角色，就是将交易双方的条件和奖惩机制定好，让双方交易都在区块链上可以自动、忠实地去执行这份合约，让人工无从对其实施干预，这就是它的目的智能合约。

4. 共识机制

共识保证了区块链上的参与者可以互相信任，并且对下个区块进行验证。共识也确保了网络中的规则被遵守，同时承认在区块链环境下只有一个真理。

主流观点认为共识机制分为四大类：① 工作量证明机制（POW）；② 权益证明机制（POS）；③ 股份授权证明机制（DPoS）；④ 混合证明机制。

2.5.4 区块链的工作原理

（1）区块。区块是一种记录交易的数据结构。每个区块由区块头和区块主体组成，区块主体只负责记录前一段时间内的所有交易信息，区块链的大部分功能都由区块头实现，如图2-8所示。

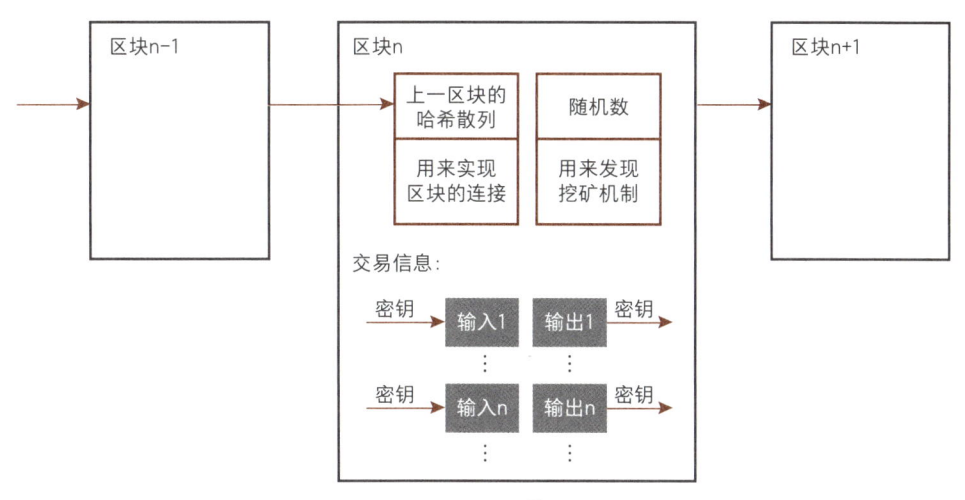

图2-8 区块

（2）区块头。区块头包括了以下信息。

① 版本号——标示软件及协议的相关版本信息。

② 父区块哈希值——引用的区块链中父区块头的哈希值，通过这个值每个区块首尾相连组成了区块链，并且这个值对区块链的安全性起到了至关重要的作用。

③ Merkle根——这个值是由区块主体中所有交易的哈希值再逐级两两哈希计算出来的一个数值，主要用于检验一笔交易是否在这个区块中存在。

④ 时间戳——记录该区块产生的时间，精确到秒。

⑤ 难度值——该区块相关数学题的难度目标。

⑥ 随机数——记录解密该区块相关数学题的答案的值。

（3）区块形成过程。区块的形成过程如表2-7所示。

表2-7 区块的形成过程

步数	内容
第1步	在当前区块加入区块链后，所有矿工就立即开始下一个区块的生成工作
第2步	把在本地内存中的交易信息记录到区块主体中
第3步	在区块主体中生成此区块中所有交易信息的Merkle树，把Merkle树根的值保存在区块头中
第4步	把上一个刚刚生成的区块的区块头的数据通过SHA256算法生成一个哈希值填入到当前区块的父哈希值中
第5步	把当前时间保存在时间戳字段中

续表

步数	内容
第6步	难度值字段会根据之前一段时间区块的平均生成时间进行调整以应对整个网络不断变化的整体计算总量，如果计算总量增长了，则系统会调高数学题的难度值，使得预期完成下一个区块的时间依然在一定时间内

（4）区块链。区块链以区块为单位组织数据。全网所有的交易记录都以交易单的形式存储在全网唯一的区块链中。

简言之，区块是一个一个的存储单元，记录了一定时间内各个区块节点全部的交流信息。各个区块之间通过随机散列（也称哈希算法）实现链接，后一个区块包含前一个区块的哈希值，随着信息交流的扩大，一个区块与一个区块相继接续，形成的结果就是区块链，如图2-9所示。

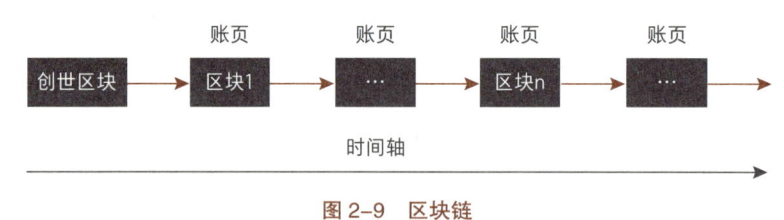

图 2-9 区块链

2.5.5 区块链的应用

区块链有三种应用模式，包括公有链、联盟链、私有链。优势各有不同，可供不同场景选择使用（见表2-8）。其中，公有链是指任何人都可以随时参与到系统中读取数据、发起交易的区块链，典型代表应用为比特币；联盟链是指若干个机构共同参与管理的区块链；私有链则是所有参与结点严格控制在特定机构的区块链。

表 2-8 区块链的三种模式

类型	特征	优势	承载能力	适用业务
公有链	去中心化，任何人都可以参与	匿名，交易数据默认公开，访问门槛低，社区激励机制	10-20 笔/s	面向互联网大众，信任基础薄弱，单位时间交易量不大
联盟链	多中心化，联盟机构间参与	性能较高，节点准入控制，易落地	大于1000 笔/s	有限特定合作伙伴间信任提升，可以支持较高的处理效率

续表

类型	特征	优势	承载能力	适用业务
私有链	中心化，公司/机构内部使用	性能较高，节点可信，易落地	大于1000笔/s	特定机构的内部数据管理与审计、内部多部门之间的数据共享，改善可审计性

案例：区块链发票

与普通分布式技术相比，公有链、联盟链、私有链在环境信任程度、篡改难度、业务处理效率方面各不相同。目前而言，联盟链模式是金融领域应用的主要方向。对于中介成本过高、运行效率低下或无中介机构提供服务的业务场景，都可以考虑运用区块链技术提供解决方案。

2.5.6 区块链的发展趋势

物联网、5G、人工智能和边缘计算等邻近技术将与区块链结合，为网络参与者带来更高的价值。通过区块链技术，使能未来网络中人、设备、服务的统一身份认证和管理，使能人与机器、机器与机器之间的可信通信，使能基于智能合约的多智能体实时交易，这些将成为融合互联网、工业互联网乃至卫星通信网络的下一代未来网络的核心与关键。区块链确实有着变革互联网乃至人类社会的潜质，要想真正发挥其潜能，亦面临着不小的挑战，比如自治、可信与监管问题。克服这些挑战，有待区块链技术的进一步完善与创新，也有待于目前监管体系的主动变革与创新。

监管专栏

金融科技技术基础相关监管政策

1. 大数据、人工智能相关法律法规

党中央、国务院高度重视大数据安全及其标准化工作，将其作为国家发展战略予以推动。2015年9月，国务院发布《促进大数据发展行动纲要》，要求"完善法规制度和标准体系""推进大数据产业标准体系建设"。2016年11月，第十二届全国人民代表大会常务委员会通过了《中华人民共和国网络安全法》，鼓励开发网络数据安全保护和利用技术。2016年12月，国家互联网信息办公室发布《国家网络空间安全战略》，在夯实网络安全基础的战略任务中，提出实施国家大数据战略、建立大数据安全管理制度、支持大数据信息技术创新和应用要求。全国人大常委会和工信部、公安部等部门为加快构建大数据安全保障体系，相继出台了《全国人民代表大会常务委员会关于加强网络信息保护的决定》《电信和互联网用户个人信息保护规定》等法规和部门规章制度。2021年6月，全国人民代表大会常务委员会表决通过《数据安全法》。此外，还发布了国家和行业的网络个人信息保护相关标准，开展了以数据安全为重点的网络安全防护检查。

2. 区块链相关法律法规

2018年，在《最高人民法院关于互联网法院审理案件若干问题的规定》中，首次以一般规范形式肯定了区块链证据的法律效力。最高人民法院牵头搭建"司法区块链统一平台"，最高人民法院信息中心牵头制定《司法区块链技术要求》《司法区块链管理规范》，联合发布《区块链司法存证应用白皮书》，指导规范全国法院数据上链。目前已有超过1.8亿条数据得以上链存证固证。杭州互联网法院于2018年上线全国首家司法区块链，让司法电子数据的生成、存储、传播、使用全流程可信。2019年上线首个区块链智能合约司法应用（司法区块链2.0），通过打造"自愿签约—自动履行—履行不能智能立案—智能审判—智能执行"的全流程闭环，实现了网络数据和网络行为的全流程记录、全链路可信、全节点见证、全方位协作。综上，区块链技术已经被深度整合入法律实施的多个方面，对其应用进行立法规制不仅是法治政府、政务公开、司法透明的要求，也是基于规范化和流程化的考虑，特别是公权力对于区块链技术的利用符合基础价值、政策取向、公众期待，从而提高国家机关的社会公信力。

3. 网络安全相关法律法规

中央网信办、原国家质检总局、国家标准委联合印发的《关于加强国家网络安全标准化工作的若干意见》（以下简称《意见》）作为当前及今后一段时期我国网络安全标准化工作的纲领性文件，不仅明确了建立统一权威的网络安全国家标准工作机制，也确定了"加强标准体系建设"等重点工作方向和任务。全国信息安全标准化技术委员会（简称信息安全标委会，TC260）作为负责开展国家网络安全标准化工作的专业性技术机构，截至2020年12月，已归口管理并正式发布320项网络安全国家标准，覆盖密码、鉴别与授权、通信安全、信息安全评估、信息安全管理及大数据、云计算、物联网等新技术新应用安全领域。

（1）密码相关标准。密码领域国家标准的研制工作由信息安全标委会密码技术工作组（WG3）负责。截至2020年12月，共发布密码领域国家标准37项，主要包括基础类标准、基础设施类标准、产品类标准、应用支撑类标准、应用与检测类标准等。

（2）鉴别与授权相关标准。鉴别与授权领域国家标准的研制工作由信息安全标委会鉴别与授权工作组(WG4)负责。截至2020年12月，共发布密码领域国家标准63项，主要包括授权类标准、鉴别类标准、凭证与核验类标准、标识类标准、集成应用与身份管理类标准等。

（3）信息安全评估相关标准。信息安全评估国家标准的研制工作由信息安全标委会信息安全评估工作组(WG5)负责。截至2020年12月，共发布信息安全评估相关国家标准112项，主要包括系统类标准、产品类标准、服务类标准等。

（4）通信安全相关标准。通信安全领域国家标准的研制工作由全国信安标委通信安全标准工作组(WG6)负责。截至2020年12月，共发布通信安全领域国家标准22项，主要包括基础技术类标准、基础网络类标准、业务网络与应用类标准、终端安全类标准、安全管理类标准等。

（5）信息安全管理相关标准。信息安全管理领域国家标准的研制工作由信息安全标委会信息安全管理工作组(WG7)负责。截至2020年12月，共发布信息安全管理领域国家标准66项，主要包括信息安全管理体系类标准、管理支撑技术类标准、政府监管类标准等。

（6）大数据安全相关标准。大数据安全国家标准的研制工作由信息安全标委会大数据安全标准特别工作组(SWG-BDS)负责。截至2020年12月，共发布大数据安全类标准、个人信息保护类标准、云计算安全类标准、智慧城市安全类标准等共20项。

延伸案例

以数字技术赋能生态产品价值实现

建立健全生态产品价值实现机制，是贯彻落实习近平生态文明思想的重要举措，是践行"绿水青山就是金山银山"理念的关键路径，对推动经济社会发展全面绿色转型具有重要意义。党的二十大报告明确提出"建立生态产品价值实现机制，完善生态保护补偿制度。"目前我国生态产品价值实现仍面临调查监测难、价值核算难、经营开发难、交易变现难等问题。数字技术的应用将有效促进生态产品价值实现。

以数字技术完善生态产品调查监测体系。当前，我国数字经济蓬勃发展，用好大数据、物联网、云计算等技术，有助于摸清生态产品构成、数量、质量等底数，为提升生态环境治理体系提供新方法。

以数字技术增强生态产品价值核算效能。要鼓励各地根据自身特点研发自然资源资产信息化管理平台。将自然资源资产负债表所涉及的海量资源信息和评估核算模块录入信息系统，依托遥感技术、空间高分数据和测绘信息，叠加各类功能图形信息，形成自然资源资产"一张图"信息化管理平台。鼓励有条件的城市建设生态系统生产总值（GEP）数字化服务平台。利用大数据、云计算技术，系统反映各类生态资源数量、质量、分布、价格、权属等信息，绘制市域"生态产品价值地图"，实现各核算地域GEP地块级精细化动态核算。

以数字技术提升生态产品经营开发绩效。加快推进移动互联网、人工智能等数字技术与服务业融合发展，推进智慧旅游、智慧康养、智慧养老等新业态发展。挖掘生态产品的文化资源，打造数字内容产业链，培育数字文创产业。

以数字技术推动生态产品交易市场建设。创新探索"大数据＋绿色金融"模式。构建绿色企业和绿色项目的集成方阵，建立绿色评级公共数据库，鼓励金融机构建立企业绿色评级模型，为投资决策提供数据支持，筛选符合投资要求的绿色企业或项目。依托数字技术打造碳汇数字化交易平台，用碳汇数据落实碳标签推广、碳技术成果转化和节能降耗政策，推动形成碳汇产业聚集效应。

（资料来源：光明日报，2023-4-19）

◆ 案例分析

2022年11月，中央网信办提出"数字化绿色化协同转型发展计划"。2023年2月，中共中央、国务院印发《数字中国建设整体布局规划》，要求"建设绿色智慧的数字生态文明""加快数字化绿色化协同转型"。金融科技是绿色金融创新发展的重要支撑，金融科技未来在绿色金融产品和服务创新方面将发挥更大作用。借力大数据、云计算、人工智能等技术，整合内外部数据资源，金融机构应开发和持续改进绿色金融风险识别模型和风控系统，提高绿色项目识别及环境风险管理能力。结合绿色金融市场需求，银行等金融机构可以适当扩大绿色信贷规模支持绿色项目发展，引导企业参与绿色金融市场。与此同时，逐步丰富绿色金融创新性产品体系，开发碳金融、绿色供应链金融、绿色资产证券化、知识产权贷等多元化创新产品。

实训练习

大数据网络调研

1. 实训背景

大数据的应用已经较为普遍，大数据分析是大数据应用的热点之一，大数据分析方案要遵守一定流程，即有一定的生命周期。

2. 实训内容

（1）请进行网络调研，查询一些自己感兴趣或者热门的案例，仔细研读并分析，总结大数据分析方案的生命周期。

（2）请进行网络调研，对比结构化数据和非结构化数据的区别。

课后习题

1. 单选题

（1）物联网主要通过（　　）监控物体或过程，采集其声、光、热、电、力学、化学、生物、位置等各种需要的信息。

  A. 信息传感器　　　　　　B. 射频识别技术

  C. 全球定位系统　　　　　　D. 红外感应器

（2）从4G到5G，极大地促进了（　　）的发展。

  A. 音频　　B. WEB接入　　C. 视频　　D. 物联网

（3）无人车主要利用了5G（　　）的优越性。

  A. 高数据速率　　　　　　B. 高可靠低时延

  C. 降低成本　　　　　　　　D. 大规模设备连接

（4）"人工智能（AI）"这一术语是麦卡赛、明斯基等为首的一批年轻科学家（　　）年在美国达特茅斯学院举办的学术研讨会上首次提出的。

  A. 1956　　B. 1964　　C. 1960　　D. 1966

（5）机器学习是一门研究机器获取新知识和新技能，并识别现有知识的学问。这里所说的"机器"，不包括（　　）。

  A. 计算机　　B. 光子计算机　　C. 神经计算机　　D. 机械

（6）（　　）不是区块链的基础。

  A. 互联　　B. 并发　　C. 信任　　D. 加密

2. 多选题

（1）大数据的3V特征是指（　　）。

  A. 数量（volume）　　　　B. 种类（variety）

  C. 速度（velocity）　　　　D. 准确（veracity）

（2）边缘计算处理数据中心的明显优势有（　　）。

  A. 缩短延迟时间　　　　　　B. 降低费用

  C. 减少网络流量　　　　　　D. 提高应用程序效率

（3）（　　）分别为三种主要类型的机器学习。

  A. 监督学习　　B. 主动学习　　C. 非监督学习　　D. 强化学习

（4）区块链技术包含了多种技术，比如（　　）。
　　A．P2P 网络　　　B．加密技术　　　C．智能合约　　　D．共识机制
（5）云计算的服务层次包括（　　）。
　　A．IaaS——基础设施即服务　　　　B．PaaS——平台即服务
　　C．SaaS——软件即服务　　　　　　D．云上的一切皆是服务

3. 判断题

（1）大数据采集到的数据既包括结构化数据，也包括非结构化数据。（　　）
（2）云计算只是一种分布式计算。（　　）
（3）大数据与云计算是互惠互利、共同发展的关系。（　　）
（4）人工智能是对人的意识、思维的信息过程的模拟。（　　）
（5）边缘计算完全可以替代云计算。（　　）
（6）自中本聪发明比特币开始，"区块链"的概念就形成了。（　　）

4. 简答题

（1）简述大数据的可视化的步骤。
（2）简述云计算与边缘计算的关系。
（3）简述区块链的特征。

5. 分析应用题

AlphaGo（阿尔法狗）是一款围棋人工智能软件，由谷歌旗下人工智能研究部门 DeepMind 开发制造。它曾分别与职业围棋棋手李世石、柯洁展开"人机大战"，并最终取得胜利。请从技术角度分析：

（1）AlphaGo 能够获胜的原因是什么？
（2）AlphaGo 涉及的相关技术有哪些？

Chapter 03

第 3 章
金融科技的支付工具

- 3.1 电子银行支付
- 3.2 第三方支付
- 3.3 数字货币

学习目标

知识目标
- 了解电子银行支付的概念,熟悉银行卡支付的特点,掌握无卡化发展趋势
- 了解第三方支付的范围,熟悉支付账户分类,掌握生物识别支付的发展趋势
- 了解数字货币的概念,熟悉中国法定数字货币的特点,掌握发行 DCEP 的意义

能力目标
- 能够阐述银行卡支付流程,并对其分润方式进行简单分析
- 能够对第三方支付现阶段及未来发展特点进行解读与分析
- 能够对中国法定数字货币发行机制、特色与意义进行解读

素养目标
- 通过支付手段不断迭代的学习,培养学生互联网创新思维和服务实体经济的意识
- 通过支付科技前沿进展的学习,培养学生独立自主和科技强国立国的思想
- 通过中国央行数字货币率先试点的学习,激发学生民族自豪感和使命感

思维导图

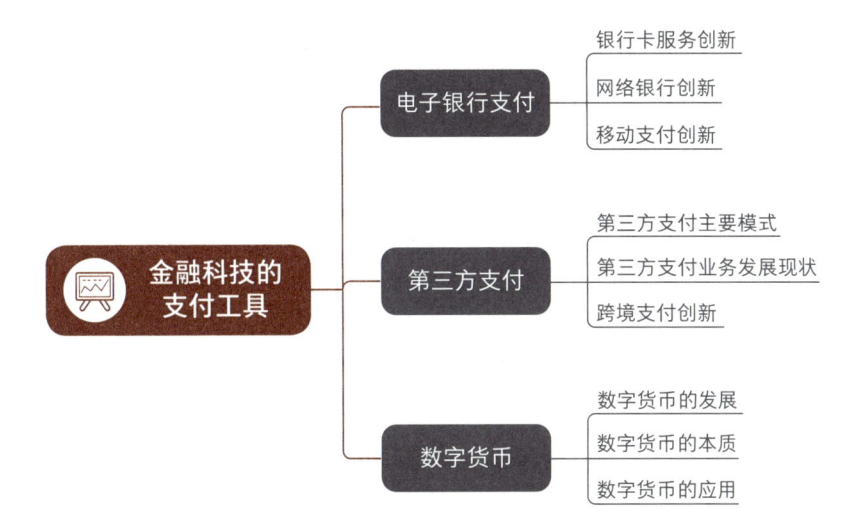

- 金融科技的支付工具
  - 电子银行支付
    - 银行卡服务创新
    - 网络银行创新
    - 移动支付创新
  - 第三方支付
    - 第三方支付主要模式
    - 第三方支付业务发展现状
    - 跨境支付创新
  - 数字货币
    - 数字货币的发展
    - 数字货币的本质
    - 数字货币的应用

支付是指为清偿商品交换、劳务活动或金融资产交易等引起的债权债务关系，将资金从付款人账户转移到收款人账户的过程。支付实现了交易双方为最终完成交易而进行的付款人对收款人的货币债权转移。在这一转移过程中，传统上是使用现金或者票据来完成的，银行在这一过程中，发挥着非常重要的作用。随着电子信息技术的发展，支付逐渐依赖信息网络来进行价值的转移（注意，这里的信息网络包括但不限于互联网）。

电子支付（EP：Electronic Payment）是指消费者、商家和金融机构之间使用安全电子手段，把支付信息通过信息网络安全地传送到银行或相应的处理机构，用来实现货币支付或资金流转的行为。与现金和票据支付不同，简单来说，依托信息网络和银行账户进行的支付，我们称之为电子银行支付。

3.1 电子银行支付

根据原中国银行业监督管理委员会2006年3月1日施行的《电子银行业务管理办法》中的有关定义，电子银行业务是指商业银行等银行业金融机构利用面向社会公众开放的通讯通道或开放型公众网络，以及银行为特定自助服务设施或客户建立的专用网络，向客户提供的银行服务。电子银行业务主要包括利用计算机和互联网开展的网上银行业务，利用移动电话和无线网络开展的手机银行业务，以及其他利用电子服务设备和网络，由客户通过自助服务方式完成金融交易的网络服务方式。

在日常生活中，我们常见的电子自助设备有ATM（自动柜员机Automatic Teller Machine）或者POS机（销售终端Point Of Sale）。在使用它们的过程中，传统上都需要用到银行卡来进行银行账户信息的传递。

3.1.1 银行卡服务创新

众所周知，支付可以分为现金支付和非现金支付。非现金支付业务包含票据、银行卡及其他结算业务。其中，其他结算业务包含贷记转账、直接借记、托收承付及国内信用证业务。非现金支付业务简单概括来总结就是"三票一卡"，即汇票、本票、支票三种票据和银行卡。当今时代正处于现金支付向非现金支付过渡的伟大变革时代，传统意义上的现金和票据也都向着脱实就虚的方向发展，我们已经看到或即将看到的电子票据和电子现金就无可争辩地指明了这个大的发展趋势（见图3-1）。

在互联网时代还未来临之前，作为电子支付的领头羊，银行卡支付就已经在我们的经济生活中发挥了极其重要的作用。银行卡减少了现金和支票的流通，使银行业务突破了时间和空间的限制，让银行服务手段和服务方式发生了根本性的变化。银行卡是指由商业银行向社会发行的具有消费信用、转账结算、存取现金等全部或部分功能的电子支付工具。银行卡可以分为借记卡和贷记卡。

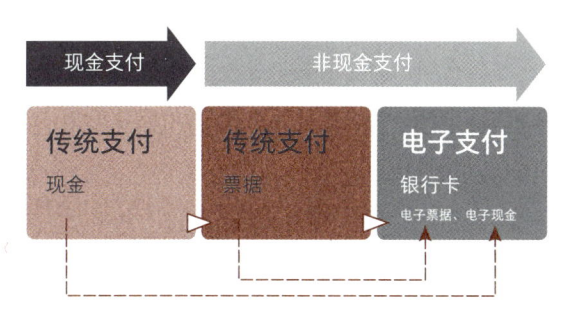

图 3-1　非现金支付、电子支付和银行卡支付的关系

1. 清算与结算

银行卡的支付过程较为复杂，一般包括交易、清算、结算三个过程。一般来说清算就是信息流的计算，而结算则是资金流的计算。从银行的角度来解释，结算发生在银行与客户之间，而清算发生在银行与银行之间。金融，就是资金的融通，主要就是融资和投资行为。做个形象的比喻就类似于人体的活动会带动血液的流动，经济活动也会带动资金和价值的流动。在资金流动过程中，特别是存在多个付款方和收款方时（例如多位客户各自使用不同银行的账户付款，而多家商户分别接收其刷卡付款），为了实现有效率的支付，往往离不开资金的清算。

银行卡清算业务是通过制定银行卡清算标准和规则，运营银行卡清算业务系统，授权发行和受理本银行卡清算机构品牌的银行卡，并为发卡机构和收单机构提供其品牌银行卡的机构间交易处理服务，协助完成资金结算的活动。

众多的发卡银行、庞大的银行卡用户数量所带来的巨大的银行卡清算业务都需要有专业的清算组织来完成。由于在银行卡的支付流程中，需要有专门的清算组织，国家一般都会设立相应的机构用来负责银行卡清算工作，即银行卡清算组织，简称卡组织。

2. 银行卡组织

中国的银行卡清算组织是指经人民银行批准的经营银行卡清算业务的机构。为深化落实国务院关于"金卡工程"的重大决策部署，推进我国银行卡"联网通用"，2002年3月，经国务院同意，中国人民银行批准成立了中国银联股份有限公司，负责承担银行卡跨行交易转接清算相关职责。至此，银联成为中国唯一一家负责建设和运营全国统一的银行卡跨行信息交换网络、提供银行卡跨行信息交换相关的专业化服务、管理和经营"银联"品牌、制定银行卡跨行交易业务规范和技术标准的股份制金融服务公司。中国银联股份有限公司的股东由中国印钞造币总公司、中国工商银行、中国农业银行、中国银行、中国建设银行和交通银行等85家机构共同组成，总部设在上海。中国银联（China UnionPay）也成为中国银行卡的民族品牌，与美国维萨（VISA）、美国万事达（MasterCard）、美国运通（American Express）、美国大莱（Diners Club）以及日本 JCB（Japan Credit Bureau）并称世界六大银行卡组织。

截至 2020 年年底，中国银联注册资本 29.3 亿元，设有 36 家分公司、银联国际、上海联银创投等全资子公司以及银联商务、银联数据、北京银联金卡科技有限公司、中金金融认证中心等控股子公司。

银联商务股份有限公司（简称银联商务，ChinaUMS）是中国银联控股的，专门从事线下、互联网以及移动支付的综合支付与信息服务机构。银联商务是首批获得中国人民银行《支付业务许可证》的支付机构，在中国以至亚太地区支付市场均处于优势地位。根据全球支付行业权威市场研究机构"尼尔森报告"2019 年 9 月发布的《2018 年度亚太地区收单机构排名表》和《2018 年度全球收单机构排名表》，银联商务在亚太地区银行卡线下收单机构排名位居第 1 位。在全球收单机构排名第 8 位（参见图 3-2）。

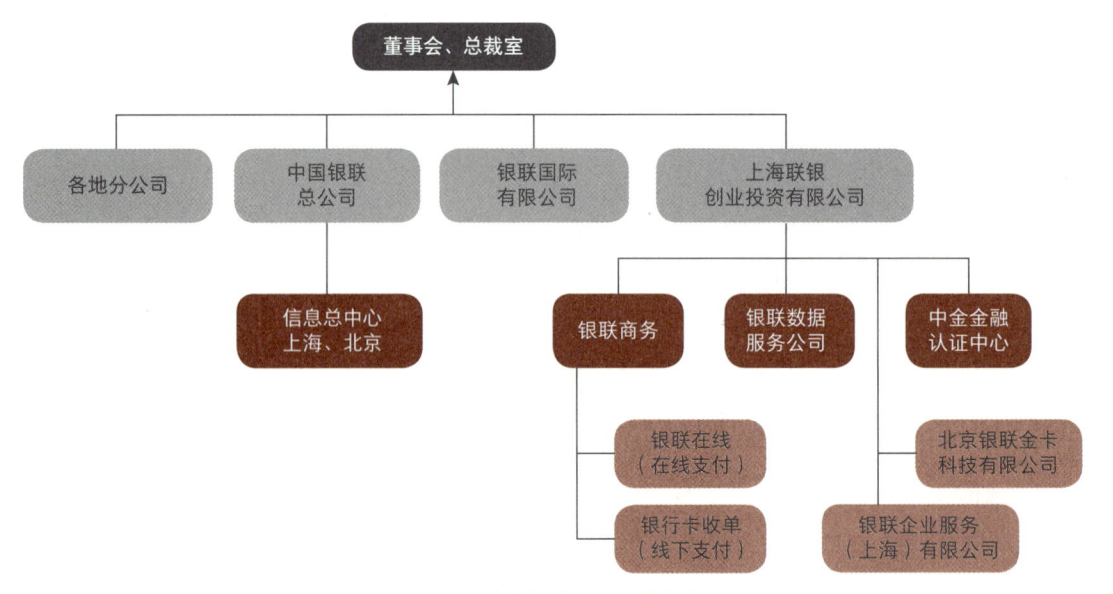

图 3-2 中国银联组织架构简图

银联商务旗下全资子公司银联电子支付（ChinaPay）作为银联商务体系内互联网业务专营公司，是国内首家自建统一支付网关的互联网企业，是第三方支付机构中最先尝试开展跨境业务的第三方互联网支付机构，也是第一批获得跨境外币和跨境人民币双牌照的支付机构。银联商务努力开发了各地缴费渠道，建设全国性便民缴费平台，推出"全民付"便民支付品牌，形成了遍布全国的 POS、ATM、自助终端以及"全民付"移动 App 等电子支付终端和渠道，满足公众的便利支付需求，不断完善社会服务功能。

2018 年 11 月 9 日，美国运通与连连银通电子支付有限公司（简称"连连支付")的合资公司连通(杭州)技术服务有限公司(简称"连通公司"),正式通过银行卡清算机构筹备申请。2020年6月,连通公司正式从央行手中拿到银行卡清算业务许可证,其银行卡清算网络能处理美国运通品牌卡在中国境内线上线下的支付交易,并能支持在国内主流移动支付平台绑卡交易。8月28日连通公司正式开业,是中国境内第一家持牌的中外合资银行卡清算机构。

与此同时,万事达与VISA两家著名国际卡组织也有意进入中国清算市场。2020年2月11日,中国人民银行会同原银保监会审查通过了万事达卡公司和网联科技有限公司合作成立的万事网联信息技术(北京)有限公司提交的银行卡清算机构筹备申请。另外,VISA则选择了以外商独资企业的形式向中国人民银行申请境内人民币清算业务牌照。

3. 服务创新

无卡化趋势将进一步加快,"卡时代"走向"App时代"。银行卡的普及,让存折成为上代人的记忆。而现在,随着支付宝、微信、各大银行App的发展,银行卡在钱包中已逐渐不再有一席之地。用户只需要在App上绑定银行卡、信用卡,之后几乎不再需要使用实体卡片,只需要手机"扫一扫"就可以完成支付。例如,中国银行推出客户仅需携带身份证,经"刷脸"审核后,即可办理客户本人名下任意账户的相关业务。建设银行推出的"刷脸取款",通过人脸识别,就可以完成在ATM机上取款。可以预见,消费者使用实体银行卡的场景将越来越少,无卡化时代终将到来。未来将会有更多的银行通过运用互联网创新思维及技术推进全面无卡化的落地。全国网点全面无卡化,有效降低了客户的时间成本及商户和银行的经营成本,同时也推动了虚拟银行卡的发展。例如中国银行于2019年2月推出了虚拟银行卡——中银数字信用卡。

3.1.2 网络银行创新

随着电子支付方式发展,在零售支付领域,支付工具由纸基迅速向卡基转变。但随着互联网时代来临,以银行卡为主要表现形式的卡基支付工具正在走向顶峰。尽管新兴的网络支付还难以完全摆脱银行卡而独立存在,但其依赖性正随着无卡支付的发展而降低。并且由于技术进步,速度还在不断加快。

1. 网络银行类型

网络银行一般可以分为纯网络银行和混合式网络银行。1995年10月美国安全第一网络银行(SFNB,Security First Network Bank)在网上开业,这类网络银行没有线下分支机构,而是仅以互联网作为交易媒介提供服务的网络银行,又被称为纯网络银行。而我国的网络银行在最初基本都是混合型的,即,既有线下的分支服务机构,又同时具有线上的网上银行网站。随着中国民营银行试点的推出,国内也开始出现了纯网络银行。2014年9月底,原中国银监会批复同意浙江网商银行、前海微众银行、上海华瑞银行、天津金城银行、温州民商银行首批 5 家民营银行筹建。其中，网商银行和微众银行是纯网络银行。

2. 网上银行支付

网上银行一般是指在现有的中国线下传统银行的基础上，利用互联网作为新的服务手段为客户提供在线服务，实际上是传统银行服务在互联网上的延伸。这是中国网上银行存在的主要形式，也是绝大多数国内商业银行采取的网上银行发展模式。按照服务对象，我们可以把网上银行分为个人网上银行和企业网上银行。一般通过在计算机、笔记本电脑上使用 U 盾登录网银，以便处理个人或者单位转账、查询、缴费、代发等业务。例如中国工商银行网上银行（见图 3-3）。

图 3-3 中国工商银行网上银行主页（截屏时间：2020 年 5 月）

在当今网络时代，电子商务已经成为主流贸易形式。由于在电子商务中资金的支付是完成交易的关键环节，因此依托银行账户的网银支付在电子商务中发挥着非常重要的作用。其中银行账户的分类管理是一项重要的、基础性的金融制度。

3. 银行账户分类

2015 年 12 月 25 日中国人民银行发布《关于改进个人银行账户服务　加强账户管理的通知》，银行账户管理正式启幕。2016 年 9 月 30 日发布的《中国人民银行关于加强支付结算管理防范电信网络新型违法犯罪有关事项的通知》再次细化银行账户管理。2016 年 11 月 25 日央行下发特急文件《中国人民银行关于落实个人银行账户分类管理制度的通知》再次重申账户管理形式，并对账户分类管理做出了更详细的解释。为进一步加强支付结算管理，央行于 2019 年 3 月 25 日印发了《中国人民银行关于进一步加强支付结算管理防范电信网络新型违法犯罪有关事项的通知》。总体来看，银行账户可以分为Ⅰ类银行账户、Ⅱ类银行账户和Ⅲ类银行账户（以下分别简称Ⅰ类户、Ⅱ类户、Ⅲ类户）。Ⅰ类户是全功能的银行结算账户，存款人可通过Ⅰ类户办理存款、购买投资理财产品等金融产品、支取现金、转账、消费及缴费支付等。存款人可通过Ⅱ类户办理存款、购买投资理财产品等金融产品、办理限定金额的消费和缴费支付等。存款人可通过Ⅲ类户办理小额消费和缴费支付。Ⅱ类户与Ⅰ类户最大的区别是Ⅱ类户不能存取现金、不能向非绑定账户转账。Ⅲ类户与Ⅱ类户最大的区别是Ⅲ类户仅能办理小额消费及缴费支付，不得办理其他业务（见图3-4）。

	Ⅰ类账户	Ⅱ类账户	Ⅲ类账户
主要功能	全功能（就是常见的借记卡、存折）	储蓄存款及投资理财；限额消费和缴费；限额向非绑定账户转出资金业务	限额消费和缴费；限额向非绑定账户转出资金业务
账户余额	无限制	无限制	账户余额 ≤1000元
使用限额	无限额	非绑定账户转账、存取现金、消费缴费：日累计限额合计 1万元；年累计限额合计 20万元	非绑定账户转账限额、消费缴费：日累计限额合计 5千元；年累计限额合计 10万元
账户形式	借记卡及储蓄存折	电子账户（也可配发实体卡片）	电子账户

图 3-4　银行账户分类及功能

如果进行比拟，Ⅰ类户就好比是"钱箱"，个人的工资收入等主要资金来源都存放在该账户中，安全性要求较高，主要用于现金存取、大额转账、大额消费、购买投资理财产品、公用事业缴费等。Ⅱ类户则好比是"钱夹"，个人日常刷卡消费、网络购物、网络缴费通过该账户办理，还可以购买银行的投资理财产品。Ⅲ类户就更像是"零钱包"，主要用于金额较小、频次较高的交易，尤其是目前银行基于主机的卡模拟（HCE）、手机安全单元（SE）、支付标记化（Tokenization）等创新技术开展的移动支付业务，包括免密交易业务等。

为了促进Ⅱ、Ⅲ类银行账户开户及应用，2018年1月12日中国人民银行下发了《关于改进个人银行账户分类管理有关事项的通知（银发〔2018〕16号）》，从开户、资金转入转出及限额等方面，又一次做了更多优化和改进，扩大了Ⅱ、Ⅲ类银行账户的应用范围。其中优化和改进的内容归纳起来主要有以下几方面：

（1）电子开户。所有银行要实现银行柜面和网上银行、手机银行等电子渠道办理个人Ⅱ、Ⅲ类户开立等业务。采用可靠验证方式登录电子渠道开立Ⅱ、Ⅲ类户时，如绑定本人本银行Ⅰ类银行结算账户或者信用卡账户开立的，开立Ⅱ、Ⅲ类户时无须个人填写身份信息、出示身份证件等。这条规定主要突出了开户渠道多样和开户手续简化。

（2）"双五"限制。当同一个人在本银行所有Ⅲ类户资金双边收付金额累计达到5万元（含）以上时，应当要求个人在七日内提供有效身份证件并登记相关信息。同一银行法人为同一个人开立Ⅱ类户、Ⅲ类户的数量原则上分别不得超过5个。

（3）额度限制。Ⅲ类户任一时点账户余额不得超过2000元。经银行面对面核实身份新开立的Ⅲ类户，消费和缴费支付、非绑定账户资金转出等出金日累计限额合计调整为2000元，年累计限额合计调整为5万元（见图3-5）。

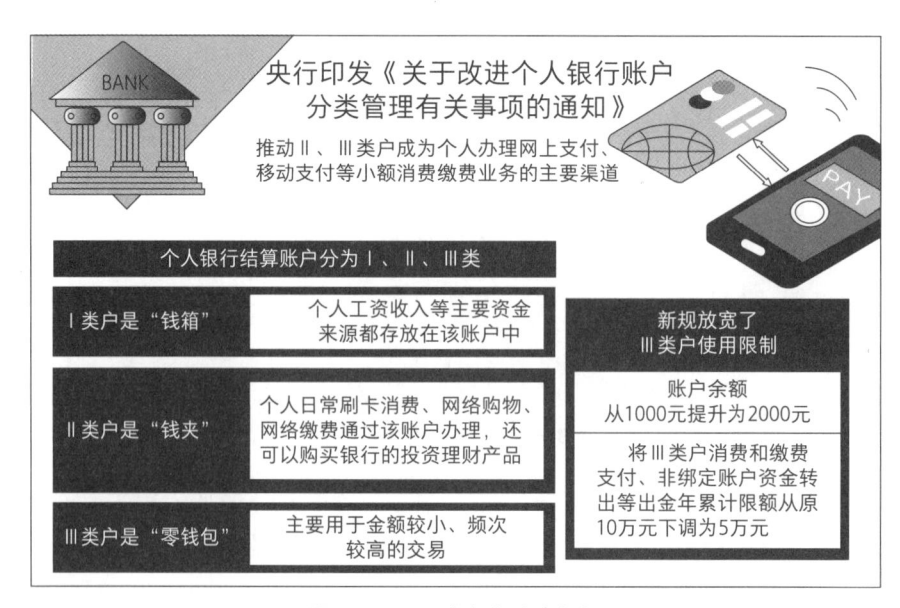

图 3-5 2018年银行账户新规

3.1.3 移动支付创新

长远来看，移动支付将主导未来零售电子支付的发展方向。随着现代社会步入移动时代，移动支付所能够带来的价值附加，将又远甚于互联网支付。

1. 手机银行 App

从银行的角度来看，移动支付主要是以手机银行 App 的形式进行的。手机银行 App 客户端，是以客户端软件形式，通过使用通信运营商网络或无线 WIFI 向个人客户提供汇款转账、账户查询、投资理财、生活缴费、话费充值、贷款业务等功能的金融服务。近年来，为了增加客户，手机 App 成了银行争夺流量入口的主战场，银行业正从"卡时代"走向"App 时代"。

为了解决银行 App 众多的问题，中国银联推出了云闪付 App，它前身是银联钱包，是一种非现金收付款移动交易结算工具。银联云闪付 App 用一个 App 统一绑定各家银行卡账户，实现了支付接口在移动终端上的统一。作为银行卡统一的 App，云闪付 App 拥有强大的跨行银行卡管理服务，目前云闪付 App 已支持国内所有银联卡的绑定，一次性可管理 15 张银联卡。因此，云闪付 App 与银联手机闪付、银联二维码支付并称为银联三大移动支付产品。

2. NFC 支付

近场通信（Near Field Communication，简称 NFC）技术是一种近距离无线通信技术，这种技术是由免接触式射频识别演变而来的，NFC 手机是指带有 NFC 模块的手机，目前像华为、小米等手机的一些高端型号中都搭载 NFC 功能。

NFC 具有三种工作模式，分别是：① 卡模拟模式（Card Emulation Mode），也称被动模式。在这种模式下，NFC 手机就相当于一张 IC 卡（包括信用卡、门禁卡、优惠券、会员卡等）。此种方式下，有一个极大的优点，那就是卡片自身（如手机）不需要供电，供电是通过非接触读卡器来提供的。② 点对点模式（P2P Mode），也称双向模式。在这种模式下，两个 NFC 设备可以交换数据。③ 读卡器模式（R/W Mode），也称主动模式。在这种模式，开启 NFC 功能的手机可以读写任何支持的标签，比如从海报或者展览信息电子标签上读取相关信息。

在三种 NFC 工作模式中最常见的是卡模拟模式，例如刷手机乘公交、购物等。目前在一部配备 NFC 功能的手机上实现卡模拟模式有两种方式：一种是基于硬件的，称为虚拟卡模式（Virtual Card Mode）。在虚拟卡模式下，手机上需要有安全模块 SE（Secure Element），SE 提供对敏感信息的安全储存和对交易事务安全的执行环境。比如各手机厂家主推的例如"Apple Pay""Huawei

Pay"或者"小米 Pay"等。另一种是基于软件的,被称为主机卡模式 HCE（Host-based Card Emulation）。谷歌的 HCE 方案只是模拟了 NFC 与 SE 的通信,至于 SE 的实现则是空白,没有提出解决方案和实现。目前业界对 SE 的实现要么是云端的模拟,要么是本地软件的模拟。HCE 模式下,由于手机上不需要 SE,而是由在手机中运行的一个应用或云端的服务器完成 SE 的功能,此时 NFC 芯片接收到的数据可以发送至手机 App 或发送至云端的服务器来完成交互,比如京东的京东闪付和各银行主推的云闪付功能,手机上需要安装相关的 App 应用。从交易安全性来说,带有本地 SE 的虚拟卡模式相对 HCE 更安全。

3. 银联云闪付

闪付（QuickPass）是中国银联的产业品牌之一,也是银联的传统品牌,标示银联非接触式支付产品,用于 PBOC2.0 非接触式 IC 卡等支付应用,具备小额快速支付的特征,主要应用于近场支付。具体的使用方式是：用户选购商品或服务,确认相应金额,用具备"闪付"功能的金融 IC 卡（卡面有中文"闪付"和英文"QuickPass"字样）或银联移动支付产品,在支持银联"闪付"的非接触式支付终端上,轻松一挥便可快速完成支付。闪付不仅支持刷银行卡片,而且还支持刷手机。只要带有 NFC 功能的手机绑定银行卡后就可以使用闪付功能（见图 3-6）。

微课：银联云闪付简介与运作模式

图 3-6 银联卡闪付和银联手机闪付

2017年12月11日银联发布了新品牌"云闪付"。这是中国银联联合国内主要金融机构、国内外知名手机厂商等共同推出的移动支付新品牌。它以非接触支付技术为核心,涵盖 NFC（近场通信）、HCE（基于主机的卡模拟）、TSM（可信服务管理）和 Token（令牌）等各类领先的创新技术应用,从而具备三大特征：空中发卡,非接闪付、在线支付（见图 3-7）。

图 3-7　银联移动支付方式

3.2　第三方支付
3.2.1　第三方支付的主要模式

在中国，第三方支付是指具备一定实力和信誉保障的独立机构，通过银联、网联等清算转接机构，与银行支付结算系统接口对接而促成交易双方进行交易的各种支付模式。简单来说，它就是买家和卖家之间建立的一个中立的第三方支付平台，为买卖双方提供资金代收代付，促进交易的完成。

随着 2010 年 6 月 14 日《非金融机构支付服务管理办法》（中国人民银行令〔2010〕第 2 号）及 2010 年 12 月 1 日《非金融机构支付服务管理办法实施细则》（中国人民银行公告〔2010〕第 17 号）的出台，第三方支付行业结束了原始成长期，被正式纳入国家监管体系，并拥有合法的身份。

根据《非金融机构支付服务管理办法》，非金融机构支付服务是指非金融机构在收付款人之间作为中介机构提供下列部分或全部货币资金转移服务：①网络支付；②预付卡的发行与受理；③银行卡收单；④中国人民银行确定的其他支付服务。

该办法中的网络支付，是指依托公共网络或专用网络在收付款人之间转移货币资金的行为，包括货币汇兑、互联网支付、移动电话支付、固定电话支付、数字电视支付等。

该办法中的预付卡，是指以营利为目的发行的、在发行机构之外购买商品或服务的预付价值，包括采取磁条、芯片等技术以卡片、密码等形式发行的预付卡。

该办法中的银行卡收单，是指通过销售点（POS）终端等为银行卡特约商户代收货币资金的行为。

第三方支付的主要模式有以下几种。

1. 网络支付

根据网络支付服务具体业务流程的不同，网络支付尤其是其中的互联网支付中主要存在两种模式：支付网关模式和虚拟账户模式，其中虚拟账户模式还可以细分为"信用中介型虚拟账户模式"和"直付型虚拟账户模式"两种。

（1）支付网关模式。支付网关模式又称为网关支付，是电子商务中使用最多的一种互联网支付服务模式。该模式的主要特点是在网上商户和网联网关之间增加一个第三方支付接口，由第三方支付接口连接网联，再由网联网关负责集成不同银行的网银接口，从而使得第三方支付平台能够为网上商户提供统一的支付接口和结算对账等业务服务。在这种模式下，第三方支付机构连接到网联网关，商户和消费者只需要使用支付机构的一个平台就可以通过网联网关连接到多个银行，实现一点接入，为商户和消费者提供多种银行卡互联网支付服务（见图3-8）。

微课：网联的产生与运作模式

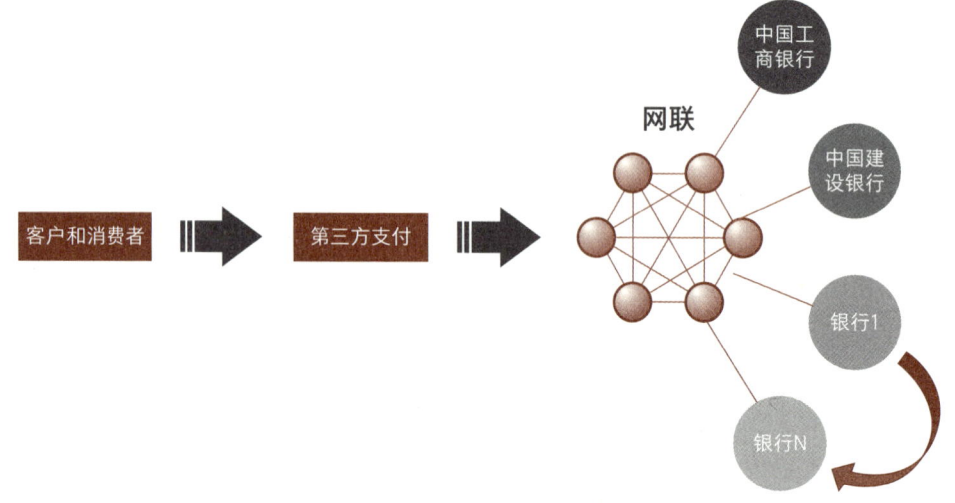

图3-8 第三方支付网关模式

（2）虚拟账户模式。虚拟账户模式是指第三方支付机构在自身的系统中为客户提供了一个虚拟账户，该虚拟账户可与客户的银行账户进行绑定或者对接，客户可以从银行账户等资金源向虚拟账户中充入资金，或从虚拟账户向银行账户注入资金。客户在网上的支付交易可在客户的虚拟账户之间完成，也可在虚拟账户与银行账户之间完成。

根据虚拟账户承担的功能不同，虚拟账户模式又可细分为"信用中介型账户模式"和"直付型账户模式"两类。

在信用中介型账户模式中，虚拟账户不仅是一个资金流转的载体，而且还起到信用中介的作用。支付宝提供的虚拟账户支付服务就是一种典型的信用中介型支付模式（见图3-9）。

图3-9 信用中介型虚拟账户模式

直付型虚拟账户模式交易流程较为简单，支付平台中的虚拟账户只负责资金的暂时存放和转移，不承担信用中介等其他功能。提供直付型账户模式的第三方支付机构很多，国外知名的公司有PayPal，国内则有快钱、盛付通等（见图3-10）。

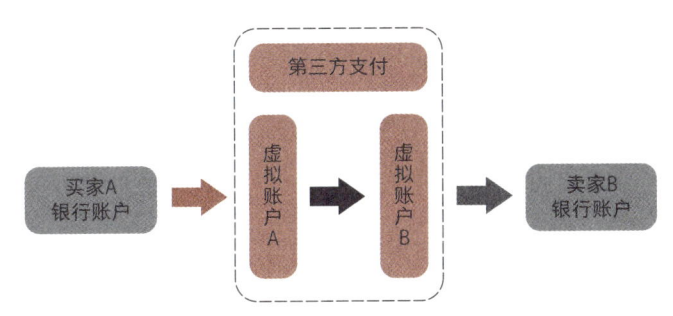

图3-10 直付型虚拟账户模式

2. 预付卡

预付卡，是以先付费后消费为支付模式，以盈利为目的而发行的，可购买商品或服务的有预付价值的卡，包括磁条、芯片等卡片形式。预付卡与银行卡相比，它不与持卡人的银行账户直接关联。

目前市场上流通的预付卡主要可分成两大类，一类是单用途预付卡，是企业通过购买、委托等方式获得制卡技术并发售预付卡，该卡只能在发卡机构内消费使用，主要由电信、商场、餐饮、健身、美容美发等领域的企业发行并受理；另一类是多用途预付卡，主要由第三方支付机构发行，该机构与众多商家签订协议，布放受理POS终端机，消费者可以凭该卡到众多的联盟商户刷卡进行跨行业消费，典型的多用途卡有杭州市民卡、资和信商通卡、百联OK卡等。

单用途预付卡由商务部监管，发卡企业应在开展单用途卡业务之日起30日内向各级商务部备案即可，购买者可以登录网站查询发卡机构是否备案。而多用途预付卡由中国人民银行监管，发卡企业需获得"支付牌照"。这里支付牌照是指由中国人民银行颁发的《支付业务许可证》。

3. 银行卡收单

银行卡收单业务是指收单机构通过银行卡受理终端为银行卡特约商户代收货币资金的行为。其中，受理终端是指通过银行卡信息读入装置生成银行卡交易指令要素的各类支付终端，例如销售点（POS，Point Of Sale）终端。收单机构，是指与特约商户签订银行卡受理协议并向该商户承诺付款以及承担核心业务主体责任的银行业金融机构和非银行机构。第三方支付中所指的银行卡收单特指非银行机构的收单业务。例如，中国的三大电信运营商中国移动（中移电子商务有限公司）、中国联通（联通支付有限公司）和中国电信（天翼电子商务有限公司），除了都拥有预付卡发行与受理（仅限线上实名支付账户充值）牌照之外，还都拥有银行卡收单牌照。

3.2.2 第三方支付业务发展现状

随着移动支付的快速发展，从餐饮、购物、看电影、搭乘公交、地铁到买高铁票、机票，几乎所有的消费场景，都可以使用支付宝钱包或微信支付来付款，第三方支付已经深度融入人们的日常生活中。

1.《支付业务许可证》

2010年6月14日中国人民银行颁布的《非金融机构支付服务管理办法》中明确规定了非金融机构从事第三方支付业务必须取得《支付业务许可证》（即支付牌照）。申请人拟在全国范围内从事支付业务的，其注册资本最低限额为1亿元人民币；拟在省（自治区、直辖市）范围内从事支付业务的，其注册资本最低限额为3千万元人民币。注册资本最低限额为实缴货币资本。另外，《支付业务许可证》自颁发之日起有效期5年，5年之后需要办理续展申请。

支付牌照自2011年开始发放以来，越来越多的机构计划涉足支付领域，使得支付机构数量不断增多，牌照规模也愈发庞大。监管部门通过支付业务许可证5年重申请续展制度，加大了市场退出力度。截至2020年5月已有34张支付牌照被注销，支付牌照剩余数量为237张。

2. 网络支付业务管理办法

继2010年《非金融机构支付服务管理办法》颁布之后，针对网络支付业务，2015年12月28日央行又颁发了《非银行支付机构网络支付业务管理办法》（中国人民银行公告〔2015〕第43号），于2016年7月1日开始正式执行，该办法要求支付机构对个人支付账户进行分类管理（见表3-1）。

表3-1 个人支付账户分类管理

账户类别	余额付款功能	余额付款限额	身份核实方式
Ⅰ类账户	消费、转账	自账户开立起累计不超过1000元（包括支付账户向客户本人同名银行账户转账）	以非面对面方式，通过至少一个外部渠道验证身份

续表

账户类别	余额付款功能	余额付款限额	身份核实方式
Ⅱ类账户	消费、转账	年累计不超过10万元（不包括支付账户向客户本人同名银行账户转账）	面对面验证身份，或以非面对面方式，通过至少三个合法安全的外部渠道验证身份
Ⅲ类账户	消费、转账、投资理财	年累计不超过20万元（不包括支付账户向客户本人同名银行账户转账）	面对面验证身份，或以非面对面方式，通过至少五个合法安全的外部渠道验证身份

上述分类方式及付款功能、交易限额管理措施仅针对支付账户，客户使用银行账户付款（例如银行网关支付、银行卡快捷支付等）不受上述功能和限额的约束。

3. 现状与发展：从手机支付到生物识别

4G时代的到来极大地改善了移动网络，移动支付革命也由此而诞生，以扫码支付为标志的移动支付技术得以快速融入各类消费场景，并带来便利快捷的支付体验。因此，第三方支付的主流形态已经从之前的以互联网支付为主，转变为以移动支付为主的状态。

而全面5G时代的即将来临，预计将会呈现更多的全新生活场景，同时也会发展出新的支付场景。2019年是5G的元年，也是刷脸支付的元年。刷脸支付是人脸识别技术不断更新所演变的移动支付方式。从以前的扫码支付演变为聚合支付到现在的扫脸支付，可以看出移动支付方式正变得更快捷和安全。例如，支付宝和微信支付两大平台都在该领域加快了发展步伐。2019年3月，微信推出刷脸支付工具"青蛙"，2019年9月，支付宝刷脸支付设备"蜻蜓"升级3.0版本。随着人脸识别技术发展愈加成熟，刷脸支付相较其他支付交互形式具有更快的识别速度和精度，对用户、商家、社会都带来积极影响（见表3-2）。

表3-2 刷脸支付应用价值

对象	应用价值
用户	刷脸支付更快速便捷，用户无须扫码或生成二维码进行支付。刷脸识别更精准。支付无接触，更卫生
商家	刷脸支付流程简单，减少商家收银时间，提高收银效率
社会	刷脸支付的高效率节省了社会时间成本，提高了社会工作效率。另一方面，刷脸支付新产业可能带动社会就业

资料来源：前瞻产业研究院《中国移动支付行业市场前瞻与投资战略规划分析报告》

案例：跨境支付

3.2.3 跨境支付创新

1. 跨境支付技术创新

传统的跨境交易结算时一般采用银行电汇或者信用卡收款等结算方式，而银行跨境电汇的流程复杂、周期长，国际信用卡收单手续费不菲且坏账率高。近年来，第三方支付平台凭借创新与服务，敲开了跨境支付市场的大门。

当前可以应用到跨境支付行业的金融创新科技有：区块链技术、云计算技术、大数据技术以及 AI 技术等。特别是区块链技术，它通过分布式账本等技术大幅度降低跨境支付当中的成本，并且保证交易记录透明、不可篡改，增加了资金效率和运营效率。

2. 银行业跨境支付创新

当前我国正在实施更大范围、更广领域、更深层次的全面开放，支付产业在对外开放中一直扮演着重要的角色，对外开放为跨境支付市场带来广阔的发展空间。跨境支付业务门槛高、专业性强，未来仍是商业银行大有可为的领域之一。

以 2018 年民生银行为例，跨境汇款占整个国际结算份额的 85%，跨境汇款市场已成为银行业共同追逐的蓝海市场。如果能够把跨境汇款客户群的问题解决好，也就解决了国际结算中最重要的问题。目前银行面临第三方支付公司在跨境支付领域的挑战，互联网公司凭借科技和平台优势，正在全力抢占跨境支付市场，尤其是个人跨境支付领域，这对银行而言是一个很大的挑战。

3. 第三方支付跨境支付创新

作为跨境电子商务的重要环节，第三方跨境支付业务过去几年在政策环境、贸易环境（市场规模）等方面均取得长足进步。

（1）政策环境。2019 年 4 月 29 日，国家外汇管理局发布《国家外汇管理局关于印发〈支付机构外汇业务管理办法〉的通知》（汇发〔2019〕13 号），破除了银行、支付机构之间的外汇业务壁垒，明确支付机构可为境内个人办理跨境购物、留学、旅游等项下外汇业务。今后消费者在跨境电商平台购买商品或服务时，通过第三方支付机构就可以实现购汇并对外支付。

（2）贸易环境。首先我们从跨境贸易的整体来看，中国的跨境贸易已经发展成四种主流模式：① 传统的大额 B2B 贸易；② 小额 B2B 贸易；③ 平台型 B2C；④ 自营 B2C，后两者都属于主流的跨境电商模式。第三方跨境支付正在服务除了传统 B2B 贸易模式外的其他三种模式（见图 3-11）。

随着跨境贸易的发展，未来，在支付服务基础之上，跨境支付机构将会以更多方式提供一站式解决方案，其中必将带来大量的创新模式与创新机会。

图 3-11 中国的跨境贸易四种主流模式

3.3 数字货币
3.3.1 数字货币的发展
1. 虚拟货币的概念

随着互联网时代的发展，人们的生活形态越来越数字化，在这种不可逆转的数字化趋势下，实体货币也不可避免地朝着虚拟化、数字化方向演变。例如：信用卡、储蓄卡是最常见的"支付工具"，里面的账户信息所代表的信用货币就是电子货币。

虚拟货币是指非真实的货币，而且也只能在特定的网络环境中流通。虚拟货币可以分为人工型虚拟货币和计算型虚拟货币。人工型虚拟货币发行规则简单，总量基本不受约束。比如腾讯 Q 币以及其他的游戏币等。计算型虚拟货币发行规则复杂，总量受到数学规则的约束。例如比特币（BitCoin，BTC）的总数量被永久限制在 2100 万个，莱特币（Litecoin，LTC）的总量上限是 8400 万个等。

与虚拟货币相比，电子货币则更接近并依赖于现实的金融系统，它是基于电子账户实现的支付方式，例如支付宝、微信支付和手机银行等。其实它们并非数字货币，其本质上只是一种对现有法定货币的信息化过程，还不是严格意义上的数字货币。

数字货币也是一种虚拟货币，但是更强调它的产生和发行中是否具备法币地位。非央行发行的虚拟货币例如比特币，可以被称为数字货币。而央行发行的虚拟货币例如中国人民银行计划发行的 DCEP（Digital Currency Electronic Payment），也可以被称为数字货币（见图 3-12）。

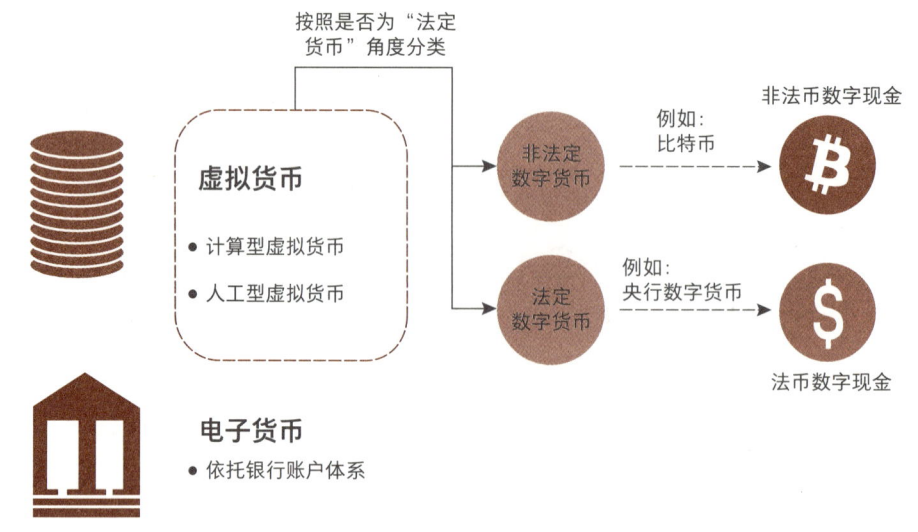

图 3-12　虚拟货币、电子货币、数字货币与数字现金

数字货币可以认为是一种基于点对点网络和数字加密算法的虚拟货币。一提起数字货币，许多人会想到比特币，但实际上，并不是因为有了比特币才有数字货币，而是数字货币本身发展到一定阶段才出现比特币。比特币不是最早的数字货币，早在 20 世纪 70 年代末 80 年代初就有学者在研究数字货币。随着非对称加密思想的提出以及 1978 年 RSA 算法的实现，开启了真正的现代密码学时代。随着现代密码学的发展，数字现金的技术实现逐渐成为可能。

2. 数字货币的进化

世界上第一种数字化货币，是 1982 年由被誉为数字货币之父的大卫·乔姆（David Chaum）发明并且发行的，名为 Ecash。利用盲签名技术来实现货币的流通，并且可以完全保护用户的隐私权。关于盲签名的理解，有一个非常直观的比喻："所谓盲签名，就仿佛是先将隐蔽的文件放进信封里，任何人不能读它。对文件签名就是通过在信封里放一张复写纸，签名者在信封上签名时，他的签名便透过复写纸签到文件上。签名者虽然进行了签名，但他不可能得知信封中文件的具体内容。"严格意义上说，采用盲签名的 Ecash 并不是一种法定数字货币，但它提供了一种思路，可以让传统货币以完全数字化的形式，在网络上自由、匿名地传递。

由于无法追踪，完全匿名性可能导致洗钱等犯罪活动。1995 年，Stadler 等人提出了公平盲签名的概念，可以实现追踪，这是一种有条件的匿名支付系统。到了 1996 年，Camenisch 等人和 Frankel 等人分别独立地首次提出了公平的离线电子现金（Fair Off-line Electronic Cash）的概念。公平电子现金中用户的匿名性是不完全的，它可以被一个可信赖的第三方追踪或撤销，从而可以防止利用电子现金的完全匿名性进行犯罪活动（见图 3-13）。

Ecash（1982年）
盲签名技术
- 消息的内容对签名者是不可见的
- 在签名被接受者公开后，签名者不能追踪签名。

1995年
公平盲签名
公平盲签名比盲签名增加了一个特性，即建立一个可信中心，通过可信中心的授权，签名者可追踪签名。

1996年
公平的离线电子现金
(fair off-line electronic cash)

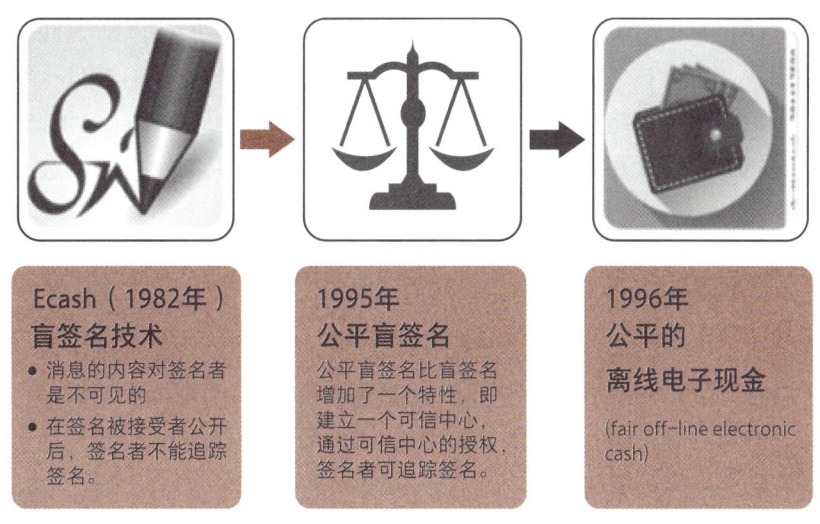

图 3-13　电子现金的发展

以上提及的这些"电子现金"仅仅是初步具备了数字货币的雏形，始终无法完全克服一个重大的技术难点，那就是"双重支付"的问题。传统解决方案一般是：建立一个所有交易的实时总账，同时需要一个可信赖的第三方进行记账管理。

1998年，亚裔密码学家戴维（Wei Dai）提出了匿名的、分布式的电子加密货币系统 B-money。"数字加密货币"的概念由此诞生。去中心化的计算架构、匿名交易、点对点网络这些数字货币的显著特征，在 B-money 中已经全部显现。但其最大的障碍在于货币的创造环节。一种公平的派发货币的过程是通过计算点对点网络中每个节点的工作量，根据其工作量大小从而实现"没有中央集权背景下的印钞和分发货币"（即分布式系统的货币自动发行机制）。按照这一规则，要求在 B-money 系统中所有账户持有者共同决定计算量的成本并就此达成一致意见。而每个节点计算量的成本这类信息难以获得，即便获得也并不准确、及时，因而 B-money 没有最终现实一个完备的数字加密货币体系。

2004 年，密码学家哈尔·芬尼（HalFinney）把亚当·巴克（Adam Back）创造的哈希现金算法，改进为"可复用的工作量证明机制"（Reusable Proofs of Work）。它被用于比特币出现之前的一系列数字货币实验。

在 2008 年世界金融危机大背景下，中本聪（Satoshi Nakamoto）发布了比特币白皮书：《Bitcoin：A Peer-to-Peer Electronic Cash System》（一个点对点的电子现金系统），其框架和内核来自 Ecash 和 B-money，而工作量证明机制等核心技术，则来自亚当·巴克和哈尔·芬尼等人。在比特币的白皮书中，中本聪将哈希现金算法改造成了比特币的发行机制：用户贡献算力，进行哈希运算（即俗称的"挖矿"），作为回报，比特币网络将比特币赠予首个挖出区块的用户（即"矿工"）。这种工作量证明机制 POW（Proof of Work）成为了新一代数字货币网络运转的基石。如今，比特币的底层技术"区块链"，正在成为超越数字货币的存在。数字货币和区块链对于人类社会的改造，现在才刚刚开始。

3.3.2 数字货币的本质

1. 法定数字货币的本质仍然是信用货币

货币形态经历了实物货币、金属货币、信用货币等几个重要的阶段。信用货币可以定义为：在信用关系基础上产生的能够执行货币职能的一种信用凭证或符号。信用货币的产生和发展，能够促进商品经济的发展，但也增加了商品经济中危机产生的可能性。

进入网络时代之后，虚拟化趋势使得纸币也将被虚拟化为法定数字货币。但是纸币物理形态的消失并不会改变其承载的信用关系和货币职能。即法定数字货币其本质上仍然延续了纸币的信用货币职能。

2. 非法定数字货币的本质是虚拟商品

对于非法定数字货币的代表比特币，在中国当前是禁止国内机构为其提供交易场所的。2013年12月3日中国人民银行等五部委发布《中国人民银行　工业和信息化部　中国银行业监督管理委员会　中国证券监督管理委员会　中国保险监督管理委员会关于防范比特币风险的通知》（银发〔2013〕289号）文件。该《通知》明确了比特币的性质，认为比特币不是由货币当局发行，不具有法偿性与强制性等货币属性，并不是真正意义的货币。从性质上看，比特币是一种特定的虚拟商品，不具有与货币等同的法律地位，不能且不应作为货币在市场上流通使用。《通知》还要求，现阶段，各金融机构和支付机构不得以比特币为产品或服务定价，不得买卖或作为中央对手买卖比特币，不得承保与比特币相关的保险业务或将比特币纳入保险责任范围，不得直接或间接为客户提供其他与比特币相关的服务。

2017年9月4日中国人民银行等七部委发布了《关于防范代币发行融资风险的公告》。公告中指出，代币发行融资是指融资主体通过代币的违规发售、流通，向投资者筹集比特币、以太币等所谓"虚拟货币"，本质上是一种未经批准非法公开融资的行为，涉嫌非法发售代币票券、非法发行证券以及非法集资、金融诈骗、传销等违法犯罪活动。由于首次代币发行（Initial Coin Offering，ICO）为非法金融活动，严重扰乱金融秩序，因此国内叫停了所有代币融资项目。同时，责令所有境内数字货币交易所限期关闭，并停止新用户注册。

3.3.3 数字货币的应用

1. 中国央行数字货币 DCEP

我国监管部门虽然拒绝了比特币、莱特币等虚拟货币，但对于法定数字货币，中国人民银行一直在研究探索之中。与比特币更多是作为一种投资品被用来投资、投机不同，中国人民银行推动的法定数字货币 DCEP 会像纸币一样具有无限法偿性，与纸币之间的价值对比也是恒定的。发行数字货币的目的是替代实物现金，降低传统纸币发行、流通的成本，提升经济交易活动的便利性和透明度，便于对货币的合规管理。

自 1971 年布雷顿森林体系瓦解之后，货币的价值便不在于可以兑换多少的金银，而在于其发行方即国家的信用背书，DCEP 也一样。DCEP 是以国家信用为价值支撑，本质上属于中央银行对公众发行的债务，以国家信用为价值担保，具有无限法偿性，可保证法定数字货币有效发挥价值尺度、流通手段、支付手段、贮藏手段、世界货币等五大货币职能。中国人民银行对其定位是代替现金（M0），简单来说，DCEP 具有国家信用，与法定货币等值，其功能属性与纸钞完全一样，只不过是数字化形态。

另外，DCEP 采用的是"中央银行—商业银行"的双层运营体系，通过双层运营体系由商业银行通过电子钱包向终端用户提供数字货币存取等服务。我国法定数字货币之所以采用双层运营体系，是因为这种体系更加适合我国国情，既能利用现有资源调动商业银行积极性，也能够顺利提升数字货币的接受程度，同时还能延续中心化的管理模式。

这种延续性和继承性主要体现在：双层运营体系不会改变流通中货币债权债务关系，为保证法定数字货币不超发，商业机构向中国人民银行全额缴纳准备金，法定数字货币依然是中国人民银行负债，由中国人民银行信用担保，具有无限法偿性。不仅如此，双层运营体系不会改变现有货币投放体系和二元账户结构，不会对商业银行存款货币形成竞争。因为不影响现有货币传导机制，自然不会强化压力环境下的顺周期效应，所以不会对实体经济产生负面影响。另外，采取双层体系发放兑换法定数字货币，也有利于抑制公众对于加密资产的需求，巩固我国货币主权。

与微信、支付宝等传统支付方式不同的是，DCEP 具有"离线模式（无需网络）"和"可控匿名（无需账户）"两大特点，即用户通过 App 实现数字货币支付时可以无需网络，且在交易过程中无须了解对方的身份，只需通过 App 验证数字货币即可。另外，DCEP 既然和现金等同，那它本质上就是法定货币，无论支付数额大小，收款人都不能拒绝接受。例如，有的超市、便利店只支持支付宝，而有的只支持微信。但是，如果选择使用 DCEP 进行支付的话，那么是不能拒绝的，拒绝接受 DCEP 支付是违法行为。

DCEP的推出至少有以下十个层面的意义。

（1）DCEP将进一步降低货币发行成本。相较于传统货币中的纸钞和硬币，数字货币可以节省印制、发行、回笼、贮藏和防伪技术升级等各个环节的大量成本，同时也减少了人力物力的使用。

（2）DCEP将进一步助力维护金融秩序。一旦纸币脱离了金融机构的监管，就会形成盲区或死角，那么将会带来类似于洗钱、偷税漏税、非法融资、走私等非法交易活动。而数字货币可以进行有条件的追踪，更有利于政府监管，有效打击一些违法犯罪行为。同时，法定数字货币问世后，可以清理在市面上一些杂乱的虚拟货币，整治币圈乱象。这对稳定金融市场秩序有着积极的影响。

（3）DCEP将进一步帮助政府的经济调控。数字货币有利于中国人民银行实时监控流通中的货币总量以及流通速度。政府可以根据这些数据对经济发展进行宏观调控。

（4）DCEP将进一步推动移动支付的发展。DCEP把口袋中的纸币变成了电子化的货币，这有利于打破目前支付宝和微信支付在移动支付领域的垄断地位，让移动支付又多了一项选择。

（5）DCEP将进一步增大银行App流量。DCEP钱包完全可以将使用中的巨大流量导入现有的银行App中，采用的方式可以多样化，比如DCEP功能内嵌入银行App，或者是通过独立的DCEP钱包引导流量进入银行App。

（6）DCEP将进一步拓展人民币国际化空间。党的二十大报告中提出"有序推进人民币国际化。深度参与全球产业分工和合作，维护多元稳定的国际经济格局和经贸关系。"随着数字人民币的发行和使用，人民币国际化之路将更为通畅。

（7）DCEP将进一步便利化人民币跨境支付。目前跨境支付中各国分立的网络屏障将不复存在，直接使用人民币付款和贸易便利化将成为可能。

（8）DCEP将进一步突破美国金融霸权。美国控制下的SWIFT系统是国际银行间跨境汇兑市场上的独特垄断机构，这一金融系统就经常被美国操纵用以实现其政治诉求。而DCEP加上区块链支付可打破SWIFT体系的垄断，真正意义上实现"资金流和信息流的融合"，为全球贸易提供更安全可靠、智能化的新支付体系。

（9）DCEP将进一步带动国内区块链发展。若把DCEP看成是整个区块链行业基础设施的一部分，而且是非常重要的激励机制那一部分，那么一旦各商业银行支持DCEP的钱包推出，在接入场景和应用层面上肯定是百花齐放，各种区块链应用的创新和创意将会不断涌现。

（10）DCEP将进一步融入物联网智能支付。大规模的物联网经济活动会产生大量的交易和支付需求，而机器通过内置符合央行认证要求的DCEP钱包，就可以拥有DCEP账户，从而实现自动化、智能化的物联网支付。

2020年年初，中国人民银行发文表示，已经基本完成了法定数字货币的顶层设计、标准制定、功能研发、联调测试等工作。2020年4月以来，法定数字货币在深圳、雄安、成都、苏州四个试点城市开展了首轮测试。2020年11月又新增了上海、长沙、海南、青岛、大连、西安六地试点。根据2020年8月商务部印发的《全面深化服务贸易创新发展试点总体方案》中的规划，将陆续在北京、南京、杭州、重庆等全国28个省市相继开展数字人民币试点。这意味着，中国官方数字货币，距离呱呱坠地已经不远了，这将是全世界第一个以主权国家货币为锚的数字货币。

2. Facebook的天秤币Libra（现名Diem）

在传统的金融领域，跨境的转账汇款非常繁琐，而且需要3～5个工作日才能完成。Libra币的出现，可以让所有人都参与金融活动，它具备价值稳定、交易快速、可扩容和安全等兼具区块链金融和传统金融特点的功能。根据白皮书显示，Libra运行于Libra Blockchain之上，它的目标是成为全球金融的基础设施，可以扩展到数十亿账户使用，支持高交易吞吐量。也就是说，这个区块链的容量足以支撑全球数十亿人的交易量。

由于可能会成为"超级中央银行"，目前Libra项目遇到了各国央行的质疑，如果要得到各国监管机构和立法者的批准，Libra项目必须满足打击洗钱和打击恐怖主义融资的最高标准。为了符合这样的最高标准，Libra协会开始计划获得瑞士金融市场监管局FINMA（Swiss Financial Market Supervisory Authority）的支付系统牌照，以将之作为Libra问世后的规范，让Libra成为一个受监管的支付系统。这一行为不单是出于合规性方面的考虑，最核心的目的是计划以此减小Libra的发行阻力。

3. 数字美元项目（Digital Dollar Project）

中央银行数字货币（Central Bank Digital Currencies，CBDC）的国际竞争大幕正徐徐拉开。2020年5月29日，数字美元项目（Digital Dollar Project）发布了第一份白皮书，旨在为创建美国的CBDC提出框架，白皮书中还详细介绍了代币化美元需求以及构建数字美元系统的一些潜在途径，并确定数字美元可以帮助美国维持美元作为世界储备货币的地位。数字美元项目组主要成员包括前美国商品期货交易委员会（CFTC）主席以及数位埃森哲（Accenture）市场支持分析师和董事。为推动数字美元项目，2020年年初埃森哲发起成立了数字美元基金会（Digital Dollar Foundation）。

白皮书显示，目前数字美元的设计有两大特点：双层架构和通证化。

双层架构（Two-Tiered System）：在双层架构模式下，数字美元将会通过美联储向银行发放，此时终端用户既可以将资金存储在他们的银行账户中，也可以将这些代币化的美元保留在自己的数字钱包中。

通证化（Tokenization）：是指将资产转换为区块链系统上的数字通证。通证化和证券化之间最大的区别在于把可编程性引入到通证化资产中，通过通证化和智能合约可以引入商业逻辑，减少对手工结算的需求。通证化的数字美元将能被更广泛地使用，从而解决金融普惠问题，还能用更快的速度、更高的效率，以及更低的成本扩展美元的国际效用。

> **监管专栏**
>
> **金融科技支付相关监管政策**
>
> 1. 法律地位、准入和存续期管理
>
> 2010年6月，中国人民银行制定了《非金融机构支付服务管理办法》（以下简称《办法》），这不仅使第三方支付机构地位得到明确，而且对第三方支付机构在监督、管理和问责上进行了明确规范。《办法》的出台对我国金融体系的健康发展产生了重要的影响。2011年，中国人民银行公布首批《支付业务许可证》，27个支付机构获得了支付牌照，第三方支付机构的准入审核、日常监督管理等工作得到进一步规范，第三方支付向健康、规范和可持续的方向推进。2012年、2013年，中国人民银行相继要求支付机构建立监管报告制度，2016年，非现场监管系统上线，进一步完善了产品技术要求和管理规范。2015年出台了《支付业务许可证》续展工作的通知，2016年对第三方支付机构进行了分类评级管理，使监管措施具有弹性和灵活性。
>
> 2. 技术系统规范
>
> 2005年10月，中国人民银行出台了《电子支付指引（第一号）》，该文件使移动支付、电话支付、销售点终端交易、网上支付、自动柜员机交易和其他电子支付得到了规范；2012年对业务系统测试和支付服务设施的技术认证进行了标准化和更新。鉴于支付业务网络的特殊性，中国人民银行于2016年对报文结构和要素技术进行了管理和要求。2017年，中国人民银行对第三方支付系统方面的要求进行了全面升级，对技术产品进一步细化，对第三方支付条码和受理终端进行了规范和要求。
>
> 3. 客户备付金管理
>
> 自2010年起，中国人民银行对第三方支付机构客户备付金进行了规范，最初于2011年11月发布了《支付机构客户备付金存管暂行办法（征求意见稿）》，于2013年3月发布了《支付机构客户备付金存管办法》，该办法对客户备付金账户以及不同性质的账户使用进行了要求和规范，并对客户备付金的

存管活动作了更为严格的要求,如在存放、归集、使用、划转等方面。2017年年初,中国人民银行发布了对支付机构客户备付金集中存管的通知,建立了支付机构备付金集中存管制度,支付机构客户备付金要按照一定比例交存到指定的专用存款账户。2018年从2月至4月,支付机构交存比率由20%提高到50%,同年7月起,再次按月逐步提高交存比率,直到2019年1月14日实现100%集中交存。2018年11月29日,人民银行支付司发布《关于支付机构撤销人民币客户备付金账户的有关工作的通知》,再次对备付金集中交存提出要求,规定支付机构应在2019年1月14日前撤销开立在备付金银行的人民币客户备付金账户。客户备付金实现全面交存后,有效地防止了资金被占用、挪用以及其他非法使用的可能,切实保障了资金的安全,使支付市场得到了稳定。

4. 风险处理和反洗钱要求

2009年,人民银行对银行卡收单业务中存在的风险提出了规范和要求。2012年出台了《支付机构反洗钱和反恐怖融资管理办法》,该办法提出支付机构对反洗钱应当必须重视和警惕。2014年和2016年期间,对违规开展支付结算业务的处罚事项进行了明确和通知,对违法违规等事项进行防范和处罚。此外,十部委多次对互联网金融的风险防范和管理提出要求,对一些新型违法犯罪的事项所涉及的账户采取紧急止付、快速冻结等。

延伸案例

央行数字货币的全球探索

2019年12月18日,新华社发表了题为《财经观察:"央行数字货币"破茧还有多久》的文章。文中提到,目前越来越多的央行开始重视数字货币的研发、应用和监管,更吸引了不少央行主动加入数字货币研发队伍中。

以中国人民银行为首,央行数字货币的推进正稳步进行。2020年5月31日西班牙《国家报》网站刊载题为《中国加快推出自己的数字货币》的报道。报道称,中国将成为世界上第一个发行自己的数字货币的国家,事实上中国人民银行已经在深圳、雄安、成都、苏州四个试点城市率先开展了法定数字货币测试工作。

而法国中央银行表示,他们也将很快开始测试数字货币,并将在2020年第一季度末之前启动项目。此前,法国央行已计划重新组织监管体系,并把数字货币纳入监管,同时也敦促欧洲央行尽快发行数字货币。2021年1月19日,法兰西银行发布公告表示,法国中央银行已与IZNES公司合作开展了央行数字货币试验。此前,法国央行已计划重新组织监管体系,并把数字货币纳入监管,同时也敦促欧洲央行尽快发行数字货币。

欧洲央行行长拉加德表示,欧洲央行将设立央行数字货币专门委员会,预计将在2020年中期获取关于数字货币的结果。她还表示,欧洲央行的数字货币要保持领先优势。

瑞典方面,尽管早些时候对央行数字货币持消极态度,但最近却开始探索电子克朗的潜在优势。瑞典央行表示,它将与爱尔兰专业服务公司埃森哲合作,为电子克朗的数字货币创建一个试验平台,以增强其对数字货币潜力的了解。

随着Facebook的Libra发展进度加快,包括国际清算银行、金砖国家组织在内的多个国际组织也积极敦促各国央行采用数字货币。因为,金融行业目前正在经历一场革命,与Facebook等公司或机构发展数字货币相比较,银行作为值得信赖的机构,应该掌握数字货币发展中的主导权。

◆ 案例分析

近年随着区块链等新兴科技的兴起,法定数字货币成为各国央行的重点研究领域,英国、加拿大等多国央行都表示将涉足该领域。在央行数字货币(CBDC)的研发上,走在前列的包括中国央行数字人民币项目(DCEP)、瑞典央行Sveriges Riksbank的e-krona项目,两者均已进入测试阶段。此外,美联储、日本央行及欧洲央行均已转变态度,加紧央行数字货币的研发步伐。2020年年初,欧洲央行(ECB)执行委员会表示,随着电子支付方式的兴起,公众对央行数字货币的需求也将增加,例如应用于银行间大额支付结算和跨境支付方面。因此目前是研发央行数字货币架构的最佳时机。

另外,数字货币的乱象也促使央行尝试引导数字货币的正确发展方向。随着首次代币发行在许多国家普遍被禁止,以及加密货币价格容易被操纵、多起黑客攻击导致投资者数以亿计美元资金的损失等事件的发生,使得不少国家开始努力研发央行数字货币(CBDC)或法定数字货币(DFC: Digital Fiat Currency),以主导数字货币和未来金融体系的发展。

CBDC一般可以分为零售型和批发型。以瑞典央行为例,其发行CBDC"电子克朗"的目的是让金融服务普惠社会各类群体,它着眼的发展方向基本属于零售型CBDC,或者称之为主权型CBDC,即一种集中化的CBDC 1.0。而与瑞典央行(仅由一个主权国家参与)不同,2019年加拿大银行和新加坡金管局合作开发的Jasper-Ubin项目是多个国家共同参与的,在没有中介代理的环境下,实现了跨境、跨币种和跨平台支付中应用CBDC的试验成功,它被应用于银行间大额支付结算和跨境支付方面,可以说属于批发型 CBDC,或者称之为超主权型 CBDC(例如欧洲中央银行),也可被称为 CBDC 2.0。

总之,央行数字货币框架中各种模式的创新还在进行之中。未来,随着区块链技术发展逐渐成熟,一个全新的货币体系结构将呈现出来,这一创新将会彻底改变现有金融秩序。

实训练习

壹钱包的百度指数分析

1. 实训背景

百度指数是以百度海量网民行为数据为基础的数据分享平台。在这里,用户可以研究关键词搜索趋势、洞察网民需求变化、监测媒体舆情趋势、定位数字消费者特征;还可以从行业的角度,分析市场特点。

壹钱包隶属于中国平安保险(集团)股份有限公司,是中国平安旗下平安付推出的一款第三方支付和积分消费产品,目前涵盖理财、购物、生活便民、转账还款、金融服务等众多领域,是一款整合了社交生活及金融服务的电子钱包。

作为支付工具第二梯队的领头羊,请分析壹钱包 App 在支付中整合了哪些金融功能。同时通过对壹钱包的百度指数分析,找到壹钱包的使用人群特点,形成分析报告。

2. 实训内容

(1)进入百度指数首页;

(2)输入关键字"壹钱包";

(3)点击"人群画像"(见图 3-14),进行"地域分布""年龄分布""性别分布"等功能的数据分析;

图 3-14 百度指数 – 人群画像

（4）点击"兴趣分布－金融财经"（见图3-15），与壹钱包中金融功能进行对比分析；

（5）结合其他数据来源，形成分析报告。

图3-15 兴趣分布－金融财经

课后习题

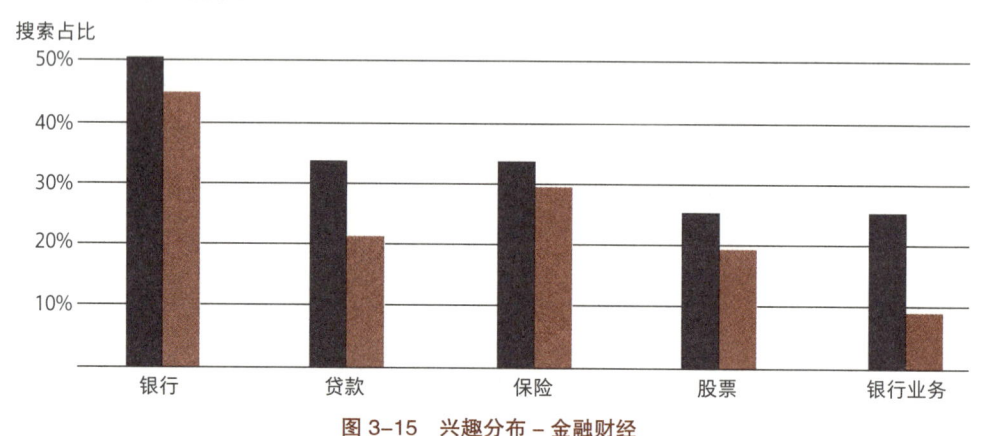

1. 单选题

（1）2016年3月，发改委和中国人民银行发布了《关于完善银行卡刷卡手续费定价机制的通知》，对银行卡收单业务的收费模式和定价水平进行了重要调整，被业内称为（　　）。这是中国支付行业有史以来最大的一次刷卡手续费变革。

A. 16费改　　B. 16.3费改　　C. 96费改　　D. 98费改

（2）（　　）是全功能的银行结算账户，利用该银行账户存款人可办理存款、购买投资理财产品等金融产品、支取现金、转账、消费及缴费支付等。

A. Ⅰ类户　　B. Ⅱ类户　　C. Ⅲ类户　　D. Ⅳ类户

（3）2010年6月21日中国人民银行颁布的（　　）中明确规定了非金融机构从事第三方支付业务必须取得《支付业务许可证》（即支付牌照）。

A.《电子支付指引（一号）》

B.《非金融机构支付服务管理办法》

C.《非银行支付机构网络支付业务管理办法》

D.《关于促进互联网金融健康发展的指导意见》

（4）在三种 NFC 工作模式中我们最常见的是（　　），例如刷手机乘公交、购物等。

　　　A.点对点模式　　B.读卡器模式　　C.卡模拟模式　　D.主动模式

（5）中国法定数字货币是以国家信用为价值支撑，本质上属于中央银行对公众发行的债务，以国家信用为价值担保，具有无限法偿性。央行对其定位是代替（　　）。

　　　A. M0　　　　　B. M1　　　　　C. M2　　　　　D. M3

2. 多选题

（1）中国银联（China UnionPay）是中国银行卡的民族品牌，一般与 Visa、MasterCard、（　　）以及日本 JCB 称为世界六大卡组织。

　　　A．欧元区的欧陆卡（EuroPay）

　　　B．新加坡星网卡（NETS）

　　　C．美国运通卡（American Express）

　　　D．美国大莱卡（Diners Club）

　　　E．美国发现卡（Discover Card）

（2）非金融机构支付服务是指非金融机构在收付款人之间作为中介机构提供（　　）部分或全部货币资金转移服务。

　　　A．预付卡的发行与受理　　　B．钱包支付

　　　C．银行卡的发行与受理　　　D．网络银行

　　　E．网络支付

（3）与微信、支付宝等传统支付方式不同的是，中国法定数字货币具有（　　）特点，即用户通过 App 实现数字货币支付时可以无需网络，且在交易过程中无须了解对方的身份，只需通过 App 验证数字货币即可。

　　　A．网络支付　　　　　　　　B．可控匿名

　　　C．替代第三方支付　　　　　D．完全匿名

　　　E．离线模式

3. 判断题

（1）银行卡的支付过程较为简单，一般包括交易和结算两个过程。（　　）

（2）在三种 NFC 工作模式中我们最常见的是点对点模式（P2P Mode），也称双向模式。例如刷手机乘公交、购物等。（　　）

（3）2019 年 4 月 29 日，国家外汇管理局发布《国家外汇管理局关于印发〈支付机构外汇业务管理办法〉的通知》（汇发〔2019〕13 号），破除了银行、支付机构之间的外汇业务壁垒。（　　）

（4）以刷脸支付为代表的新支付模式正从生活场景快速铺开，随着逐渐进入 5G 商用时代，刷脸支付有望被更加广泛的投入使用。2019 年 3 月，微信

推出刷脸支付工具"蜻蜓",2019年9月,支付宝刷脸支付设备"青蛙"升级3.0版本。(   )

(5)信用卡、储蓄卡是最常见的"支付工具",里面的账户信息所代表的信用货币就是数字货币。(   )

4. 简答题

(1)第三方支付中的网络支付是什么?

(2)与微信、支付宝等传统网络支付方式相比较,简要总结中国法定数字货币在使用中有哪两大特点?

5. 分析应用题

请搜集资料分析银联闪付的使用特点并用NFC手机下载安装银联云闪付APP进行实际使用测试。

Chapter

04

第 4 章
银行业金融科技

- 4.1 银行业发展现状
- 4.2 银行业业务变革
- 4.3 银行业业务发展趋势

学习目标

知识目标
- 了解传统商业银行与未来银行的概念、内涵与实质
- 熟悉商业银行的发展历程
- 掌握银行金融科技的框架

能力目标
- 能够识别银行目前所处的发展阶段
- 能够比较传统银行和未来银行的差别
- 能够对未来银行趋势进行简单分析

素养目标
- 通过银行业发展的学习,帮助学生了解我国商业银行对我国经济发展所发挥的积极促进作用,明确诚信是银行的立身之本
- 通过银行业务变革的学习,培养学生对我国监管政策的理解,感受国家的强大及在国际银行业风险防范中发挥的重大作用
- 通过未来银行业发展趋势的学习,培养学生的民族责任感、主人翁意识,树立走中国特色金融发展之路的理念

思维导图

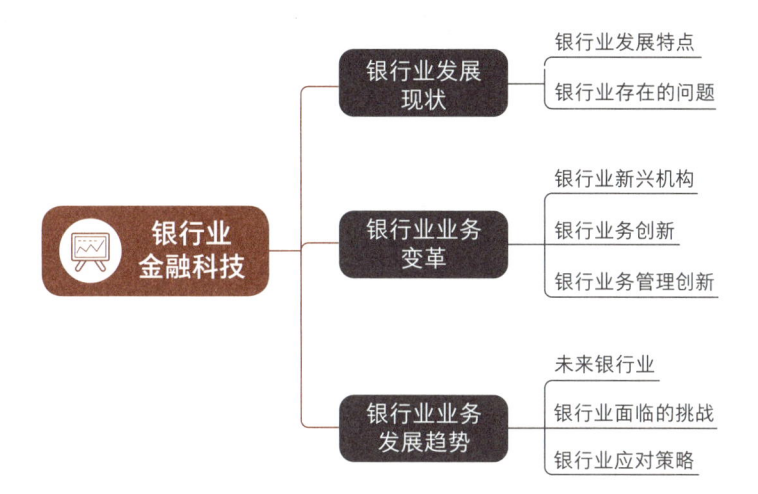

- 银行业金融科技
  - 银行业发展现状
    - 银行业发展特点
    - 银行业存在的问题
  - 银行业业务变革
    - 银行业新兴机构
    - 银行业务创新
    - 银行业务管理创新
  - 银行业业务发展趋势
    - 未来银行业
    - 银行业面临的挑战
    - 银行业应对策略

4.1 银行业发展现状

金融是现代经济的核心,而银行业起着至关重要的金融中介作用。自新中国成立以来,银行业对改善社会民生,促进国民经济发展具有举足轻重的作用。尤其是近些年,持续高速增长的经济和宽松的货币政策,我国银行业呈现出了迅猛扩张的势头。改革开放40年以来,尤其是加入世贸组织之后,中国银行业的综合实力得到了很大提升,已经跃居世界首位。从资产规模来看,按照当时的汇率,2019年我国银行业总资产已达33万亿美元,超越欧盟的31万亿美元成为全球第一。同期,美国银行业总资产为16万亿美元,日本银行业仅为7万亿美元。

我国银行业以中国人民银行为监管机构,由政策性银行、大型商业银行、股份制商业银行、城市商业银行、农村商业银行等组成。

中国人民银行简称央行,是中华人民共和国国务院组成部门,属于国家机关。主要任务是在国务院领导下,制定和执行货币政策,防范和化解金融风险,维护金融稳定。

国家开发银行是中国最大的对外投融资合作银行、中长期信贷银行和债券银行。我国有政策性银行2家,包括中国进出口银行和中国农业发展银行。中国进出口银行是支持中国对外经济贸易投资发展与国际经济合作、具有独立法人地位的国有政策性银行。中国农业发展银行的主要任务是承担农业政策性金融业务,代理财政支农资金的拨付,为农业和农村经济发展服务。

我国大型商业银行有6家,包括中国工商银行、中国农业银行、中国银行、中国建设银行、交通银行、中国邮政储蓄银行。大型商业银行是我国银行体系的主体,无论是在人员、机构网点数量上,还是在资产规模及市场占有份额上,均有绝对领先的地位,对我国经济金融的发展起着举足轻重的作用。

股份制商业银行一般由企业法人持股,业务上自主经营、独立核算,以利润最大化为经营目的。在我国现有12家全国性股份制商业银行:招商银行、浦发银行、中信银行、中国光大银行、华夏银行、中国民生银行、广发银行、兴业银行、平安银行、浙商银行、恒丰银行、渤海银行。

城市商业银行、农村商业银行等是中国银行业的重要组成和特殊群体,其前身是城市信用社和农村信用社,当时的业务定位是:为中小企业提供金融支持,为地方经济搭桥铺路。随着中国金融事业的发展,现在的城市商业银行和农村商业银行的主要任务是为地方经济及地方居民提供金融服务。

在银行系统中,大型国有商业银行在规模和品牌等方面明显优于其他银行,吸收了居民储蓄总量的65%,并承担全社会80%以上的支付结算服务,贷款业务也占据全部金融机构总量的56%。股份制商业银行的市场份额在近几年中大幅度增长。

4.1.1 银行业发展特点

由于全球经济一体化、区域货币一体化、金融市场自由化和现代信息技术的持续提高，全球银行业的运作模式、制度结构和竞争格局正在发生重大变革。当前全球银行业的发展趋势主要体现在银行业的竞争与发展日趋全球化、逐步向金融综合化经营模式转变、银行业金融创新速度加快和专业化要求提高、国际金融监管加强和充实防御系统性风险等四个方面。

自2011年下半年以来，宏观经济进入下行周期给整个银行业的经营管理带来挑战。宏观经济这种周期性波动是一直存在的，作为现代经济体系的核心企业，银行有着典型的宏观经济周期。国家宏观调控政策的实施，将越来越多地通过金融体系特别是商业银行来实现，商业银行既是调控的对象，又更多地承担了调控工具的部分角色。

1. 我国银行业的整体竞争力得到显著提升

我国银行业资产近六年来呈现逐年递增的趋势，增长金额巨大，同比增长率也较高。中国经济结构将更加优化，政府宏观调控能力继续提升，中国银行业将继续得益于宏观经济的高速增长。由于外部环境的改变，中国银行业将实施更加多元化的经营战略。利率市场化的进程将会加速，存贷款利差将会缩窄，传统的"吃利差"的盈利模式将难以为继。

2. 我国银行业业务范围向新兴业务拓展，业务重心向综合化金融服务输出转变

随着原油期货等衍生品市场交易的不断发展，商业银行在衍生品市场中参与主体的地位愈发重要，不仅承担诸如交易、结算、结售汇、跨境资金划拨等基础功能，而且也为衍生品市场提供了流动性支持。未来信用衍生产品、权益类衍生产品和商品类衍生产品等多层次的衍生产品结构将不断建立，国际化品种不断增多，叠加人民币国际化深入，商业银行在跨境衍生品市场交易中承担的综合化功能也将愈发凸显。

3. 国际化发展将向全球化全功能银行阶段迈进

未来随着中国经济在全球占比的提升及中资银行国际化水平的提升，我国可能会出现多家国际化业务资产及利润占比达到50%左右的全球化全功能性银行。随着国际市场业务份额的逐步提升，重要性逐渐增强，其对国内业务及集团业务的风险也会加大。

4. 金融科技在银行业发展过程中将发挥重要作用

国内银行业务正在与金融科技进行整合升级，放眼全球，在已经获得全银行牌照的市场，国内银行与中国金融科技企业的合作可以为整个行业带来巨大优势，从而为中资企业与中国金融科技的输出起到良好的示范性作用。

4.1.2 银行业存在的问题

改革开放以来,在监管部门和银行业的共同努力下,得益于宏观经济平稳发展,我国银行业资本实力持续增强,风险管控能力稳步提升。但是,总体来说,对接国际标准,我国银行业在资产质量、经营管理和风险控制等方面还是存在许多问题。随着金融体制改革的深入和入世步伐的加快,金融业竞争将愈演愈烈,我国商业银行也将面临前所未有的挑战,对自身暴露出的问题,急需认清和解决。

1. 过分强调"存款立行",阻碍自身创新发展

"存款立行"体现了银行负债业务的重要性,因为银行有资产负债率的限制,没有存款,其他资产业务就没有办法开展。在"存款立行"观念的支配下,各商业银行盲目拉存,只重视存款数量不重视质量,给自身发展带来一系列不良后果。例如银行不把一定比例资金运用出去,自身却要负担相应的存款利息支出,这与银行的本质相悖。商业银行的经营目标是效益,存款的增加并不等同于效益的增长,盲目扩大存款规模是一种自杀行为,只有适度的增长才能保持良性的经济和金融运转。

2. 经营品种不够丰富,金融创新力度还需加强

在很长一段时间内,我国商业银行只注重传统资产负债业务,中间业务发展滞后。在互联网金融、金融科技兴起之后,虽然业务品种范围有了明显的扩大、业务渠道也有所改变升级,但还是缺乏自主创新。很多机构传统的业务仍停留在相当粗放的状态下。当前,各商业银行要在保证风险的情况下创新是必然趋势,否则终将被社会所淘汰。

3. 信贷资产风险管理不足,不良资产处理能力有待提高

商业银行贷款风险的形成有其历史的和社会的原因,也有自身管理不善的原因。当务之急是必须尽快建立健全科学的贷款风险管理体系,实现贷款的安全性、流动性和效益性。在做好风险管理的同时,还要及时清理遗留的不良资产,将其控制在一定的额度之内。

4.2 银行业业务变革
4.2.1 银行业新兴机构

尽管几百年来,银行业的本质从未改变,但因为科技的创新,银行的业务模式、运行方式已经发生过数次革命性的变革。从以物理网点为基础,到ATM机的出现,开辟了银行业"全天候在线"的时代。POS机的出现,推动现金支付向用卡支付的历史性跨越,借记卡、贷记卡飞速发展,彻底改变了人们的支付习惯和消费模式。网上银行以及手机银行的出现,实现了银行业务从线下到线上、移动端的迁移,也改变了银行的运营模式、业务逻辑和客户体验方式。数字经济时代，金融科技逐渐成为银行核心驱动力，商业银行纷纷加快数字化、智慧化转型，对内孵化重塑核心竞争力，对外合作补齐科技短板，主动拥抱金融科技。金融科技重塑商业银行的经营逻辑和发展生态，深刻改变银行业态，变革行业格局。

1. 银行系金融科技子公司

近年来，为摆脱银行传统体制的束缚，顺应互联网浪潮与新兴技术的变革，银行纷纷加大金融科技投入，每年将一定比例的营收投入到金融科技领域。银行系金融科技子公司应运而生，通过在场景、流量、客户、技术等方面的快速布局，实现科技赋能行内各项业务的同时又进行了科技输出。

微课：商业银行的金融科技布局

银行业设立金融科技子公司具有以下两方面的优势。一方面，金融科技业务有别于银行传统业务，独立化运作有助于迅速提升专业化管理优势、研发优势、激励机制等；另一方面，子公司的防火墙设置和保密机制加强，小型金融机构更易接受。因此，股份制大行纷纷设立金融科技子公司，既满足银行自身需求也对外提供技术服务，深化内外部开放合作，成为银行业未来发展重要趋势。

2015年，兴业银行旗下的兴业数字金融服务（上海）股份有限公司（简称"兴业数金"）开启银行设立金融科技子公司的模式，此后平安集团、招商银行、光大银行等股份制银行也纷纷加入设立金融科技子公司的行列。2018年，建设银行作为国有大行率先设立金融科技子公司建信金融科技有限公司（简称"建信金科"），随后工商银行和中国银行也开始跟进。同年，北京银行将此前全资控股的京辉投资改为北银金融科技有限责任公司，成为了首家独立设立金融科技子公司的城商行。

银行系金融科技子公司在股权结构方面，可分为合资型和全资型两类。合资型是指银行作为控股股东，通过和其他外部机构共同出资成立的金融科技子公司，例如兴业数金，由兴业银行与兴业财富、高伟达软件股份有限公司、福建新大陆科技集团有限公司、深圳金证科技股份有限公司共同出资设立。这种合资的股权结构兼顾了各方在银行、证券以及支付系统上的研发特长，可充分借助股东的技术、资源及人员优势共同发展。而建设银行、工商银行、中国银行三家国有大行均采用全资控股形式设立金融科技子公司，实现统一化管理，加强与银行内部联系。银行系金融科技子公司见表4-1。

表4-1 银行系金融科技子公司一览表

子公司（简称）	所属银行	成立时间	股权架构	服务对象	主要产品
兴业数金	兴业银行	2015年11月	合资，母行51%	中小银行、非银机构、政府与公共服务等	银行云、基础云、非银云、开放银行+智慧银行

105

续表

子公司（简称）	所属银行	成立时间	股权架构	服务对象	主要产品
金融壹账通	平安集团	2015年12月	全资，平安科技持股44.3%	银行、保险、投资等全行业金融公司	移动银行、壹企业、车险运营与服务、智能客服、智能保险销售管理、智能风控、壹企银、壹资管、资产负债管理、互联网银行平台等解决方案
招银云创	招商银行	2016年2月	全资	金融同业机构	专项咨询与服务、金融业务云、金融基础云
光大科技	光大银行	2016年2月	全资	光大集团和成员企业	集团内部云产品、缴费平台、各类解决方案等
建信金科	建设银行	2018年4月	全资	建行集团、同业、社会大众	金融机构、政府、企业、通用解决方案等
民生科技	民生银行	2018年4月	全资	民生银行、金融联盟成员、中小银行、民营企业、互联网用户	云产品、解决方案、技术服务等
龙盈智达	华夏银行	2018年5月	全资	华夏银行和同业	人工智能、物联网、大数据、云平台等
工银科技	工商银行	2019年3月	全资	工行及行业客户	系统研发、托管服务、生态云建设、科技产品输出、科创企业股权投资
北银科技	北京银行	2019年5月	全资	母行、投资机构、中小金融企业	北银科技

续表

子公司（简称）	所属银行	成立时间	股权架构	服务对象	主要产品
中银金科	中国银行	2019年6月	全资	中行及行业客户	集团内金融科技服务、外部金融科技服务、基础技术研究、金融云服务、其他行业云服务及金融科技资源整合

资料来源："慧博资讯"

2. 银行系电商平台

近年来，随着互联网金融蓬勃兴起，阿里巴巴、京东、苏宁等互联网公司和电商巨头凭借技术和商业模式的创新，纷纷将手臂伸向金融领域，占领原本属于银行的业务领域，银行感受到了前所未有的压力。为应对挑战，银行竞相迈出电商金融服务步伐，通过搭建电商平台，建立自身完整的产品生态圈。

从2012年起，建设银行、交通银行、中国银行、工商银行等多家银行陆续推出了各具特色的电商平台，如建设银行的"善融商务"、工商银行的"融e购"以及交通银行的"交博汇"等，力求通过全面的客户数据分析，稳定和开拓客户资源，创新金融服务，拓宽盈利渠道，最终实现自身的经营转型升级和可持续发展。银行系电商主要通过搭建商品交易平台，在平台上嵌入金融投资和融资服务，将存贷汇基础应用场景延伸到线上，使平台兼备商品交易、金融投资、融资服务三项功能。

依托银行良好的声誉和品牌，银行系电商平台拥有强大的信誉支撑，而存量的个人企业客户资源为平台的发展奠定庞大的用户基础。众多分支机构和庞大的一线柜台人员，使银行系电商平台能够依托实体网点，将产品由线上引到线下，提供线上线下相结合的用户体验。金融产品与服务嵌入是银行系电商平台的重要特色，也逐渐成为其核心竞争力。

除了为客户提供理财、贵金属、基金、保险等传统金融产品，银行系电商平台可以为小微企业和个人提供消费信贷，创造金融服务需求。如建设银行"善融商务"电子商务平台可以提供个人小额贷款、个人质押贷款等互联网金融服务，工商银行"融e购"平台提供有"逸贷"的在线贷款业务，为客户实现了消费信贷与银行电商平台的线上无缝对接。

然而，与传统电商平台相比，银行系电商平台设立时间短，用户体验不佳，客户黏度不高。因此，虽然目前国内银行普遍对自建电商平台的积极性较高,但其平台的知晓度、浏览量和成交量都较低。电商平台的核心竞争优势体现在用户体验上。而银行系电商无论在前端及后端的用户体验上,与阿里、京东等大型电商相比都存在一定差距。

4.2.2 银行业务创新

为适应经营环境与竞争环境的变化,解决商业银行在负债端、资产端、支付端面临的发展困境,商业银行运用金融科技寻找业务转型的切入点。人工智能、区块链、云计算、大数据、移动互联、物联网等为核心的金融科技飞速发展,提高了银行的支付结算、消费信贷、信用卡、财富管理、对公业务的效率,客户体验得到改善,金融科技对商业银行转型发展的赋能作用加强。商业银行的发展痛点与金融科技的赋能作用见表4-2。

表4-2 商业银行的发展痛点与金融科技的赋能作用

业务领域	发展痛点	金融科技的赋能作用
负债端	低成本资金流失	利用云计算、大数据、机器学习等技术打造平台化金融,提供全景化个人金融信息服务、企业人力资本金融服务、个人信用管理服务
负债端	传统财富管理服务依赖人工	利用大数据、智能投顾等技术提供高效低价的财富管理服务;引入智能投研
资产端	传统信贷领域高收益资产竞争激烈,普惠信贷覆盖力不足	以零售业务为突破口、创新发展消费金融,利用大数据、机器学习等技术提供消费信贷领域的场景化服务
资产端	传统的信息流和物流追踪主要通过单据、票证、抵押登记、现场勘验等方式,新兴信贷领域难以有效杜绝风险隐患	利用物联网技术提升存货监管有效性,区块链实现供应链金融中信息流、资金流、物流的可靠追踪,提高小微信贷、农业金融等新兴领域的风险甄别和管理能力,解决小微企业融资难、融资贵问题
资产端	传统信贷审批依赖人工经验、申请流程烦琐,风控能力有限,惜贷情绪高	利用大数据优化信贷审批、资金发放、贷后管理等流程服务、实现信贷业务全流程风险管理
支付端	支付转账烦琐,用户即时体验效果差	利用大数据、人工智能简化支付流程,优化客户体验,实现小额高频支付
支付端	支付清算尤其是跨境支付中间环节多、周转周期长、费用昂贵	利用区块链技术优化跨境支付清算基础设施

1. 负债端：发展平台化业务吸收低成本资金，打造智能投顾改善传统财富管理服务

商业银行吸收的居民储蓄存款，是商业银行主要的负债业务。随着互联网金融的高速发展，投资渠道逐渐多样化，创新型金融科技平台汇聚了大量小额资金的收支使用，分流了商业银行储蓄存款规模。储蓄存款短期化趋势，影响了银行的贷款业务发展规模。因此，增加低成本的储蓄来源，为客户提供高质量、低成本的理财服务，成为商业银行负债业务转型的关键。为此，银行通过搭建线上平台拓展低成本资金的获取渠道。

（1）利用新兴科技提供综合化、全景化的个人金融信息服务。银行通过利用新兴技术为用户提供全景化的个人金融信息服务，设计更具综合性的个人金融服务方案。通过一个账户绑定存贷业务、财富管理、投资理财、保险服务等综合服务，加强客户黏性进而提升资金吸纳能力。

（2）以账户管理为核心，为企业提供针对性的人力资源服务，拓展获客渠道，实现企业员工的资金沉淀。在互联网背景下，企业人力资本金融化成为一种趋势，越来越多的企业采用金融创新解决方案，通过利用外部金融机构来管理各种人力资源计划，如工资现金管理、员工个人财富管理、企业年金等，满足员工财富保值增值的需求。银行通过为中小型企业提供针对性的人力资源服务，实现企业和个人服务黏性，进而推广到提供相关金融服务。

（3）利用新兴科技提供个人信用管理服务。随着越来越多的个人用户都开始关注自身的信用状况，银行通过与金融科技公司合作搭建个人信用管理平台，实现多渠道的个人征信数据和报告汇集，为客户提供个人信用管理服务。同时，以该平台为基础，辅之以投资、理财、财富管理等金融服务功能，增强个人客户黏性，充分挖掘客户的派生需求。

传统的财富管理服务往往以理财经理、理财管理顾问为主体，在服务推介、客户管理等方面具有极高的人工成本，难以适应现阶段金融服务的大众普惠特征。而智能投顾的出现，实现了技术替代人工提供理财顾问服务，改善了传统投顾服务成本高、效率低、资产选择依赖人工经验、非理性化等缺陷，大规模复制服务长尾客户，实现普惠金融。在智能投顾模式下，银行基于用户的理财需求、资产状况、风险承受能力等因素，通过大数据分析用户个性化的风险偏好及其变化规律，以投资组合理论与风险偏好结合算法模型定制个性化的资产配置方案，并利用互联网进行实时跟踪调整，以提供更为高效率、低成本的财富管理服务，迎合大众理财的需求，发展前景广阔。

2. 资产端：消费信贷加强场景建设，依靠"区块链＋供应链金融"服务中小企业

近年来，资产端脱媒加速，直接融资占社会融资存量比重上升，上市公司和大型国企对商业银行信贷依赖度明显降低。越来越多的商业银行将零售业务作为提高信贷收益的突破口,推动零售业务智能化转型。随着供给侧结构性改革的深入推进使中低端制造业有效信贷需求下降,政府调控加剧房地产和基建行业信贷配置的不确定性,商业银行的信贷结构面临转型压力。因此,捕捉中小微企业及新兴领域的信贷需求、提高信贷风险识别和控制能力,成为商业银行信贷业务转型的关键。

(1)信贷业务向零售化转型,加快消费信贷场景化建设

银行传统信贷服务竞争已经白热化,难以实现资产收益的提升,而普惠金融领域,如收益率较高的大众化消费金融市场,前景广阔。依托雄厚的资金实力,商业银行是我国目前市场份额最大的消费金融提供者。而80后、90后年轻消费群体作为与中国互联网共同成长起来的一代,已逐渐成长为银行的核心客户。他们乐于借助杠杆消费,愿意尝试多样化融资服务模式,在追求品质生活的同时实现财富跨期配置,进一步推动我国消费金融的创新发展。

同时,金融科技为消费金融的发展奠定技术基础,利用大数据、人工智能等金融科技手段识别和开放依附于各个消费链条上的场景,将金融服务嵌入场景中,实现场景与金融服务的无缝对接。金融机构通过场景批量挖掘客户,聚焦用户特征,获取信贷客户消费能力和消费需求,向具备同类特征的客户群体提供信用贷款并深入挖掘其他方面的信贷需求,提高了精准营销能力。而场景中的客户资质、消费需求、交易行为、资金流向等信息,可用来对贷款用途的真实性和客户资质水平进行判断评估,预测客户还款能力,实现风险管理。目前,场景化已经成为消费信贷领域突破同质化竞争、抢占市场份额的主流方式。

(2)区块链突破供应链金融发展瓶颈,助力中小企业融资服务

长期以来,中小微企业因资产不足、信用缺失而遭到银行拒贷、惜贷的现象屡见不鲜。随着供应链金融的兴起,商业银行通过考察整条供应链而不是单个企业的信用状况来作出信贷决策,提升了中小微企业的信用水平和信贷能力。但在实际发展过程中,供应链金融仍遭遇了很多挑战,如信息不对称、授信对象存在局限性、难以风险控制等问题。

而区块链技术的出现,实现了供应链金融中交易信息的透明化,解决了信息不对称和银行授信对象局限的问题。通过将区块链应用于供应链溯源方面,银行业可以获取供应链中的各种信息,实现从原材料采购、商品生产加工、包装、运输、销售全供应链上"信息流、物流、资金流"信息记录、共享以及追踪。同时,区块链技术使中小微企业信用历史透明化,极大减少了中小微企业因为违约成本低而骗贷等行为。而核心企业无需对上下游企业进行信用捆绑,降低了银行面临的信用风险和系统性风险。

此外，区块链技术通过将产业链金融数字化可以大幅度减少人工介入，其多方认证、去中心化的特性免去了传统供应链第三方监管的部分，降低了欺诈等道德风险及操作风险，同时提高了运作效率。银行将金融科技应用于供应链金融如表 4-3 所示。

表 4-3　银行将金融科技应用于供应链金融一览表

银行	金融科技与供应链金融
工商银行	持续完善线上供应链融资产品体系，利用区块链技术创新打造核心企业信用跨层级流转工具"工银 e 信"，覆盖全产业链客户融资需求，积极拓展现代农业、IT 通信、航天军工、建筑安装等重点产业板块线上供应链业务
农业银行	创新推广供应链金融模式，发展"数据网贷"业务，向核心企业上下游小微客户提供全线上化融资服务。截至 2018 年年末，为众多核心企业的上下游小微企业发放贷款 2.3 万笔，总额达到 91 亿元
邮储银行	不断利用科技赋能，积极研发智慧、便捷、安全的区块链福费廷资产交易平台，持续优化在线供应链融资平台功能，满足重点客户产业转型升级需求，为 50 余家核心企业上游近 1 300 家供应商提供融资服务。仅 2018 年，贸易融资业务新发放金额 3 990.48 亿元
交通银行	发票云技术推动贸易融资进一步无纸化；大数据技术不断提高产业链金融风险识别能力；区块链技术在汽车物联网金融领域已落地应用；应收账款链业务快速推进
招商银行	前瞻布局产业互联网，开展供应链创新与应用试点，参与由央行牵头搭建的粤港澳大湾区贸易金融区块链平台建设，并落地同业首笔多级应收账款转让融资业务；作为石化行业龙头企业产业互联网一期项目的唯一合作银行，为其电商平台提供"云账单"B2B 账户综合解决方案；携手建筑行业龙头企业搭建基于区块链的产业互联网协作平台，聚焦集团成员企业的集中采购供应链融资服务
中信银行	深挖客户全产业链价值，创新推出"酒商贷""云链"等特色供应链融资项目，对公产品建设取得新的突破
民生银行	供应链金融事业部依托核心企业和交易平台深度挖掘行业，应用金融科技技术打造新供应链金融平台，通过系统直联打通产业链上下游，与核心企业互为平台、互为生态，初步形成生态圈雏形。截至 2019 年，已基本形成了以"民生 E 链"为品牌的供应链金融综合服务体系，包括"通"系列行业解决方案、"E"系列融资产品以及一系列结算理财等综合金融产品与服务

资料来源：上市银行年报，天风证券研究所

案例：金融科技重塑银行业——以工商银行为例

（3）大数据优化信贷业务流程，构建全面风险管理体系

传统金融业态下，企业和个人信贷申请受限于用户信用评估要求，流程较为烦琐。而金融科技通过打造大数据平台，实现信贷流程的低成本管理，在客户营销环节，通过对海量数据进行存储、清洗、分析、挖掘，掌握客户的行为特点和交易习惯，制定个性化营销解决方案，推出符合各类群体需求和风险偏好的信贷产品，从"依据经验"到"依据数据"，实现对客户的精准营销，预先测算出客户可接受的最大风险敞口，提高风险控制的效率。

在授信审批环节，大数据技术能够扩展信用数据的边界，将一些非传统信用数据作为非常重要的信用评估来源。例如，银行在评估客户信贷偿还能力时，不再仅以银行流水、固定资产等显性数据信息作为评估条件，在收集用户基础消费数据时依据高端奢侈品、金融理财产品及生活必需品等商品浏览习惯作为信息获取路径。通过对非结构化数据信息进行充分整合，分析其中是否存在非理性消费特征，进而利用客户评分模型、违约预测模型更加精准地定位客户的长期还款能力，给出合理的贷款定价。互联网贷款的大数据风控流程如图4-1所示。

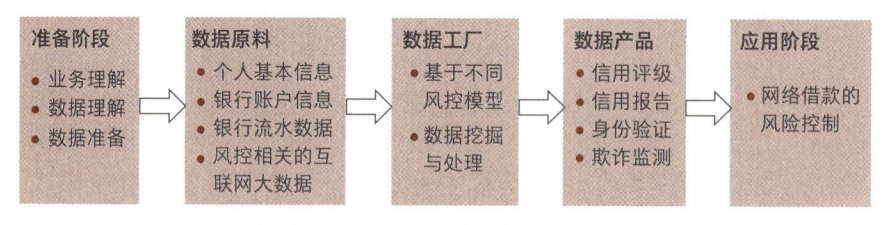

准备阶段	数据原料	数据工厂	数据产品	应用阶段
● 业务理解 ● 数据理解 ● 数据准备	● 个人基本信息 ● 银行账户信息 ● 银行流水数据 ● 风控相关的互联网大数据	● 基于不同风控模型 ● 数据挖掘与处理	● 信用评级 ● 信用报告 ● 身份验证 ● 欺诈监测	● 网络借款的风险控制

图4-1　互联网贷款的大数据风控流程

3. 支付端：大数据、云计算赋能移动支付

商业银行在移动支付领域起步晚、初期重视程度不高，导致部分中小商户的消费支付场景已经被支付宝、微信等第三方支付占领，商业银行手机银行存量用户数量较少。为提高竞争能力，商业银行应围绕自身特色和客户需求开展差异化支付业务，运用金融科技手段将银行的移动支付方式嵌入智慧支付的场景中，满足小额高频的支付需求。

（1）大数据应用于支付过程中的用户行为分析和交易欺诈识别。通过大数据精准提炼用户画像，实现精准营销，为特约商户定制财务管理、营销规划等服务，深度分析用户行为。同时，大数据可以利用账户基本信息、交易历史、位置历史、历史行为模式、正在发生行为模式等，结合智能规则引擎进行实时的交易反欺诈分析。

（2）生物识别技术提高支付的便捷性、安全性。在支付端，指纹识别、声纹识别、人脸识别等基于大数据基础上的人工智能识别技术被应用于支付交易

中用户身份识别和指令验证环节，与传统的身份识别和交易验证相比，生物识别技术具有精度高、速度快、防伪性好等特点，有助于提高客户体验和支付的安全性，有效削减欺诈和盗用等事件的发生。

（3）云计算提高支付业务系统承载能力。支付市场交易具有很高的波动性，其交易频次会在节假日期间出现突发性增长。云计算技术具有高扩展性、高连续性的特点，支付服务与云计算技术的结合，能够迅速扩张服务能力，动态支持海量支付交易和相关服务需求，提高支付业务系统承载力。

（4）区块链创新支付结算业务。使用区块链交易的执行、清算和结算可以同时进行，大大减少了结算的时间消耗。区块链针对传统支付清算痛点的解决方案见图4-2。

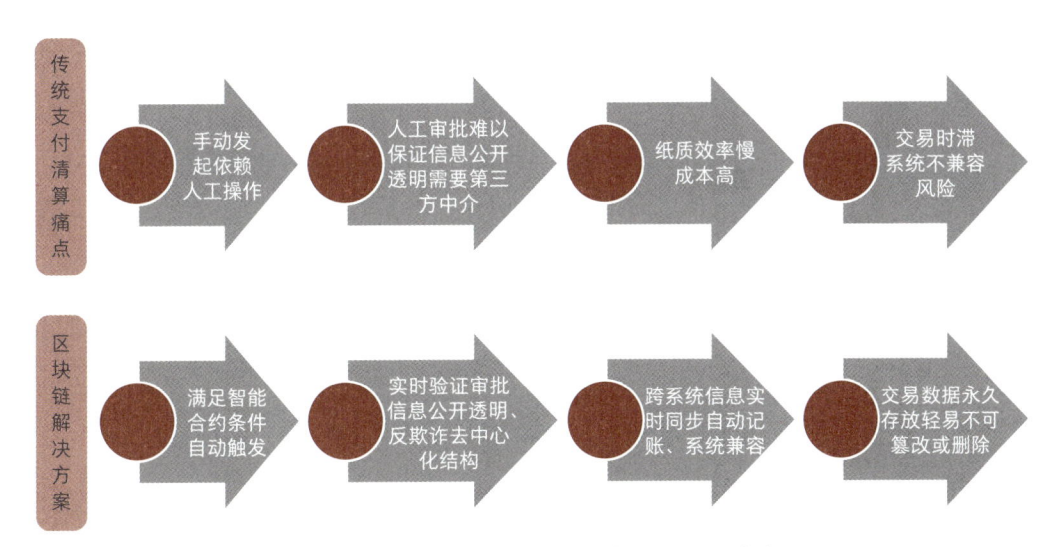

图 4-2　区块链针对传统支付清算痛点的解决方案

4.2.3　银行业务管理创新

金融科技同样可以赋能银行内部运营管理优化。

（1）市场和渠道分析优化。通过大数据，银行可以监控不同市场推广渠道尤其是网络渠道推广的质量，从而进行合作渠道的调整和优化。同时，也可以分析哪些渠道更适合推广哪类银行产品或者服务，从而进行渠道推广策略的优化。

（2）产品和服务优化。银行可以将客户行为转化为信息流，并从中分析客户的个性特征和风险偏好，理解客户的习惯，智能化分析和预测客户需求，从而进行产品创新和服务优化。如对大数据进行初步分析，通过对还款数据挖掘比较区分优质客户，根据客户还款数额的差别，提供差异化的金融产品和服务方式。

（3）舆情分析。银行可以通过爬虫技术，抓取社区、论坛和微博上关于银行以及银行产品和服务的相关信息，并通过自然语言处理技术进行正负面情感判断，尤其是及时掌握银行以及银行产品和服务的负面舆情信息，及时发现和处理问题；对于正面信息，可以加以总结并继续强化。同时，银行也可以抓取同行业银行的正负面信息，及时了解同行做得好的方面，以作为自身业务优化的借鉴。

（4）人力资源质量升级。银行网点是银行人力资源分布最多、最密集的地方，员工能力的缺乏是机器难以弥补的。网点不能单纯地培训员工如何使用智能产品，而应围绕员工建立完整的质量提升体系，对内提升网点员工的信息素养和业务水平，对外为员工制定合理的激励机制和考核办法。培训方面，利用人工智能结合虚拟现实技术营造真实业务场景，让员工在即时反馈下快速学习提升业务水平；利用基于知识图谱技术的智能辅助系统针对员工短板实现个性化培训。激励与考核方面，激励员工创新使用智能化方法服务客户、参与数据搜集与整合工作、参与智能金融产品的设计，提高员工的数据敏感度和信息化能力。利用人工智能形成多维度考核办法，并通过员工行为分析预判员工表现，动态优化考核指标，监督与辅助员工做到更好。

4.3 银行业业务发展趋势

4.3.1 未来银行业

银行发展历程见图 4-3。

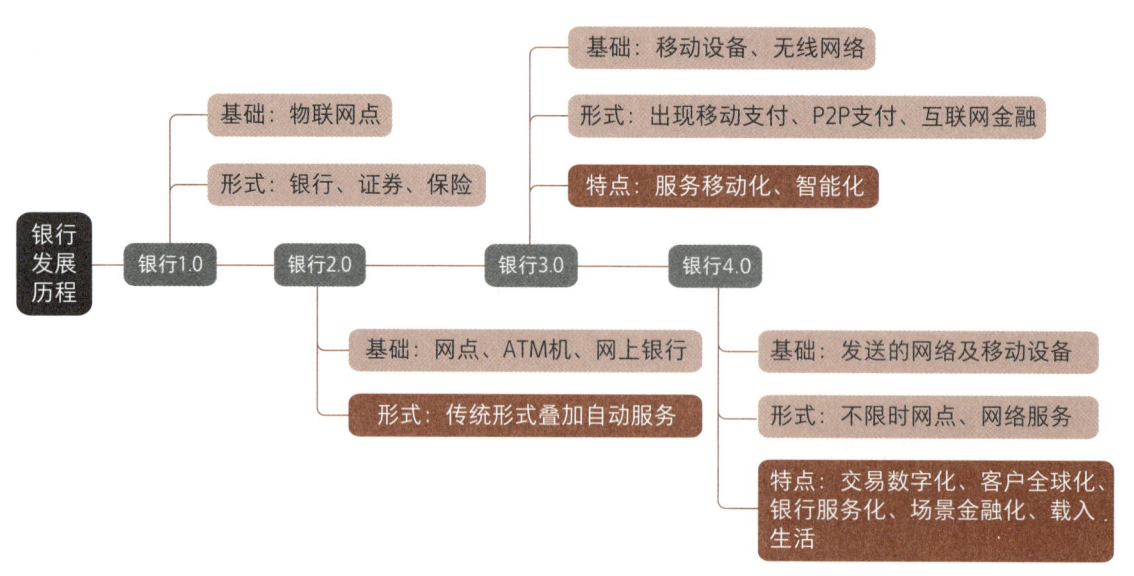

图 4-3 银行发展历程

近年来，随着金融科技的快速兴起，银行业乃至整个金融业开始发生深刻的变革。依托互联网思维的推动和科技实力的不断增强，商业银行从银行1.0 逐步发展到银行 4.0，实现从物理网点、电子银行到互联网银行再到开放银行的跨越式发展。

银行 1.0 是商业银行物理网点扩张阶段，追求规模效应，但投入产出比不断降低。银行 2.0 是商业银行物理网点与电子银行并存阶段，通过积极发展线上渠道，提高柜面替代率，提升服务能力和客户黏性。银行 3.0 是直销银行与互联网银行兴起阶段，商业银行不设立物理网点，业务全部线上化，全面运用互联网技术开展金融服务。银行 4.0 是开放银行探索阶段，商业银行主动开展跨界融合，全面运用金融科技变革服务模式，通过开放应用程序编程接口（application programming interface，简称 API）、软件开发工具包（software development kit，简称 SDK）等方式嵌入生态合作场景。

网络技术的金融服务正在极大冲击传统观念中对银行的理解。在过去，银行常常被理解为一个以线下渠道开展金融服务业务的场所，银行的业务开展依赖物理网点的布局。而未来，随着信息技术的进步，银行不再受到物理网点的束缚，通过互联网银行的服务被深深嵌入人们平时的生活中，银行在功能定位和服务形态上将被重新定义。

1. 未来银行的种类

在数字经济时代背景下，人类的衣食住行、思维偏好、认知行为都会产生数据，尤其是移动互联网、物联网、云计算、人工智能等技术的涌现，让人类的数据处理能力得到极大提升，数据成为了人类经济生活中必不可少的资源。在数字经济背景下"未来银行"掀起了第二波金融科技大潮，引领着金融行业未来发展。

未来银行，是将大数据视为如土地、资本、劳动力和技术一样重要的生产要素。在新的监管模式下，利用现代新技术、新工具对大数据进行重组配置，通过金融数据共享的方式，发现新需求、寻找新商机、创造新价值。未来银行主要有直销银行、互联网银行、开放银行等模式。

（1）直销银行。直销银行是移动互联网时代下的新型银行经营模式，主要通过线上渠道拓展客户，降低了银行网点的经营费用与管理费用，具有客群清晰、渠道便捷的特点。直销银行打破了传统银行网点在时间和空间上的限制，可以为客户提供全天候、不间断的金融服务，并能够更快地响应客户的各种金融需求，提供更好客户体验。

起源：线上银行技术（2014 年 2 月民生银行直销银行正式上线）。

模式：非独立银行，作为传统银行的事业部门，依托银行电子账户体系和独立 App 应用，将银行业务和服务互联网线上化。

优势：①"去实体化"的营销模式使其经营成本大为下降。直销银行借助于互联网技术和电子商务模式解决了传统银行门店多、效率低、成本高问题。②"薄利多销"的策略增强其综合竞争力。直销银行将用于维系固定网点的成本和费用节省下来让利于客户，给予客户更高的回报率。③"全天候不间断"服务扩大了服务面。传统银行受线下人工工作时间的限制无法提供 7×24 小时的服务，而直销银行利用互联网，大多数业务受理都可以由系统自动处理，客户服务时间不再受工作日限制，大大提高了业务处理效率。

代表：直销银行形式受中小商业银行的欢迎，很多中小商业银行都拥有自己的直销银行。

（2）互联网银行。互联网银行是指借助现代数字通信、互联网、移动通信及物联网技术，通过云计算、大数据等方式在线实现为客户提供存款、贷款、支付、结算、汇转、电子票证、电子信用、账户管理、货币互换、投资理财、金融信息等全方位无缝、快捷、安全和高效的互联网金融服务机构。互联网银行可以吸收存款，可以发放贷款，可以做结算支付。

起源：2014 年以来原中国银监会批准试点的民营银行中的一类。

模式：独立银行，基于互联网的综合金融服务，重线上薄线下，不需依靠大量线下门店和人员。

优势：① 无需分行，服务全球，业务完全在网上开展。② 拥有一个非常强大安全的平台，保证所有操作在线完成，足不出户，流程简单，服务方便、快捷、高效、可靠，真正的 7×24 小时服务，永不间断。③ "轻资产"、低成本，数字化属性更突出，产品和互联网便携式体验更全面和充分，更具规模、更高效和更灵活。④ 以客户体验为中心，用互联网精神做金融服务，共享，透明，开放，全球互联。

代表：2014 年以来中国银监会批准了 5 家试点民营银行的筹建申请，分别是前海微众银行、天津金城银行、温州民商银行、浙江网商银行和上海华瑞银行。微众银行邀请了多名原传统金融机构的高管加盟，并公布了管理层名单。董事长为平安集团前执行董事兼副总经理顾敏，行长由中国进出口银行原副行长曹彤担任，监事长由平安银行原董秘李南青担任。具备互联网基因的民营银行是浙江网商银行。

（3）开放银行。开放银行是一种平台生态的新服务模式，是银行业在数字化转型的新阶段。银行机构基于移动互联网、云平台等融合发展，利用 API/

SDK等技术手段，通过开放平台向第三方合作伙伴开放数据、或功能、或技术，以用户需求为导向共同创新金融产品及服务，以场景为载体连接及服务用户，形成银行新的商业生态，拓宽银行服务边界，实现银行服务升级并创造新的价值。

开放银行通过与第三方开发者、金融科技公司、供应商等其他合作伙伴共享数据、算法、交易、流程及其他业务功能，重构金融生态系统，创造新的商业价值。开放银行的核心是数据双向开放，在开放银行模式中，银行既是数据的提供者，也是数据的接收者，银行相当于把自己的数据资源、销售渠道及后台核心系统商业化，将数据资产作为新的利润增长点。在这种"银行即服务"的理念下，银行与金融科技公司的关系从相互竞争转变为协同创新。

开放银行成为近年来国内外银行转型的新浪潮。工商银行、建设银行、招商银行、兴业银行、光大银行等纷纷展开探索，通过开放API，实现金融和生活场景的链接。开放银行将基于用户数字化，利用新技术助力银行从数据到服务平台化共享，使银行服务嵌入到人们生活的方方面面，人们不再局限于银行网点就能获取无处不在的金融服务，因而被视为银行4.0的起点。

起源：中国人民银行2012年提出概念，2013年正式发布中银开放平台。2018年7月，浦发银行在北京率先发布"API Bank"无界开放银行，标志着国内首家开放银行落地。

模式：业务驱动的生态圈模式、金融科技创新模式、金融服务平台化模式。

优势：通过能力开放，创新合作模式；适应于服务场景化金融模式；易被学习推广，形成银行新的商业生态。

代表：业务驱动的生态圈模式。新加坡某银行，以某行业生态圈为例，通过智能终端设备为载体，建立内部支付体系，优化参与者的互动模式，布局生态圈。

金融科技创新模式。英国某银行，通过开放API，开放系列金融服务能力，与创新金融科技公司合作，围绕着这些金融服务能力，提供一系列创新科技解决方案。

金融服务平台化模式。澳大利亚某银行，通过改造核心系统、前中后台系统和流程现代化、模块化，内部设立多个创新平台并对其开放API接口，覆盖其对公、零售、机构等主要业务线，使平台能够以标准化、系统化模式运行，快速实现产品交付。开放银行主要模式见图4-4。

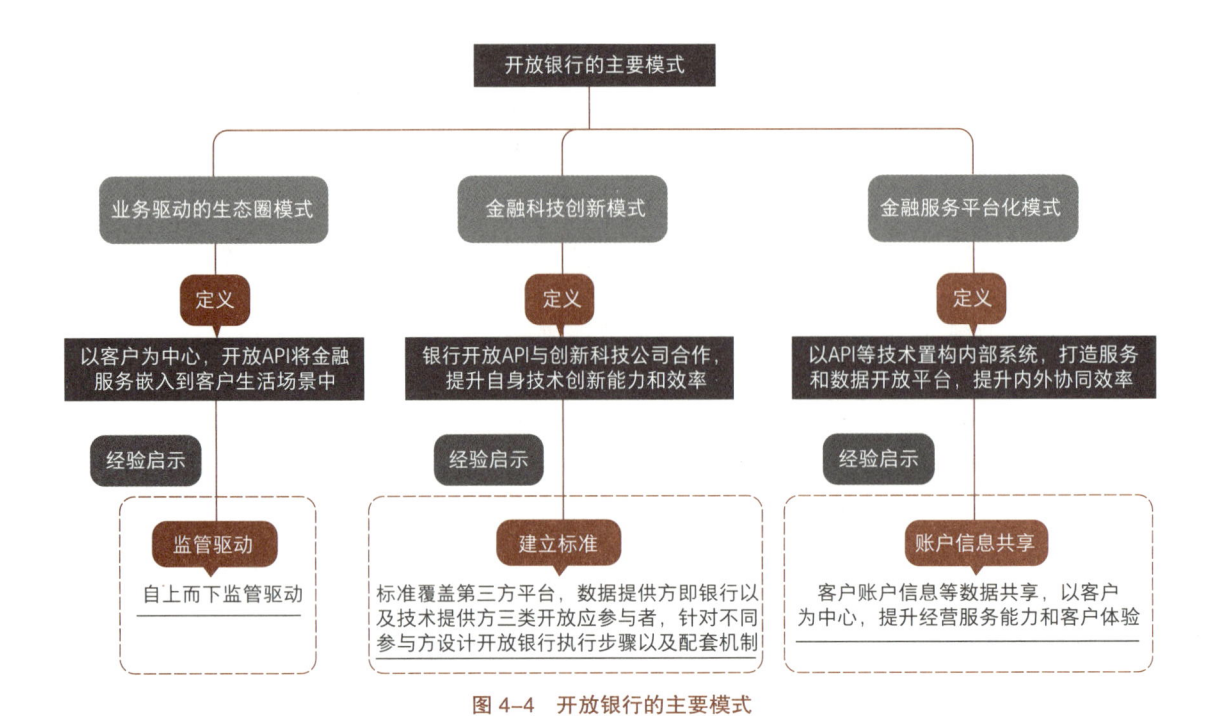

```
                    开放银行的主要模式
        ┌──────────────────┼──────────────────┐
   业务驱动的生态圈模式      金融科技创新模式        金融服务平台化模式
        │                  │                  │
       定义                定义                定义
   以客户为中心,开放API将金融  银行开放API与创新科技公司合作,  以API等技术置构内部系统,打造服务
   服务嵌入到客户生活场景中    提升自身技术创新能力和效率      和数据开放平台,提升内外协同效率
        │                  │                  │
      经验启示             经验启示             经验启示
       监管驱动             建立标准            账户信息共享
   自上而下监管驱动       标准覆盖第三方平台,数据提供方即银行以  客户账户信息等数据共享,以客户
                        及技术提供方三类开放应参与者,针对不同  为中心,提升经营服务能力和客户体验
                        参与方设计开放银行执行步骤以及配套机制
```

图 4-4 开放银行的主要模式

大型银行和金融科技机构率先探索,各类银行纷纷入局,加快探索创新模式。直销银行、互联网银行、开放银行都是银行业数字化的探索实践,其实质都是银行业基于技术在银行业数字化过程中的不同应用水平和发展模式选择;直销银行主要是传统银行金融机构基于互联网开发的数字化业务,中小商业银行因展业需要较多选择该模式尝试实践;互联网银行主要是几家新型民营银行基于互联网基因的实践探索;开放银行是一个开放的生态系统,能有效连接和转化各参与方的能力合作共赢。

2. 未来银行核心因素

新时代必须利用新技术,形成新能力,通过构建新的商业模式转化矛盾。银行要积极利用新技术创新体制机制,突破传统银行痛点,全面建设以客户为中心的金融科技"六大能力",积极构筑未来银行发展新模式。

(1)产品工厂能力。伴随着金融市场不断成熟,面向大规模客户的产品定制能力将成为未来银行的核心竞争力之一。参考全球制造业成功转型的经验,银行可以采取产品工厂发展模式,理顺产品结构、参数体系、服务流程等,将产品"解构"为标准化"零部件",通过建模拼装或平台自组织模式,结合客户分层、生命周期、渠道分销、定价机制等快速组装形成新的产品服务,从而使原来复杂冗长的创新过程,变得灵活、快捷、高效,形成快速响应市场的产品创新能力。

(2)场景融合能力。未来银行不再是一个地方,而是一种行为。当前场景生态趋势已明朗，如支付产品与电商场景无缝衔接，网络贷款产品与在线消费场景等逐渐融合。未来银行在不断丰富开放平台、标准化应用程序接口（API）的同时，应具备建立服务总线并明确业务规则与机制，将专业的金融服务封装为标准化产品，无缝嵌入到客户生态场景中，强化触点延伸、场景融合能力，打造泛在化金融服务新模式。

（3）数据洞察能力。数据是银行的核心资产，由于数据标准不统一、数据应用无章可循等原因，金融大数据应用并不活跃，导致海量的结构化数据躺在数据集市和数据库中。银行应该从数据标准起步，逐层递进做好数据治理、数据管理、大数据应用，打通数据的内外边界，最大程度释放数据的流动性和效用性。通过大数据分析构建客户画像、洞察客户需求，发现、获得、培养客户，提高客户忠诚度；同时加强大数据在精准营销、风险管理、征信分析等方面的深入应用，充分挖掘大数据在风险识别、监测、定价方面的核心价值，提升数据洞察能力。

（4）智能服务能力。随着自然语言处理、语义分析、深度学习等技术逐步成熟，未来银行在人工智能等新技术上，应与金融市场、财富管理等业务充分融合，布局量化交易、智能投顾、智能客服、精准营销、风险防控、客户身份认证等业务领域，与现有业务模式"双线并行"。利用新技术和数据训练模型，并利用反馈数据进行深度学习迭代，待模式成熟后全面推广，厚积薄发，具备面向未来的智能服务能力。

（5）云服务能力。随着互联网用户量和数据量增速攀升，银行需要构建云服务能力，以处理高并发交易、实现弹性扩容、降低运营成本、提升服务效率等。初期可搭建部署云服务基础设施，提供IaaS服务，实现按需资源调度；再逐步扩展PaaS服务，对银行内外开放开发测试平台环境，融合众包智慧；重点加强基于SaaS的企业应用服务建设，丰富银行云服务能力，全方位提供金融与非金融服务。

（6）风险防控能力。因互联网具有传播面广、虚拟性强、复杂性高等特点，金融科技风险可能引发连锁反应，进而影响金融体系安全。银行现有业务风控手段侧重于事前防控，一定程度上影响了客户体验。面对新形势下跨境、跨业、跨界所带来的欺诈、信用、操作、合规等风险，银行应借助新技术，加强数据整合与分析、风险监测与预警、风险响应与处置、智能认证、风险地图以及运营支撑等能力建设，形成覆盖事前、事中、事后的全流程风险管控体系。

4.3.2 银行业面临的挑战

1. 商业银行创新转型面临的矛盾

商业银行创新转型面临五大矛盾，分别是风控与体验的矛盾，标准与个性的矛盾、封闭与开放的矛盾、分散与协同的矛盾、稳健与敏捷的矛盾。

（1）风控与体验的矛盾。当前金融风险防范及网络安全面临更加严峻的形势，银行内部风险管控措施层层叠加，极大增加了业务复杂度，影响了客户体验。以在线支付为例，金融科技公司体验快速便捷，银行电子渠道交易需多重因素认证。

（2）标准与个性的矛盾。互联网时代消费者主权上升，客户不再满足于传统银行提供的标准化产品和服务，个性化服务需求不断提高。受当前业务架构及客户分层等因素制约，银行难以提供灵活弹性、因客定价、个性化的服务。

（3）封闭与开放的矛盾。未来客户金融需求更广泛地存在于其生活场景中，银行服务渠道经历了从柜台到自助、从网银到手机银行的迁移路径，目前产品及渠道体系相对封闭，较难很快向外开放、输出至互联网生活场景，从而为客户提供泛在化的金融服务。

（4）分散与协同的矛盾。传统银行有比较浓厚的"部门银行"色彩，产品权限分散在各部门，跨部门协同效率低，造成客户服务流程割裂，难以实现服务协同整合，不能以客户为中心提供"一点接入、全程响应"的穿透式服务。

（5）稳健与敏捷的矛盾。以往金融市场变化不快，银行IT支撑系统主要考虑交易安全性、业务连续性等因素，基础设施大多为主机、集中式存储等，较少考虑敏捷迭代、资源效用等问题。科技发展和市场变化，要求银行快速响应市场需求，而现有架构难以满足互联网模式的海量并发及高效处理要求，产品开发机制也难以满足快速迭代、快速交付的敏捷业务需求。

2. 商业银行面临的挑战

（1）政策驱动。系列政策鼓励金融科技发展，如推动互联网、大数据、人工智能和实体经济深度融合，加快促进银行业布局金融科技。与此同时，中国人民银行先后制定发布了多项金融科技标准，且正积极研究制定大数据、区块链、开放银行等标准规范。大势所趋，商业银行不能故步自封，应务必做出改变。

（2）技术发展。移动互联网、云计算、大数据、人工智能等技术突飞猛进，与银行业融合为开放银行转型提供了必要的技术环境。API技术的应用在全球快速发展，成为驱动数字革命的重要力量。API作为不同生态成员之间的连接器，在构建生态黏性、缩短生态距离、拓展生态边界等方面发挥重要作用，成为数字生态银行转型的重要抓手。

（3）市场与客户需求变化。新技术与金融业务深度融合催生出移动支付等金融科技新业态，给金融业高质量发展带来前所未有的重要机遇。同时，随着金融科技的发展，用户的需求也在不断提升，金融需求进一步升级，个性化、场景化以及一站式的金融需求更加强烈。

（4）竞争与合作变化。经营压力增大、传统业务拓展乏力、面临外部金融科技公司挑战，这些驱动银行转向以客户为中心探索开放共享的合作模式。银行将各参与方视为生态合作伙伴关系，不再是原来的甲乙方关系，各参与方能力共享、价值共建，共同解决用户痛点，为用户提供优质服务。

4.3.3 银行业应对策略

1. 银行应对的核心理念

中国银行业积极拥抱 API 经济，加快驱动银行业探索新领域 API 是数字时代的流量连接器。API 经济模式已从互联网行业渗透到金融、酒店、物流、医疗等行业，通过 API 技术，连接各行业实现资源价值最大化。据数据显示，2018 年全球 API 经济市场规模超 2 万亿美金。面对万亿经济规模市场，中国银行业"十三五"发展规划就提出深化科技创新，提升应用架构开放性、开放应用接口等。

API 接口作为目前金融数据和服务在平台内和平台之间共享的主要手段，而 API 经济具有开放式、跨界、价值重塑等特点。在应对当前新需求前提下，银行业应以 API 为接口，在同业间和跨界平台、跨界企业中释放服务能力和数据价值，以给消费者提供更好的服务体验、在新的生态体系中创造新的价值为核心理念。API 经济如图 4-5 所示。

图 4-5 API 经济

2. 银行开放路径

（1）数据开放。打通数据和共享，利用数据驱动业务创新，实现用户数字化、渠道数字化、服务数字化，让客户能及时从数字化渠道获取服务，是未来真正开放银行的模式。现阶段由于数据标准和规范、数据安全等问题，更多为内部开放、内部创新。

（2）服务开放。将产品以 API 等形式嵌入到用户的生活场景中，将其银行业务通过各个场景植入到各类商业生态中。互联网加快跨界融合与竞争，为银行通过场景生态开放服务提供便利，因此在现阶段更具普遍性。

（3）平台开放。通过自建或与科技机构联合创新方式打造本行的金融开放平台，以科技赋能银行产品及服务的创新，并赋能本行、同业及合作伙伴，推动规模化数字化转型。科技驱动创新变革愈受重视,大行和创新型银行趋于从技术导向建立竞争优势。

3. 银行开放实践模式

(1)自建模式。银行自建开放平台,业务场景、技术支持、流量入口和金融服务都由银行自身或者银行所属集团建设。该模式可以保障产品服务与业务场景的绝对融合,并且一旦建设成功就会形成自己独特的竞争优势。可能存在相对风险高、投入大、周期长的风险。

(2)投资模式。银行通过股权投资、兼并收购等方式,基于利益/风险共担的原则,与金融科技公司、互联网平台等合作。银行投资主要方式有内部专设风险投资或战略投资部门、建立独立的风险投资基金、通过自身资产负债表投资。

(3)合作模式。银行与金融科技公司等开放银行生态参与者,利用金融科公司开发的产品或服务、组建合作网络、流量/线索购买、合营企业或合创服务等合作。具有银行无须投入大量的时间和资源,执行快、灵活性强,短期内可以快速盈利的特点。可能存在合作信用风险,合作各方的约束力等风险。适用于风险容忍度较小的企业。

(4)联盟模式。与其他银行、金融科技公司等参与者组建联盟,联盟成员之间进行数据交换、科技交流、客户共同维护等深度合作。联盟模式可以共享资金、技术、人才等,在不影响自身业务的情况下可以降低投入成本。以创投机构核心,构建金融一体化生态圈。城商行、农商行偏向,更容易参与到开放银行生态建设中。

监管专栏

银行业金融科技相关监管政策

1.《中华人民共和国商业银行法》自1995年颁布以来第三次修订

过去十余年来,我国银行业飞速发展,参与主体数量急剧增加,规模持续壮大,业务范围逐步扩展,创新性、交叉性金融业务不断涌现,立法和监管面临很多新情况。

2020年10月16日,中国人民银行就《中华人民共和国商业银行法(修改建议稿)》公开征求意见,这也是《中华人民共和国商业银行法》(简称《商业银行法》)1995年颁布以来第三次启动修改,将可能是修改幅度最大的一次。起草说明显示,现行《商业银行法》共九章95条。《修改建议稿》共十一章

127条，其中整合后新设或充实了四个章节，分别涵盖公司治理、资本与风险管理、客户权益保护、风险处置与市场退出。

（1）扩大法律适用主体范围。修改建议稿首次将村镇银行纳入商业银行范畴，同时还提出，开发性金融机构、政策性银行、农村信用合作社、农村合作银行、企业集团财务公司、金融租赁公司、汽车金融公司、消费金融公司等办理商业银行业务的机构，也适用本法。与此同时，修改建议稿明确了银行分类准入条件和差异化监管机制。

（2）完善商业银行公司治理。修改建议稿新设第三章"商业银行的公司治理"，坚持问题导向，进行全面明确的规定。如在股东资质与行为方面，吸收现行监管制度中的有益做法，增设股东义务与股东禁止行为，如要求股东"逐层说明其股权结构直至实际控制人"。

（3）健全风险处置与退出机制。修改建议稿将现第七章整合充实为第九章"风险处置与市场退出"，进一步细化了风险处置要求，明确建立风险评级和预警、早期纠正、重组、接管、破产等有序处置和退出机制，严格处置条件，规范处置程序，重点是新增接管条件、接管组织职责、过桥商业银行要求，并细化破产清偿顺序。

（4）调整商业银行经营规则。一方面，修改建议稿减少行政约束，尊重商业银行自主经营权，对贷款担保、利率、账户等条款进行修改。另一方面，修改建议稿突出金融服务实体经济导向，强调区域性银行未经批准不得跨区域展业。

（5）规范客户合法权益保护。修改建议稿新增第六章"客户权益保护"，对商业银行营销、信息披露、客户适当性管理、个人信息保护、收费管理等客户保护规范作出详细规定。例如，强调不得过度放贷和掠夺性放贷，不得提供明显超出客户还款能力的授信；不得捆绑销售，或者在合同中附加不合理的交易条件等。这些条款将此前保护金融消费者权益的规定提到法律高度。

2. 互联网贷款新规出台

2020年7月，原中国银保监会正式发布《商业银行互联网贷款管理暂行办法》，该办法从商业银行、助贷平台、借款人等多个层面规范商业银行互联网贷款业务经营行为，以促进互联网贷款业务获客、产品设计、风控、催收等环节合规发展。毫无疑问，《暂行办法》将成为互联网贷款业务发展的"加速器"，加快互联网贷款业务蓬勃发展。

办法指出，互联网贷款应当遵循小额、短期、高效和风险可控的原则。单户用于消费的个人信用贷款授信额度应当不超过人民币20万元，到期一次性还本的，授信期限不超过一年。中国银行保险监督管理委员会可以根据商业银行的经营管理情况、风险水平和互联网贷款业务开展情况等对上述额度进行调整。商业银行应在上述规定额度内,根据本行客群特征、客群消费场景等,制定差异化授信额度。

3. 监管明确民间借贷"利率红线"

2020年7月22日,最高人民法院与发改委共同发布《关于为新时代加快完善社会主义市场经济体制提供司法服务和保障的意见》。其中明确,促进金融和民间资本服务实体经济,修改完善民间借贷司法解释,大幅度降低民间借贷利率的司法保护上限,坚决否定高利转贷行为、违法放贷行为的效力。

不到一个月,即8月20日,最高人民法院发布新修订的《最高人民法院关于审理民间借贷案件适用法律若干问题的规定》。此次修订,是针对2015年8月《最高人民法院关于审理民间借贷案件适用法律若干问题的规定》的一次重大调整,修订核心为大幅下调民间借贷利率上限。

延伸案例

美国互联网银行

1. 美国主要互联网银行

1.1 Axos Financial Inc:房贷为主的O2O模式

Axos系通过互联网渠道开展银行业务的典范,除总部外,不设立营业网点,盈利能力和成长性远高于传统银行,规模快速扩张。截至2020年6月,公司总资产规模达138.5亿美元,实现净利润1.83亿美元。此外,Axos Financial Inc通过运用科技手段,降低了成本,保持了低不良率。Axos Financial Inc的贷款方式相较于传统银行更加灵活。对于小额贷款,申请者可直接网上进行申请、网上审批放贷,而除零售渠道外,还与独立的抵押贷款公司或经纪人合作,从传统渠道方面挤压线下银行的生存空间。业务模式方面,住房抵押贷款占比最高但有所下降,风险更高的高利率商业贷款占比有所提升。2016年以来,商业及行业性质贷款占比快速提升,主要系公司利用长期积累的数据及数据分析技术,在贷款对象风险研判领域能力增强,因此得以通过高收益率贷款打平高存款利率带来的成本压力。通过高利率存款实现引流,低运营成本显著对冲负债端压力。2012—2019年,Axos Financial Inc存款规模由16.2亿美元增长至113.4亿美元,年均复合增长率(compound annual growth rate, CAGR)达32%,存款主要为储蓄存款及有息活期存款。除本身提供高利率存款产品外,同时通过咨询公司、移动互联网广告等渠道扩大辐射人群范围，着力吸引年轻的Z世代①人群。存款成本方面，2016—2019年存款利率逐年提升至1.7%左右，高于同期传统商业银行利率，2020年第一季度受货币政策影响存款利率下降至0.8%左右。此外，净息差位于3.7%左右，保持较为稳定的状态，同时随着规模的扩张，不良贷款率有所提升。

1.2 Ally Bank：高息揽储、薄利多销的汽车金融银行

Ally Bank系Ally Financial的银行部门，后者前身为通用汽车公司于1919年成立的通用汽车验收公司（GMAC），从事汽车客户融资服务，目前通过汽车金融、保险、互联网存贷、财富管理等综合金融业务形成金融生态圈。截至2020年6月，Ally Bank资产规模超1700亿美元，但近年增速有所放缓。Ally的汽车金融业务基础为Ally Bank提供客户引流的天然优势，同时Ally体系丰富的金融产品提升了Ally Bank客户的黏性与生命周期价值，叠加显著高于传统银行的存款利率（在线储蓄账户年化收益率可达1%，而传统银行为0.01%），吸储规模实现快速扩张。业务模式方面，公司以汽车金融服务为主，主要资产为各类汽车贷款（占比50%左右）。不同于其他互联网银行，Ally Bank采取薄利多销战略，其净息差、贷款收益率近年来有所上升，但仍低于同业。

1.3 Discover bank：信用卡业务优势构筑高竞争壁垒

Discover Bank母公司DFS发行的Discover Card系是美国仅次于VISA、万事达、美国运通的第四大信用卡品牌，积累了海量客户数据与品牌口碑。Discover Bank作为其银行业务部门，利用信用卡流量优势实现了快速发展。然而近年来收入放缓，截至2020年6月，资产规模1100亿元左右。业务模式方面，Discover Bank以信用卡贷款为基础，通过持卡人数据积累，逐步拓展至个人贷款、学生贷款等其他零售银行贷款业务领域，目前信用卡贷款占比超78%。与多数互联网银行相似，Discover Bank通过高存款利率、低贷款利率的策略吸引大量客户，并通过较低的流量成本及运营成本对冲。同时，由于消费类贷款占据主要地位，Discover Bank的不良贷款率高于其他互联网银行。

2. 高运营效率叠加薄利多销模式构筑互联网银行竞争优势

2.1 互联网银行虽体量较小，但近年增速远超传统银行

截至2019年年末，Axos Financial Inc总资产规模达到近100亿美元，Ally Bank资产总额达790亿美元，十年间均实现了超过10%的年均复合增速，Discoery Bank也突破了500亿美元资产大关。其中，尽管Axos Financial Inc

---

① Z世代：是美国及欧洲的流行用语，意指在1995—2009年出生的人，又称网络世代、互联网世代，统指受互联网、即时通信、智能手机和平板电脑等科技产物影响很大的一代人。

体量从绝对值上是最小的,但其增长速度也是最快的。2009—2016年的年化增长率高达21.5%。

2.2 互联网银行运营效率大幅优于传统银行

美国互联网银行中,除了Discover Bank以信用卡贷款为主,营销及渠道类成本相对较高外,以Axos Financial Inc和Ally Bank为代表的大部分互联网银行运营成本相对传统银行都更低。如图所示,Axos Financial Inc凭借合理的净息差、更低的非利息成本、更高的杠杆实现了远高于行业平均的盈利水平。Ally Bank也不遑多让,其非利息费用占总资产的比例均低于2.0%,而其他传统银行均高于这一数值。对于银行的资产负债表而言,运营效率的增加带来的成本下降是非常关键的。

2.3 互联网银行人效更高

相比于传统银行,美国互联网银行的人均资产/利润更高。即在人均资产管理规模大致相当的情况下,以Axos Financial Inc为代表的美国互联网银行实现了接近80%的额外利润,其人均利润达到了惊人的16万余美元,相比于行业均值约95万美元,具有非常巨大的优势。这说明互联网银行在服务客户时,能够将其吸引到利润更高的部门。用户黏性较大,从而形成正向循环。

2.4 互联网银行净利息收入占资产比例更高

互联网银行享受着更高的净利息收入占比。Axos Financial Inc以将近4.5%的占比遥遥领先,Ally Bank也超过行业均值近一个百分点。尽管为了吸引客户,互联网银行普遍采取低息差战略。但其净利息收入占总资产的比例却远高于传统银行,这是由许多因素导致的。如之前提到的,由于互联网银行运营效率更高,节省了非利息支出,人效比高,单个工作人员可以承揽更多业务,以及互联网银行采取了其他策略,如更高的杠杆等。

2.5 互联网银行盈利能力更强,资产回报率更高

综合诸多因素,美国互联网银行享受了更高的资产回报率,资产回报率(ROA)、净资产收益率(ROE)更高。以Axos Financial Inc为例,其ROA达到了1.80%,远高于行业平均水平0.40%。而其ROE水平更是达到20%,接近于行业均值4%五倍的水平。这样巨大的差异昭示了极大地发展潜力,使得互联网银行在美国资本市场大受追捧。Axos Financial Inc也因此成为了美国资本市场一颗冉冉升起的新星。

◆ **案例分析**

美国的互联网银行从本质上并未改变银行的业务内容与可触达的客群,仅通过线下业务线上化,通过对线下运营网点的取代降低运营成本,同时凭

借较高的存款利率引流，强科技属性的风控措施保证"薄利多销"的可行性，通过优于传统银行的价格及风险控制，实现规模与利润的快速扩张。

实训练习

帮银行找定位

1. 实训背景

2014年2月，民生银行秉承着"简单的银行"服务理念，突破传统实体网点经验模式，创新推出了"如意宝""惠选宝""民生金""基金通"等一系列备受市场青睐的纯线上金融产品，成为了中国首家成立直销银行的商业银行。民生直销银行想要将客户群体定位在年轻人群体中。

2. 实训内容

（1）试分析年轻群体的特点，帮助民生银行更精准地定位客户群体（可绘制用户画像）。

（2）根据用户特点，请提出民生直销银行的价值主张，打造适合该群体特点的银行。

（3）对未来银行发展趋势进行分析，试为民生直销银行找到未来发展之路。

课后习题

1. 单选题

（1）（　　）不属于政策性银行或开发性金融机构。

　　A. 国家开发银行　　　　　　B. 中国交通银行
　　C. 中国进出口银行　　　　　D. 中国农业发展银行

（2）（　　）是指业务拓展不以实体网点和物理柜台为基础，不受时间和地域限制，通过电子渠道提供金融产品和服务的银行经营管理模式。

　　A. 直销银行　　B. 互联网银行　　C. 开放银行　　D. 商业银行

（3）开放银行的核心是（　　）。

　　A. 24小时服务　　　　　　B. 线上拓展客户
　　C. 数据双向开放　　　　　D. 信息高效

（4）在银行发展历程中，银行3.0阶段是（　　）。

A. 商业银行物理网点扩张阶段

B. 直销银行与互联网银行兴起阶段

C. 商业银行物理网点与电子银行并存阶段

D. 开放银行探索阶段

（5）未来银行，是将大数据视为如土地、资本、劳动力和技术一样重要的生产要素，在新的监管模式下，利用现代新技术、新工具对大数据进行重组配置，通过（　　）的方式，发现新需求、寻找新商机、创造新价值。

A. 网络交互　　　　　　　　B. 门店传递

C. 金融数据共享　　　　　　D. 云计算

（6）（　　）不属于未来银行的核心因素。

A. 产品工厂能力　　　　　　B. 场景融合能力

C. 数据洞察能力　　　　　　D. 标准化服务能力

2. 多选题

（1）（　　）属于股份制商业银行。

A. 招商银行　　　　　　　　B. 中信银行

C. 中国民生银行　　　　　　D. 浙商银行

（2）（　　）属于当前全球银行业的发展趋势。

A. 银行业的竞争与发展日趋全球化

B. 逐步向金融综合化经营模式转变

C. 银行业金融创新速度加快，专业化要求提高

D. 国际金融监管加强，充实防御系统性风险

（3）（　　）属于我国银行业普遍存在的问题。

A. 过分强调"存款立行"，搞存款竞争，阻碍自身和经济正常运行

B. 资产管理不善，不良贷款比率高，贷款风险防范机制不健全

C. 人员素质水平普遍不高，技术装备落后

D. 经营品种单一，缺乏金融创新

（4）（　　）属于银行业务管理创新。

A. 利用人工智能打造智能化银行

B. 打造数字银行、开放银行

C. 网点业务布局优化

D. 集中营销大户

（5）开放银行通过与（　　）等其他合作伙伴共享数据、算法、交易、流程及其他业务功能，重构金融生态系统，创造新的商业价值。

A. 第三方开发者　　　　　　B. 金融科技公司

C. 供应商　　　　　　　　　D. 政府部门

（6）未来银行的种类有（　　）。
　　A.电商银行　　　B.互联网银行　　C.开放银行　　　D.直销银行
（7）开放银行的模式有（　　）。
　　A.业务驱动的生态圈模式　　　　B.数据驱动模式
　　C.金融科技创新模式　　　　　　D.金融服务平台化模式

3. 判断题

（1）城市商业银行是中国银行业的重要组成和特殊群体，其前身是20世纪80年代设立的城市信用社。（　　）

（2）我国银行业业务范围向新兴业务拓展，承担诸如交易、结算、结售汇、跨境资金划拨等基础功能。（　　）

（3）为适应经营环境与竞争环境的变化，解决商业银行在负债端面临的发展困境，银行应加强场景建设，依靠"区块链＋供应链金融"服务中小企业。（　　）

（4）直销银行是移动互联网时代下的新型银行经营模式，主要通过线上渠道拓展客户，降低了银行网点的经营费用与管理费用，具有客群清晰、渠道便捷的特点。（　　）

（5）直销银行是一种平台生态的新服务模式，是银行业在数字化转型的新阶段。（　　）

（6）未来银行中银行和客户构建直接联系，银行通过自己的服务渠道为客户提供标准化、流程化的产品和服务，银行产品和渠道是客户获取银行相关的产品及服务的唯一途径。（　　）

4. 简答题

（1）请分四个阶段简述银行的发展历程。
（2）请简述未来银行各类别之间的区别与联系。
（3）请简述商业银行面临的挑战有哪些。

5. 分析应用题

请结合众邦银行或苏宁银行的发展模式，谈谈我国商业银行未来发展路径。

Chapter

05

第 5 章
证券业金融科技

- 5.1　证券业发展现状
- 5.2　证券业业务变革
- 5.3　证券业业务发展趋势

学习目标

知识目标
- 熟悉证券业发展现状
- 掌握证券业业务变革
- 了解证券业业务发展趋势

能力目标
- 能够识别证券行业在新科技时代的变化和发展
- 能够比较证券机构的业务、管理等在过去与现在的不同
- 能够应用金融科技在证券业的产品和服务,感知行业发展趋势

素养目标
- 通过证券业发展现状的学习,帮助学生了解我国证券领域相关政策运行机制和资金操作规律,引导学生像对待投资一样理性对待职业发展和人生规划
- 通过证券业务管理创新的学习,融入风险意识、职业道德、家国情怀,培养学生诚实守信、团队协作等优良品质
- 通过证券业务所面临挑战的学习,培养学生自我分析解决问题的能力,从而能正确认识和分析复杂的社会现象

思维导图

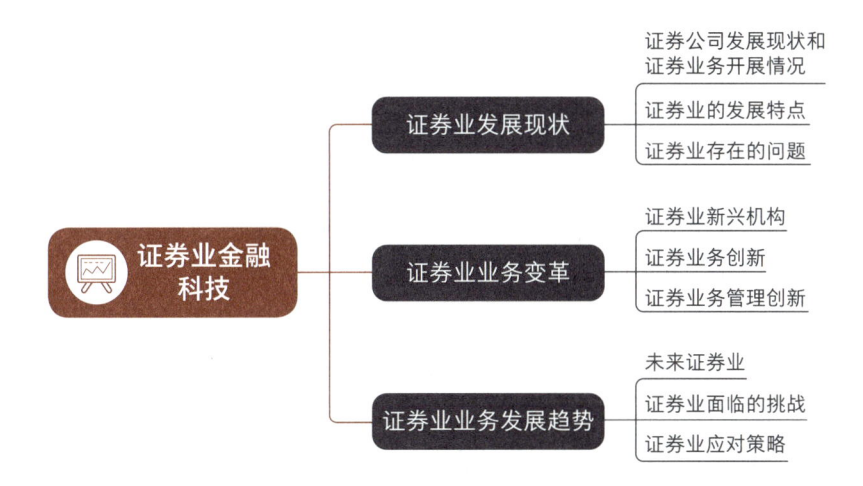

- 证券业金融科技
  - 证券业发展现状
    - 证券公司发展现状和证券业务开展情况
    - 证券业的发展特点
    - 证券业存在的问题
  - 证券业业务变革
    - 证券业新兴机构
    - 证券业务创新
    - 证券业务管理创新
  - 证券业业务发展趋势
    - 未来证券业
    - 证券业面临的挑战
    - 证券业应对策略

5.1 证券业发展现状

1990年12月，经国务院批准设立的全国性证券交易场所——上海证券交易所正式营业，标志着我国证券业进入统一、规范的发展阶段。证券市场是直接融资的重要渠道，是资源合理配置的有效场所，是促进价格统一、定价合理的交易平台，是提高流动性的有利条件，也是国家进行监管调控的重要手段。

5.1.1 证券公司发展现状和证券业务开展情况

1. 证券公司发展现状

证券公司是依照《中华人民共和国公司法》（以下简称《公司法》）和《中华人民共和国证券法》（以下简称《证券法》）的规定设立的，符合有关条件并经国务院证券监督管理机构审查批准而成立的专门经营证券业务，具有独立法人地位的有限责任公司或者股份有限公司。

从证券公司的数量和盈利家数来看，2015年到2020年，全国的证券公司数量分别为125家、129家、131家、131家、133家和139家，其中实现盈利的证券公司分别为120家、106家、120家、124家、124家和127家。因为证券公司的设立和审批有严格的要求，所以我国证券公司的数量基本保持平稳增长的趋势，而且其中绝大部分公司能够实现盈利，如图5-1所示。

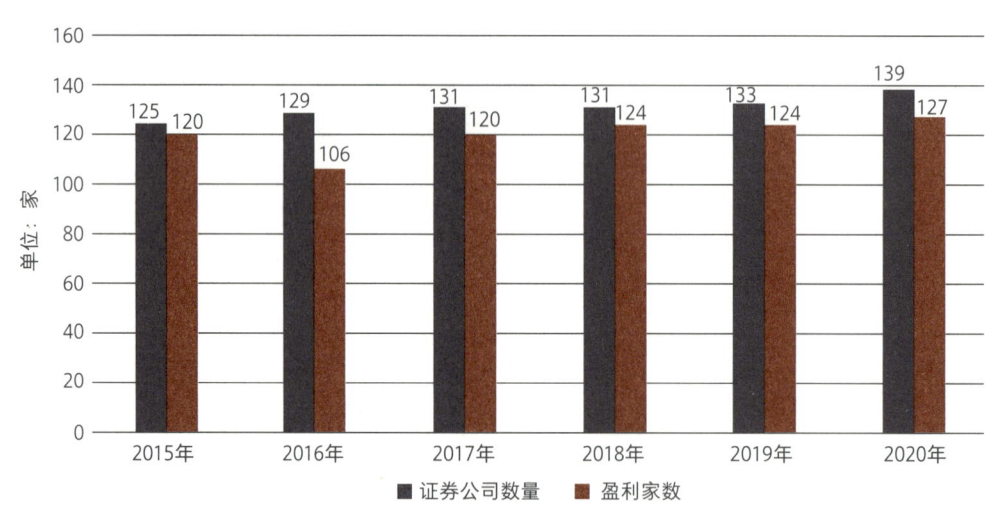

图5-1 全国证券公司数量及盈利家数（2015—2020年）

从证券公司的总资产、净资产和净资本来看，2015年到2020年，全国证券公司总资产分别为6.42万亿元、5.79万亿元、6.14万亿元、6.26万亿元、7.26万亿元和8.90万亿元，净资产分别为1.45万亿元、1.64万亿元、1.85万亿元、1.89万亿元、2.02万亿元和2.31万亿元，净资本分别为1.25万亿元、1.47万亿元、1.58万亿元、1.57万亿元、1.62万亿元和1.82万亿元，如图5-2所示。

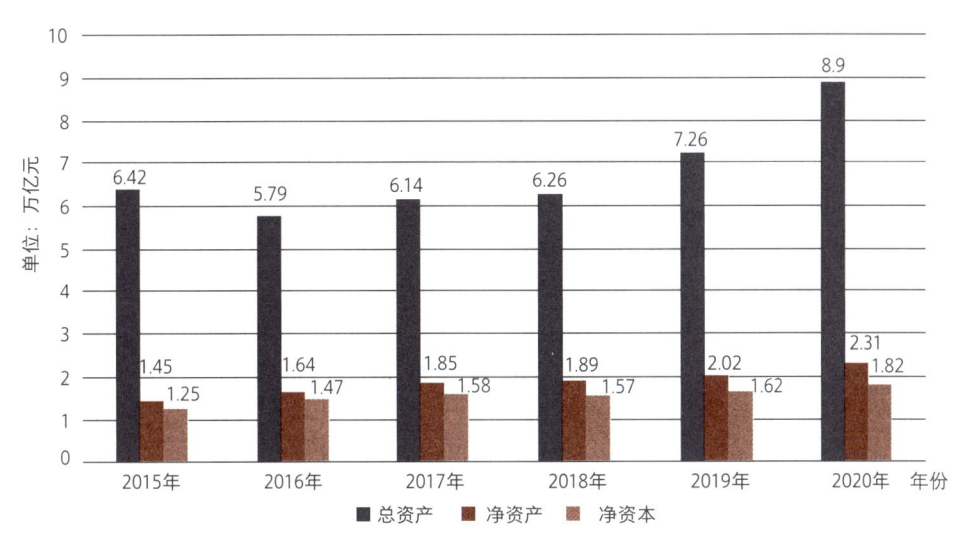

图 5-2　全国证券公司的资产和资本情况（2015—2020 年）

证券行业的总资产在 2016 年有所萎缩、2020 年有较大幅度增长，其余均保持在 6 万亿~7 万亿元左右；净资产为总资产与负债总额的差额，经计算可知行业净资产在总资产中的占比基本保持在 20%~30%，即整体负债率在 70%~80%；净资本是证券公司净资产中流动性较高、可快速变现的部分，是衡量资本充足和资产流动性状况的一个综合性监管指标，它表明证券公司可随时用于变现以满足支付需要的资金数额，根据数据可算出证券行业净资本在净资产中的占比在 80%~90%，行业整体资本充足率较高、流动性较强。

从客户交易结算资金余额来看，2015 年到 2020 年，全国证券公司的客户交易结算资金余额（含信用交易资金）分别为 2.06 万亿元、1.44 万亿元、1.06 万亿元、0.94 万亿元、1.30 万亿元和 1.66 万亿元，从 2015 年到 2018 年，均处于下降趋势，2019 年、2020 年有所增长，如图 5-3 所示。

从受托管理资金本金总额来看，2015 年到 2020 年，全国证券公司受托管理资金本金分别为 11.88 万亿元、17.82 万亿元、17.26 万亿元、14.11 万亿元、12.29 万亿元、10.51 万亿元，除 2016 年有较大幅度增长外，2016 年后均处于下降趋势，如图 5-3 所示。

2．证券业务开展情况

证券公司经国务院证券监督管理机构核准，取得经营证券业务许可证，可以经营证券经纪业务，证券投资咨询业务，与证券交易、证券投资活动有关的财务顾问业务，证券承销与保荐业务，证券融资融券业务，证券做市交易业务，证券自营业务及其他证券业务。证券公司经营证券资产管理业务的，应当符合《中华人民共和国证券投资基金法》法律行政法规的规定。

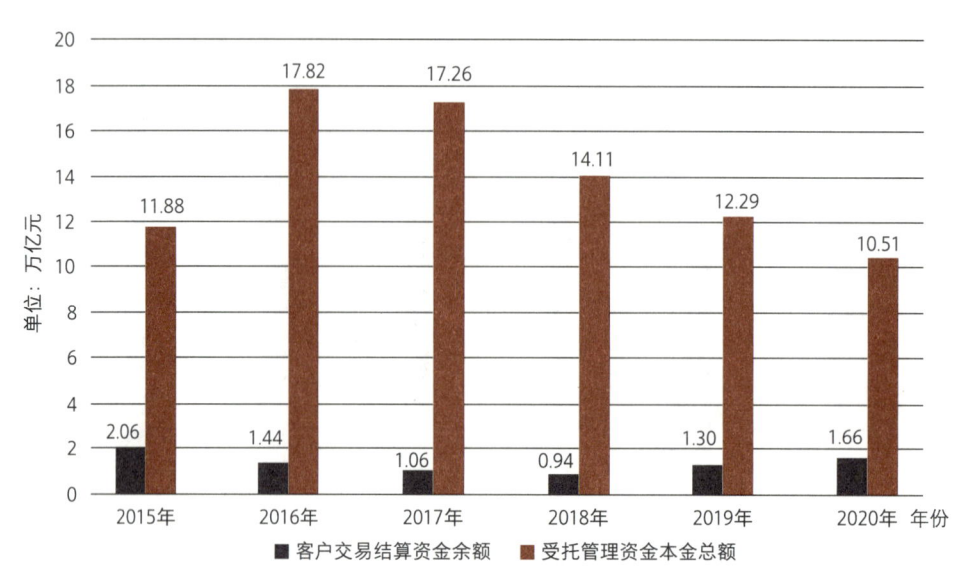

图 5-3　全国证券公司的客户交易结算资金余额、受托管理资金本金总额情况（2015—2020 年）

据证券公司财务报表数据统计，2015 年到 2020 年，证券行业各年实现的营业总收入和分类收入情况如下。

2015 年，125 家证券公司全年实现营业收入 5 751.55 亿元，各主营业务收入分别为代理买卖证券业务净收入 2 690.96 亿元（含席位租赁）、投资银行业务净收入 531.45 亿元、投资咨询业务净收入 44.78 亿元、资产管理业务净收入 274.88 亿元、证券投资收益（含公允价值变动）1 413.54 亿元、利息净收入 591.25 亿元。

2016 年，129 家证券公司全年实现营业收入 3 279.94 亿元，各主营业务收入分别为代理买卖证券业务净收入（含席位租赁）1 052.95 亿元、投资银行业务净收入 684.15 亿元、投资咨询业务净收入 50.54 亿元、资产管理业务净收入 296.46 亿元、证券投资收益（含公允价值变动）568.47 亿元、利息净收入 381.79 亿元。

2017 年，131 家证券公司当期实现营业收入 3 113.28 亿元，各主营业务收入分别为代理买卖证券业务净收入（含席位租赁）820.92 亿元、投资银行业务净收入 509.61 亿元、投资咨询业务净收入 33.96 亿元、资产管理业务净收入 310.21 亿元、证券投资收益（含公允价值变动）860.98 亿元、利息净收入 348.09 亿元。

2018 年，131 家证券公司当期实现营业收入 2 662.87 亿元，各主营业务收入分别为代理买卖证券业务净收入（含席位租赁）623.42 亿元、投资银行业务净收入 369.96 亿元、投资咨询业务净收入 31.52 亿元、资产管理业务净收入 275.00 亿元、证券投资收益（含公允价值变动）800.27 亿元、利息净收入

214.85 亿元。

2019 年，133 家证券公司实现营业收入 3 604.83 亿元，各主营业务收入分别为代理买卖证券业务净收入（含席位租赁）787.63 亿元、投资银行业务净收入 482.65 亿元、投资咨询业务净收入 37.84 亿元、资产管理业务净收入 275.16 亿元、证券投资收益（含公允价值变动）1 221.60 亿元、利息净收入 463.66 亿元。

2020 年，139 家证券公司实现营业收入 4 484.79 亿元，各主营业务收入分别为代理买卖证券业务净收入（含席位租赁）1 161.10 亿元、投资银行业务净收入 672.11 亿元、投资咨询业务净收入 48.03 亿元、资产管理业务净收入 299.60 亿元、证券投资收益（含公允价值变动）1 374.49 亿元、利息净收入 603.74 亿元。

从总额来看，2015—2018 年，全国证券公司的全年营业收入逐年减少，从 2015 年的 5 751.55 亿元下降至 2018 年的 2 662.87 亿元，2019 年、2020 年有所增加，如表 5-1 所示。

表 5-1　全国证券公司收入情况表（2015—2020 年）

单位：亿元

项目	2015 年	2016 年	2017 年	2018 年	2019 年	2020 年
代理买卖证券业务净收入	2 690.96	1 052.95	820.92	623.42	787.63	1161.10
投资银行业务净收入	531.45	684.15	509.61	369.96	482.65	672.11
投资咨询业务净收入	44.78	50.54	33.96	31.52	37.84	48.03
资产管理业务净收入	274.88	296.46	310.21	275.00	275.16	299.60
证券投资收益	1 413.54	568.47	860.98	800.27	1 221.60	1 374.49
利息净收入	591.25	381.79	348.09	214.85	463.66	603.74
其他	204.69	245.58	229.51	347.85	336.29	325.72
合计	5 751.55	3 279.94	3 113.28	2 662.87	3 604.83	4 484.79

5.1.2　证券业的发展特点

1. 证券经纪业务收入占比下降，营业收入向多元化结构转型

多年以来，证券经纪业务一直是我国证券公司主营业务收入来源之一。

2015 年以前，证券经纪业务收入的占比接近或超过证券公司总营业收入的一半，2015 年以后，证券经纪收入占比下降，证券公司收入向多元化结构转型。2015—2020 年，证券经纪收入数额分别为 2 690.96 亿元、1 052.95 亿元、

623.42亿元、820.92亿元、787.63亿元和1 161.1亿元，占比分别为46.79%、32.10%、20.02%、30.83%、21.85%和12.87%，如图5-4所示。

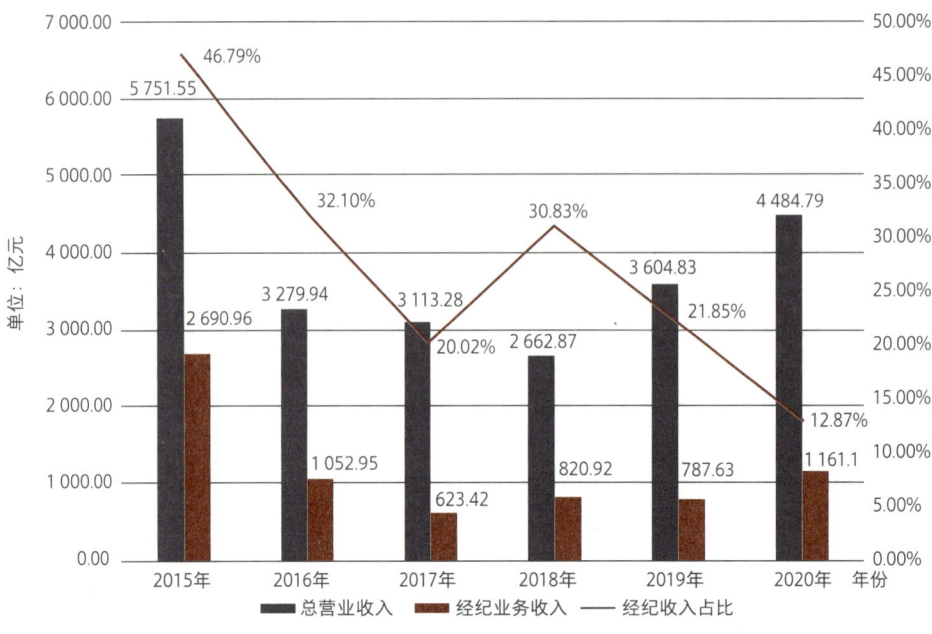

图5-4 全国证券公司经纪收入占比情况（2015—2020年）

2. 资本市场对外开放加速，证券行业逐步国际化

我国正在稳步提升资本市场对外开放的水平，持续深化证券市场、机构、产品双向开放的进程中。2012年以前，合资券商外资持股占比不得超过33%，这一比例后来提升至49%；2018年，证监会颁布《外商投资证券公司管理办法》，合资券商外资投资比例放宽至51%；2019年7月，为贯彻落实党中央、国务院关于进一步扩大对外开放的决策部署，推出了11条金融业对外开放措施，包括信用评级业务、银行理财子公司、保险公司、证券公司、基金管理公司、期货公司的外资持股比例和时点等方面；自2020年4月1日起，取消证券公司外资持股比例限制，符合条件的境外投资者可根据法律法规、证监会的有关规定，依法提交设立证券公司或变更公司实际控制人的申请。

资本市场对外开放加速，会有更多国外证券公司进入中国市场，不排除今后会有外商独资证券公司的出现，一定程度上将加大现有证券行业的竞争，也能促进国内证券公司的成长和资本市场发展。与在国际资本市场上运营多年的国外券商相比，国内证券公司在治理结构、内部控制、合规管理、风险管理等多方面存在不足，境外证券公司在管理经验、技术创新、人才培养、风险控制、业务拓展等方面都值得国内券商学习与借鉴。此外，取消外资持股比例限制，还可以为国内券商行业带来增量资金、先进技术，对于整体上提升国内券商的业务水平，促进我国资本市场的发展有一定帮助。

随着今后更多外资参股和控股券商的出现，给国内证券行业带来一定风险。首先，外商合资或独资券商可能对国内券商发起收购兼并，从而改变国内券商现有结构的重构，国内券商独大的格局有可能改变；其次，外资机构和资金的进入可能导致国内金融产品价格的波动加剧，对国内资本市场、金融机构和投资者带来一些冲击和影响。因此，在外资持股比例限制取消后，国内券商更要具备危机意识，提升自身专业水平，尽可能做好多种准备以面对未来市场的变化，这也是国内券商做大做强、走出去的需要。国内券商行业的发展，不能只待在温和的市场环境中，只有通过参与国际竞争，接受国际市场的历练，才能真正实现做大做强。

3. 证券公司加速与科技企业合作，金融科技应用加速

金融科技的逐步兴起和广泛应用，正驱动着证券行业的产品、服务和管理等日益数字化、个性化、网络化和智能化。国内各家证券公司纷纷投入大量的人力、物力、财力进行信息系统、技术平台、人才队伍等方面的建设，而且投入力度在逐年增大。金融科技的使用也成为未来券商战略布局、发展支撑的重要条件之一，今后的竞争除了在专业能力、资金实力、团队建设等方面以外，还有技术方面的竞争。

绝大多数证券公司成立了专门从事互联网、信息技术等业务的相关新部门，如创新业务部、网络事业部、科技事务部等，把互联网、大数据、云计算、人工智能等金融科技融入现有证券业务，作为未来参与行业竞争的主要阵地之一。除了努力提高证券公司自身金融科技的应用能力、培养自有金融专业人才外，他们也广泛与互联网企业合作，将证券公司的专业优势和互联网企业的技术优势相结合，线上线下同时开展证券相关业务。较早的有天弘基金和支付宝联合推出的余额宝，国金证券和腾讯联合推出的佣金宝等，当时都在市场和行业产生了较大的影响。

近几年证券公司与互联网企业在更多领域有广泛深入的合作。2017年，百度金融联合天风证券发行了"首单区块链场内ABS产品"——百度-长安新生-天风2017年第一期资产支持专项计划。2018年11月，国泰君安与腾讯正式签署金融科技战略合作协议，将积极探索以云端金融科技提升业务运营及创新效率，为投资者提供系统化、高质量的智能金融服务体验。2019年5月，深圳证券交易所与腾讯签署金融科技战略合作协议，共同成立金融科技联合实验室，开展金融科技领域合作；中国银河证券与腾讯签署金融科技战略合作协议，宣布共同探索云计算技术在证券行业互联网技术架构转型的潜在应用，以及大数据、人工智能技术在金融级身份认证、金融舆情、智能投顾、智能风控、企业图谱等场景下的技术研发和应用落地。

4. 客户的投资需求增长和理财习惯改变

我国居民个人财富总额连年攀升，银行理财产品、房地产和股票成为大多数居民最流行的投资品种。但近几年的房地产调控政策使得大多数家庭的投资首选不再是房地产投资，越来越多的投资者把手中的闲置资金投资于货币市场工具、基金、债券等非银行存款投资标的。各种由金融科技支撑的线上理财平台的出现，让这种多样化、个性化、便捷化的金融投资选择有了实现的可能性。

目前，掌握家庭财富的人群主要集中在 30 岁到 50 岁，他们是投资的核心力量，更倾向于接受在网上获取交易信息，线上交流和操作也不存在太大问题。在投资理念上，他们从靠自己操作逐步向获取产品过渡，通过在网上获取各种投资信息，经过比较、沟通和选择后进行决策，以家庭财富保值、升值为目的。

各家金融机构也纷纷将业务向线上延伸，通过互联网技术搭建的平台，为投资者提供一套贯穿研究、交易、风险控制、账号管理等投资环节的服务方案，从而帮助投资者提高投资收益、扩大交易品种、降低交易成本和投资门槛，实现低成本、跨时点、跨区域的高效投资。此外，富裕阶层过去由自己或家人独立打理家庭财产的习惯也逐渐改变，比例逐年下降，更多的人开始选择专业的投资理财机构代其理财，这也是理财市场一种积极的信号。

5.1.3 证券业存在的问题

1. 证券行业具有周期性特征，受经济形势影响较大

从近几年我国证券市场主要指数的走势看，证券行业具有明显的周期性特征。从 2015 年到 2020 年，上证综指、深证综指、沪深 300 指数、深证成指、中小板指数、创业板指数和上证 50 指数等，几乎都保持涨跌互现的规律，这对证券公司的经营管理和业绩表现都带来较大的挑战性，如表 5-2 所示。

表 5-2 我国证券市场主要指数涨跌情况（2015—2020 年）

单位：%

栏目日期	上证综指	深证综指	沪深300	深证成指	中小板指	创业板指	上证50
2015 年	9.41	63.15	5.58	14.98	53.70	84.41	-6.23
2016 年	-12.31	-14.72	-11.28	-19.64	-22.89	-27.71	-5.53
2017 年	6.56	-3.54	21.78	8.48	16.73	-10.67	25.08
2018 年	-24.59	-33.25	-25.31	-34.42	-37.75	-28.65	-19.83
2019 年	22.30	35.89	36.07	44.08	41.03	43.79	33.58
2020 年	13.87	35.20	27.21	38.73	43.91	64.96	18.85

数据来源：中国证监会－统计数据－证券市场月报

以上证综指为例，证券市场的成交总金额在行情上涨的年度（2015年、2017年、2019年和2020年）有所增加，在行情下跌的年度（2016年和2018年），证券市场的成交总金额将有明显的下降，如表5-3所示。

表5-3 上证综合指数与成交总量、总金额的变化情况（2015—2020年）

年份	收盘点位 数值	收盘点位 幅度	成交总量 数值/万	成交总量 幅度	成交总金额 数值/亿	成交总金额 幅度
2015	3 539.18	9.41%	10 147 036	139.39%	1 305 845	248.91%
2016	3 103.64	−12.31%	4 463 600	−56.01%	495 164	−62.08%
2017	3 307.17	6.56%	4 360 776	−2.30%	505 687	2.13%
2018	2 493.90	−24.59%	3 708 028	−14.97%	400 371	−20.83%
2019	3 050.12	22.30%	5 359 407	44.54%	542 095	35.40%
2020	3 473.07	13.87%	6 818 685	27.23%	837 433	54.48%

证券公司的经纪业务收入来自佣金率与成交金额的乘积，在近年券商的价格战之后，佣金更是从普遍的"0.3%"大幅跳水至"0.1%"以下，更有甚者下降到0.03%附近，这将进一步导致证券公司经纪业务收入下滑。此外，证券市场被看作是国民经济的"晴雨表"，国内经济发展的增速放缓和国际经济形势的变化，也给证券行业和证券公司的发展带来一定的影响。

2. 新增投资者数量增速放缓，陷入"存量"竞争

从数量来看，2016年到2018年新增投资者逐年减少，在2019年、2020年有所增加。新增投资者中主要以自然人为主，非自然人占较小比例，变化趋势同样是2016年到2018年减少，2019年和2020年有所增加。

2016年全年新增投资者1 900.51万：自然人增加1 896.27万，非自然人增加4.24万。2017全年新增投资者1 587.26万：自然人增加1 583.79万，非自然人增加3.47万。2018全年新增投资者1 252.14万：自然人增加1 252.90万，非自然人减少0.76万。2019全年新增投资者1 324.80万：自然人增加1 322.11万，非自然人增加2.69万。2020全年新增投资者1 802.25万：自然人增加1 798.56万，非自然人增加3.69万，如表5-4所示。

表5-4 证券市场新增投资者总量和分类情况（2016—2020年）

年份	新增投资者数量 数量/万	新增投资者数量 幅度	新增自然人 数量/万	新增自然人 幅度	新增非自然人 数量/万	新增非自然人 幅度
2016	1 900.51	19.18%	1 896.27	19.19%	4.24	14.94%
2017	1 587.26	13.44%	1 583.79	13.45%	3.47	10.61%

续表

年份	新增投资者数量		新增自然人		新增非自然人	
	数量/万	幅度	数量/万	幅度	数量/万	幅度
2018	1 252.14	9.35%	1 252.90	9.38%	−0.76	−2.08%
2019	1 324.80	9.04%	1 322.11	9.05%	2.69	7.61%
2020	1802.25	36.04%	1798.56	36.04%	3.69	38.29%

数据来源：中国证券登记结算公司—市场数据—统计月报—投资者统计

虽然证券市场主要指数涨跌互现，成交总量和成交总金额与证券指数大致保持一致，但新增投资者数量的增速却一直处于下降趋势，增长幅度从2016年19.18%下降到2019年的9.04%，在2020年有较大幅度增长，详见图5-5。新增投资者数量增速放缓，未来证券行业业务的开展，需要在现有存量客户中进行深层次挖掘。

图 5-5 证券市场新增投资者的数量和幅度（2015—2020 年）

3. 证券投资咨询的供给与市场需求不匹配，人才数量和质量亟待加强

证券投资咨询业务指证券公司、证券投资咨询机构接受客户委托，按照约定，向客户提供涉及证券及证券相关产品的投资建议服务，辅助客户做出投资决策，并直接或者间接获取经济利益的经营活动。投资建议服务内容包括投资的品种选择、投资组合，以及理财规划建议等。

在中国证券业协会注册登记的现有证券从业人员中，获得证券投资咨询资格的可分为三类：第一类是证券投资分析师类，第二类是证券投资顾问类，第三类是证券投资咨询其他类。这三类登记的合法证券投资咨询人员主要分布在证券公司、证券投资咨询机构和证券市场资信评级机构，分别为 3 578 人、65 176 人和 964 人，如表 5-5 所示。

表 5-5　证券投资咨询业务从业人员分布情况（截至 2021 年 4 月）

单位：人

机构	证券投资咨询（分析师）	证券投资咨询（投资顾问）	证券投资咨询（其他）
证券公司	3 413	62 654	0
证券投资咨询机构	165	2 522	0
证券市场资信评级机构	0	0	964
合计	3 578	65 176	964

资料来源：中国证券业协会——从业人员基本信息公示

根据法律规定，只有获得中国证监会批准、具有证券投资咨询业务资格的证券公司、证券投资咨询机构才能向客户提供证券投资咨询服务。正规机构的名录，可在中国证监会官网查询，证监会官网名录以外的机构和个人提供的证券投资咨询服务，均属非法。

我国投资者主要有自然人和非自然人两类，其中主要以自然人为主，截至 2020 年期末，我国的证券投资者总量 17 777.49 万人，其中自然人账户为 17 735.77 万人，非自然人账户为 41.72 万人，如表 5-6 所示。然而，我国登记在册的能为机构和个人提供证券投资咨询服务的从业人员为 69 718 人，证券投资咨询的服务供给与市场需求不匹配，投资咨询的人才队伍不论从数量还是质量上，都亟待提高。

表 5-6　我国证券投资者总量及分类情况表（2015—2020 年）

单位：万人

年份	期末投资者数量	自然人	非自然人
2015	9 910.53	9 882.15	28.38
2016	11 811.04	11 778.42	32.62
2017	13 398.30	13 362.21	36.09
2018	14 650.44	14 615.11	35.33
2019	15 975.24	15 937.22	38.02
2020	17 777.49	17 735.77	41.72

资料来源：中国证券登记计算公司 - 投资者统计

4. 互联网企业的进入，导致证券行业竞争加剧和利润下降

互联网证券的兴起和金融科技在证券行业的广泛应用，一方面可以降低传统证券公司营业部的运营成本和经纪业务的刚性成本，另一方面使得客户减少了对证券现场分支机构的依赖，改变了以往进行证券交易需到股票大厅的历史，也增加了其他区域证券公司向本区域拓展的可能性。证券行业竞争日趋激烈，券商的微利时代已经到来，佣金下滑的影响进一步显现，部分营业网点出现亏损，即使处于垄断地区的营业网点的利润水平也大不如前，各家证券公司总部、分公司和营业部等，都需要积极改变，将新技术手段应用于证券行业的产品设计、客户服务、流程设计、内部管理等方面，才能在激烈的市场竞争中生存和发展。

由于互联网企业的进入和科技手段的使用，证券公司实现的营业收入、净利润等，在2015—2018年已出现大幅下滑，2019年和2020年各家证券公司转型多元化经营结构，加上市场行情改善，收入与利润有所提高。从2015年到2020年，全国证券公司实现的营业收入分别为5 751.55万亿元、3 279.94万亿元、3 113.28万亿元、2 662.87万亿元、3 604.83万亿元和4 484.79万亿元；实现净利润为2 447.63万亿元、1 234.45万亿元、1 129.95万亿元、666.20万亿元、1 230.95万亿元和1 575.34万亿元，如图5-6所示。

图5-6 全国证券公司实现的营业收入和净利润（2015—2020年）

5.2 证券业业务变革

5.2.1 证券业新兴机构

1. 提供综合性金融服务的券商巨头

资本雄厚的传统巨头证券公司凭借其强大的综合实力，主要向高端客户，提供客户面对面、一对一全方位的投资咨询服务，其拥有强大的投资研究能力和资产组合咨询能力。全面提升了公司的核心竞争力，成为一个综合性的金融服务提供商，是该类券商的战略选择。

金融服务创新改变了公司的收入结构，逐步向多元化收入方向进发，也促进了新的盈利模式的形成。综合金融服务主要是指客户接受证券公司的证券投资咨询服务并与之签订协议，从而进行资产配置。通过集成综合金融服务账户系统，实现证券经纪、期货保证金、IB服务与资产管理等服务，以统一的服务接口和服务系统为客户提供综合的金融服务。为优化客户体验，适应行业互联网探索的需要，通过互联网综合金融服务创新的探索，聚焦客户实际体验的提升，推动业务流程的优化，以进一步扩大行业的客户覆盖面，延展互联网渠道价值，丰富理财服务内涵，加速传统通道业务转型，展现投资银行的差异化竞争优势。

回归金融服务本质、彰显公司相对互联网企业的专业优势，以综合理财账户的持续创新为轴心，依托电子商务的成本优势和创新应用来满足客户生活消费、便捷理财、业务办理、证券交易的全方位需求。同时，引入大数据概念，利用数据解决客户价值深度挖掘和精准营销的问题；比照互联网企业，在风险可控、留痕可查的前提下，设计投资者适当性分层管理机制，提升客户在证券公司享受服务的网络操作体验。

2．"O2O"双线发展的中型券商

线上、线下双向发展的券商主要通过分支机构和在线交易为投资者提供相对廉价的服务来吸引投资者，从线下转移到线上的角度重构渠道，虽然传统现场分支机构可能会慢慢失去渠道功能，只有面谈的体验功能，但是这种现场的金融服务体验还是可以给金融机构带来客户的巨大信任感。二维码渠道的特性更强，用户通过扫描金融机构提供的产品购买二维码，可以获得商品展示信息，进而被引导进入基金、资管产品的购买页面等，购买将更为便捷和实时。

成熟的"O2O"模式是一个企业战略转型的重要手段，可以提高金融平台的整体水平。与互联网企业合作的通常是中小型券商，因为他们既没有大型券商雄厚的资金实力、巨大的客户存量和突出的科技研发能力，也没有轻型券商的成本优势。通过与互联网公司合作，线上、线下双向开展业务，券商的线下分支机构和互联网公司的线上平台结合，将销售和推广环节从线下转移到线上，将后续服务和面谈体验功能保留在线下证券公司网点。

与互联网企业合作可以不断扩大客户渠道，金融企业使用这些技术和客户服务渠道，再加上自身证券产品和专业服务品质的提高，才能提升客户体验、留住客户，并且吸引更多的顾客。成熟的"O2O"模式是一个企业战略转型的重要手段，可以提高金融平台的整体水平。

目前，券商与互联网企业合作的模式多种多样。百度、腾讯、阿里、同花顺、新浪财经、大智慧等互联网企业都在向投资者提供股票开户服务，进行客户导流以求增加经纪业务的市场占有率。新时代证券成为与互联网企业合作最多的券商，分别与同花顺、新浪财经、金融界、大智慧这5家企业合作，引流开户。其次则是长城证券、财富证券、中泰证券、恒泰证券分别与4家企业合作，并且均为中小型券商。相较于已经有一定业务基础的大型券商，中小型券商目前在经纪业务拓展方面更需要机会。

3. 轻量化的网络券商

从狭义上理解，互联网证券包括网上开户、网上交易、网上资金收付和网上销户等环节，即网上证券交易。

从广义上理解，互联网证券指通过互联网技术搭建的平台，为投资者提供一套贯彻研究、交易、风险控制、账号管理等投资环节的服务方案，从而帮助投资者提高投资收益，扩大交易品种，降低交易成本和投资门槛，实现低成本、跨时点、跨区域地高效投资。

网络券商，指通过互联网等金融科技为支撑开展证券业务的证券公司，此处指仅提供线上服务的纯线上互联网证券公司。

纯线上互联网证券公司的所有证券相关业务均在互联网上开展，无线下实体服务网点，客户可以通过网站、App、微信公众号、电话等接受服务。这类证券公司主要定位于轻量化券商，目标客户为价格敏感度较高、网络依赖程度较高的群体，特点是参与门槛低、运营成本低、服务费用低，缺点在于客户群体的稳定性低、黏性低，如果有更便宜的产品很快就会流失客户。

纯粹的网上证券交易模式，所有客户的交易都在互联网上进行，佣金相对比较低，但其缺点在于稳定的客户群体缺乏。这类券商的成功主要源于明确的客户群体定位，发展适合自己公司业务的互联网模式。

目前比较知名的网络券商有老虎证券、富途证券等，他们的创始人和合作伙伴都有计算机背景，结合证券公司的专业优势和互联网企业的技术优势，为客户提供全方位的线上证券相关服务，如信息咨询、开户转账、投资者教育、软件下载、交易下单、风险提示等，均可在网上完成。由于使用了金融科技，与传统券商的服务相比，具有响应快、效率高、成本低、收益高等特点，但同时也增加了一定的风险和难度。

5.2.2 证券业务创新

中国人民银行发布的《金融科技（FinTech）发展规划（2019—2021年）》提出了未来几年金融科技发展的发展形势、总体要求、重点任务和保障措施，其中，强化金融科技合理应用是金融科技发展的重点任务之一。目前，金融科技在证券业务中创新应用的成果主要有以下几个方面。

1. 智能投顾

智能投顾，是基于对用户基本信息、社交行为、消费记录、财务状况、理财目标等数据进行综合分析，结合现代投资组合理论、效用函数理论、行为金融学理论等，应用一系列人工智能算法为客户量身定制打造资产配置方案，并对投资组合进行实时跟踪和自动再平衡。

（1）价值定位：以客户需求为导向。

（2）主要目的：将理财服务普及到未被人工覆盖的群体，带给用户更好的体验，并使金融服务成本降低、效率提高。

（3）主要驱动力：大数据、云计算、机器学习、语音识别、语言处理、知识图谱与传统金融理论、产品、服务的结合。

（4）一个理想中完整的智能投顾流程大致可以分为：用户分析、资产配置、投资分析、策略生成、交易执行、分析反馈、调整优化等阶段。金融科技在不同服务阶段的应用，可以对应不同类型的智能系统。

与传统的投资顾问工作方式不同，智能投顾将过去的"个人经验判断"模式升级为"数据算法判断"模式，根据投资者的风险偏好、资产状况、收益目标等，提供差异化服务，发挥大数据、算法、机器学习、自动交易等优势，可规避人工服务的认知水平、信息容量、情绪影响等不足，形成效率更高、速度更快、准确率更高的投资决策。

智能投顾服务有数字性、普惠性、便捷性和低成本性等特点，客户主要通过互联网渠道获取服务，而应用了智能化手段改造的智能理财服务系统，能够更加了解用户并提供个性化的高质量理财服务。机器主导的服务方式解放了人工服务在时间、精力、能力等方面的限制，从而能够覆盖更多的投资用户。总的来说，智能理财服务一定程度上攻克了传统理财服务供需失衡、服务差异、利益冲突及过度依赖用户认知的痛点（详见第七章）。

2. 智能投研

智能投研是人工智能在证券公司及其他资产管理公司的投资研究领域应用，其核心是提升金融数据的分析能力，提高工作效率。在智能投研中，主要应用的人工智能技术包括图像识别、自然语言处理、情感分析、知识图谱等。智能投研行业的参与者包括传统的金融数据服务商、创业公司、互联网巨头及投资机构内部研发。

（1）优势：人工智能拓展了数据来源，大幅提升了数据运算的能力，通过机器学习、深度学习，可以分析多元、非线性关系，寻找相关性而非局限于因果关系。

（2）不足：现阶段来看，人工智能自身技术、与其他场景的融合广度、深度等仍有很大发展空间，还需要进一步调试、改进和升级。

（3）约束条件：数据质量影响智能投研的效果，随着底层数据质量不断提升，智能投研的效果会越来越好。

智能投研的产业链涉及数据的获取、处理及应用：上游数据源包含传统金融数据、爬虫数据及另类数据等；中游主要是数据的采集和标准化；下游是数据的需求方和应用场景，包括投资机构、监管部门及非金融机构等。

智能投研有以下三种商业模式。

（1）金融文本处理工具。针对特定场景的金融数据处理的工具，所处理的文本以标准化的金融文本为主，其主要功能是审核检查。客户以证监会、交易所等监管职能部门，其次是券商投行部门、银行信贷审核部门等，交付方式以项目制为主。

（2）一级市场数据库。提供全方位了解一级市场公司的数据库和搜索工具。产品的核心是标签体系。目标客户包括一级市场投资机构、券商投行部门及直投部门、银行企业客户部门等。一般采用数据终端或者数据接口的方式交付。

（3）二级市场数据库。提供比传统金融数据服务商颗粒度更高的数据产品，重点在非结构化数据的处理。成熟资本市场客户主要是二级市场投资者，尤其是量化投资。国内的客户还包括券商和综合金融集团。

从长期来看，智能投研的潜在市场空间远大于现有金融数据行业规模。在考虑资产管理规模和资产管理机构数量之外，智能投研的收入增量空间还包括对数据量、数据维度、数据综合服务需求的提升，以及投资机构之外其他机构对金融数据的需求。目前，资产管理机构在数据及技术方面的投入增速大于资产管理规模的增速，大量科技公司正努力拓展人工智能的边界，在可见的未来，智能投研行业将有广阔的发展空间和强劲的增长动力。

3. 程序化交易

程序化交易在近年得到快速发展，不仅在于其在有效利用计算机和网络技术的支撑下，对海量数据的处理能力以及对市场信息快捷、高速的应对能力，更重要的是它可以克服人工交易时恐惧、贪婪、犹豫和冲动等人性的弱点，严格地按照规则和程序进行交易决策和执行。

程序化交易是一种在计算机和网络技术的支持下，根据事先制定的入市、离市、资金和仓位管理及风险控制等一系列交易规则，由计算机自动完成的交易方式。根据交易方式的不同，程序化交易可分为久期平均、组合保险、指数套利、量化交易、算法交易和智能交易等类型。

（1）久期平均（duration averaging），指在股票组合价格较低时买入，在股票组合价格较高时卖出，从而获得价差收益的交易方式。

（2）组合保险（portfolio insurance），指当市场处于下跌行情中，对股票组合最小价值的一个保全措施安排，同时，当价格上涨时，股票组合仍不失去盈利机会的交易方式。

（3）指数套利（index arbitrage），指套利者利用程序化交易在指数现货市场与指数衍生品市场之间，利用两类产品在不同市场上出现的瞬间定价差异迅速实现低买高卖，从而获取盈利的交易方式。

（4）量化交易（quantitative trading），指依据一个混合的数量模型来进行一揽子股票买卖，该数量模型既遵从市场的内在规律，又顾及股票的历史性和理论逻辑的相关关系。

（5）算法交易（algorithmic trading），指运用较为复杂的数学模型来确定订单的最佳执行路径、执行时间、执行价格及执行数量的交易方法。

（6）智能交易（intelligent trading），指将人工智能技术引入程序化交易，通过机器学习，自动地总结、归纳和学习金融交易规律，不断完善交易策略的一种程序化交易模式，是程序化交易发展的高级阶段。

程序化交易的特点：

（1）以计算机数量化模型分析决策为基础；

（2）由计算机系统实时接收信息、处理信息、做出交易决策并自动下单；

（3）智能化的程序化交易系统具有自主学习、自我总结和自动完善的交易策略，可不断适应新的市场情况。

程序化交易的优点：

（1）根据规则自动交易，有利于克服人性的弱点；

（2）可以突破人的生理极限，大幅度提高投资效率，并降低人的体力和脑力消耗；

（3）系统性的交易、资金管理和仓位管理，有利于投资的组合优化管理和风险控制；

（4）程序化交易与大数据、互联网和人工智能方法的结合，有利于从海量金融数据中发掘投资机会，总结交易规律，制定最优交易决策并快速执行，从而实现系统化、智能化的金融交易和资产管理。

程序化交易的缺点：

（1）程序化交易是由人根据历史经验开发出来的，人的认知局限和小概率事件可能导致程序中存在不可预知的风险；

（2）程序化交易的批量快速反应，可能在市场剧烈波动时引发羊群效应，从而导致系统性崩溃。

程序化交易的基本原理：

程序化交易并不是一个简单的由计算机进行自动交易的过程，而是一个由交易策略构思、计算机程序实现、历史数据回测、参数优化、模拟应用检验、实盘交易、跟踪监测、改进完善等众多相互独立又相互联系的环节构成的一个系统性动态过程。程序化交易从接受信息、分析信息、制定决策、下达指令，到交易信息反馈、账户管理、风险控制等全过程，都是在计算机实时联网过程中完成的，如图5-7所示。

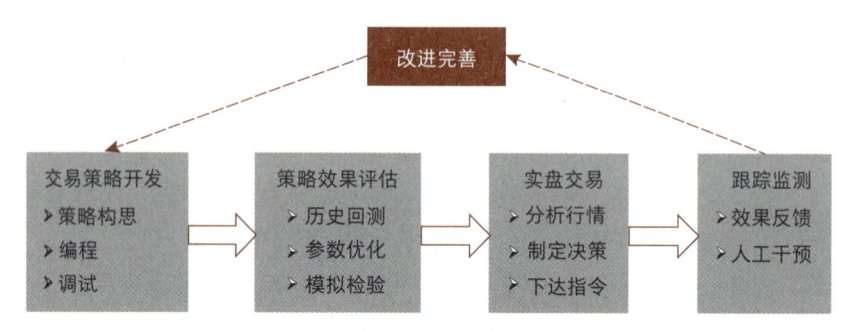

图 5-7 程序化交易的系统性动态过程

在程序化交易中，需要制定清晰的交易策略，并且通过计算机程序将其完整、准确地表达出来，而且还必须通过历史数据进行回测、优化和模拟检验，以判断其交易策略的盈利性和风险性。然而，经济形势和金融市场瞬息万变，根据历史经验总结的交易策略并不能完全反映这种变化，一方面是由于人的认知能力和历史经验具有有限性，另一方面，历史不是简单的重演。在程序化策略投入使用后，还必须密切跟踪其运行情况，当发现有较大问题和漏洞时，对策略进行调整和优化，甚至中断其运行，以达到最佳投资效果。

5.2.3 证券业务管理创新

以 A（artificial intelligence，人工智能）、B（block chain，区块链）、C（cloud computing，云计算）和 D（big data，大数据）为代表的金融科技正逐步应用于证券行业的多个领域。

1. 人工智能的应用

人工智能应用于证券行业，目前的主要成果有智能投顾、智能投研、量化投资、智能客服、智能营销等，以技术创新为突破口改造提升传统金融服务渠道和服务能力。发展相对成熟的智能客服，借助网上开户、单向视频、人脸识别、活体检测等创新技术，实现了45秒极速开户体验，线上开户率达到99%以上；通过PC端、移动端、网站、微信公众号、小程序等，打破过去与客户交互的时间、空间限制，由线下的有限场景转变为线上多样化场景，客户可以24小时登录各类终端获取相关证券信息，与机器客服或人工客服取得联系，极大改善了客户获取证券相关服务的体验感受。在智能客服中，主要运用到聊天机器人和自然语言处理（NLP）的技术。机器人客服能够快速回答简单、同质的标准化问题，人工客服主要用于处理更加复杂、个性化的咨询，将有效提高服务效率和客户满意度。

目前人工智能在证券行业的应用还处于发展初期，用人工智能进行决策技术还未成熟。人工智能技术的发展离不开大数据、云计算以及智能硬件的发展，这些技术作为基础支撑了人工智能技术的发展，而智能化将是金融科技日后发展的重要方向。智能化是指用计算机代替人脑来进行分析并作出决策，利用人工智能完成大规模量化、部分或完全替代人力分析的工作，将人工智能应用于包括用户行为和产品分析、智能工具、量化交易、高频交易等。

2．区块链的应用

将区块链技术应用于在证券行业的服务和管理中，有以下几个优点。

（1）实现证券交易流程自动化。将原本需要客户反复填写和签字的内容，变为标准化、自动化的智能合约，通过手机、计算机等终端一次输入可多次调取，从而实现避免重复劳动、提高工作效率和改善客户体验。此外，当客户达到办理某些特殊业务的条件时，比如符合开户时间、资金额度、适用性条款、风险等级等，系统可自动提醒客户选择或直接开通权限范围内的服务，从而减少了重复询问、无效沟通等问题。区块链技术的应用，能够简化过去的交易流程，减少重复交互、提高交易时效性、降低交易成本。

（2）保护证券交易数据的不被篡改。区块链是一种能够实现数据一致存储、无法篡改、无法抵赖的技术体系。通过区块链可以构建一个更加可靠的互联网系统，解决价值交换与转移中存在的欺诈和寻租现象。区块链技术的重要特点之一是去中心化，分布式共享数据库中的数据信息不可篡改，并可以存储子系统成立以来的所有记录，这就使得所有交易活动都能被追踪和查询，在任何时候出现纠纷都能够追溯到最初的数据。此外，区块链通过纯数字方法来保证交易，用户的身份信息、交易信息等由数字化的地址来代替，这将在一定程度上减少人工操作过程中出错和被篡改的可能性。

（3）提升证券交易系统的安全性。由于区块链技术的分布式数据存储、多方验证、信息实时更新等特点，使得人们可以在相互无信任的情况下，无地域限制地进行大规模协作，从而提高效率、降低成本。传统的证券交易、结算和清算体系等，存在周期较长、集中度不高、需人工核对、环节较多等不足，区块链技术的使用，可以实现全网同步更新账本，将高信用背书的节点设置成为"主中心"，由多个"主中心"共同制定平台规则，从而实现增强系统稳定性的目标。另外，可根据实际需要将监管机构设置为最高层级的"特权"节点，在出现特殊情况时，"特权"节点可根据实际情况进行监察稽核，这样不仅增加了区块链在特殊情况下的适用性，而且可以维护金融市场的稳定，降低监管机构和市场参与者的成本。

3. 云计算的应用

在实际运用中，云计算不仅可以为证券行业提供类似 IDC 托管机房的互联网接入、主机托管等传统服务，还可以提供虚拟化主机及云计算、大数据处理等更高层的服务。例如，"上证云"（上交所行情及委托交易云服务）为券商提供的上交所行情数据推送服务，满足了该业务带宽消耗大、网络延时短、安全要求高、系统吞吐速度快、发布中心地域散、建设周期短的需求，充分发挥了云资源池覆盖广、网络配套能力强、云安全服务合规的技术架构和资源能力优势，为证券市场提供了一个低成本、高可用的云服务平台。通过云计算的解决方案，有效解决了证券行业发展所依赖的数据存储和计算能力。

从成本的角度看，使用云计算可以节省证券公司自身建设数据中心和服务器投入的资金，只需支付所消耗的资源费用，并根据实际需要增加或减少的使用量，也可以减少因事前预测不准带来的不必要支出；当一定数量的用户集中使用云平台服务时，规模经济将转化为更低的付费价格，并可将节省的成本以降价的形式回馈于客户，提升客户体验；云计算还能够使券商管理者更容易识别各项成本，透明地确定各项支出，有助于衡量投资回报率。

4. 大数据的应用

证券行业和其他金融机构一样，业务开展过程中对数据的贡献度和依赖程度较高。随着时代变化，证券公司逐步意识到大数据在企业战略中的作用和地位，并在大数据应用领域快速布局。大数据技术、模型和算法等逐渐融入证券公司各项日常运营活动中，如营销、研发、决策、交易、服务等环节，将大数据作为未来业务发展的重要支撑手段，凸显"数据驱动业务"的重要地位。

（1）利用大数据为客户画像，进行精准营销，提供个性化、智能化的产品和服务。证券行业拥有的数据类型有客户基本信息、资产信息、交易记录、收益数据等，券商可以利用多元化平台数据和外部数据进行综合分析，在用户授权的前提下，获取到用户实时、变化的最新数据，在提高风险评估精准度的同时，深度挖掘用户的理财需求和风险承受能力，并可根据数据的更新，实时了解、捕捉用户的需求与偏好，并不断完善用户画像，实现对用户的动态画像，为用户提供更合适的服务。

（2）利用大数据建立投资数据库，实现量化模型的构建和应用。传统的证券投资分析方法有基本面分析、技术面分析、组合分析和心理分析等，主要依靠个人专业知识和实践经验积累后提供服务，服务效果也因个人水平的不同而有较大差异。通过建立投资数据库，纳入影响资产价格变动的各种因素，并进行实时跟踪，通过量化分析方法，从数量化的角度去挖掘存在某种数学关系的投资策略，从而实现提高投资收益的目标，方法包括量化选股策略、量化择时策略、市场中性策略、算法交易、套利交易和高频交易等。

（3）利用大数据进行客户细分和有效管理。客户细分是市场竞争格局下的一种必然选择，通过分析客户的账户状态（类型、生命周期、投资时间）、账户价值（资产峰值、资产均值、交易量、佣金贡献和成本等）、交易习惯（周转率、市场关注度、仓位、平均持股市值、平均持股时间、单笔交易均值和日均成交量等）、投资偏好（偏好品种、下单渠道和是否申购）及投资收益，来进行客户聚类和细分，从而发现客户交易模式类型，找出最有价值和盈利潜力的客户群以及他们最需要的服务。

5.3 证券业业务发展趋势

5.3.1 未来证券业

1. 金融科技在证券行业的应用规模将增长，业务场景将扩大

证券行业一直是科技产品的积极使用者和受益者，从过去电报、电话的使用，到现在的网络交易和智能交易，每一次科技的进步都促进了行业的发展。目前我国正处于金融科技与证券行业初步融合的阶段，在未来，移动互联网、大数据、云计算、人工智能、区块链等金融技术将在证券行业进一步产生广泛而深刻的影响。

传统证券服务以线下的人工服务为主，所以客户群体主要集中在大中城市，小城镇和边远地区的投资者几乎无法购买证券产品和享受金融服务，在金融科技的支撑下，零散、小量、遥远的投资者的需求也能得到满足，只要能上网的地方，通过计算机或移动设备便能够获得跟其他客户一样的信息、产品和服务；此外，一些小的细分市场，过去由于证券从业人员数量和能力的限制，无法提供定制化、个性化服务，通过金融科技应用也能使这部分需求得到满足。当这些零散、差异化、小量的需求累加起来，会形成一个比过去更大的市场空间，这就是互联网时代的"长尾效应"。

2. 金融科技在证券行业落地加速，证券产品创新加快

未来证券行业将逐步拓展金融科技的应用场景，从过去的营销、服务等非核心环节，进一步扩展到行业的核心业务，如投资分析、风控、决策等。比如，利用智能投顾替代现有的人工投顾，智能投研替代传统分析师，计算机程序用于进行风险控制和投资决策，云平台替代现有技术系统设施等。

随着金融科技的发展和标准化程度的提高，证券产品的创新速度正逐步加快，发展重点从过去的技术突破逐步变为应用场景的选择和融合。一旦发现与技术契合度高的证券业务场景，就可以以最快的速度进行产品开发和推广，比如通过网络进行客户引流和精准推送，通过数据挖掘对客户需求进行深层次挖掘，通过云平台将基础设施和服务渠道、客户需求等进行整合重组，最终实现精准、高效、优质、低价地为客户提供证券产品和服务。

3. 证券科技方面的监管将持续加强

金融科技正处于一个高速发展的阶段，在为证券行业提供技术支撑、发展动力助力的同时，科技的特性和与证券行业结合后带来的风险也开始逐渐显露，目前我国证券行业已经形成了初步的监管思路。2018年8月，证监会印发了《中国证监会监管科技总体建设方案》，标志着我国完成了监管科技建设工作的顶层设计，并进入了全面实施阶段。

证监会将立足于我国资本市场的实际情况，在加强电子化、网络化监管的基础上，通过大数据、云计算、人工智能等科技手段，为证监会提供全面、精准的数据和分析服务，着力实现以下三个目标。

一是完善各类基础设施及中央监管信息平台建设，实现业务流程的互联互通和数据的全面共享，形成对监管工作全面、全流程的支持。

二是积极应用大数据、云计算等科技手段进行实时数据采集、实时数据计算、实时数据分析，实现对市场运行状态的实时监测，强化市场风险的监测和异常交易行为的识别能力，及早发现、及时处置各类证券期货违法违规行为。

三是探索运用人工智能技术，包括机器学习、数据挖掘等手段为监管提供智能化应用和服务，优化事前审核、事中监测、事后稽查处罚等各类监管工作模式，提高主动发现问题能力和监管智能化水平，促进监管模式创新。

5.3.2 证券业面临的挑战

1. 国内外经济形势的影响、互联网思维带来的冲击

证券行业是国民经济的"晴雨表"，除了自身有周期性特征外，受经济形势影响也较大，所以只有随着国际、国内经济形势好转，才能期待证券市场有良好的市场表现。

随着互联网企业的进入、互联网思维的影响，证券行业过去依靠特有的通道收取相关服务费用而保证较高收入的时代已经一去不复返。在互联网技术支撑和互联网精神影响下的互联网证券业务，依靠其技术、平台优势，可以迅速聚集客户流量、提高服务效率、降低运营和融资成本、提升投资收益，如果传统证券公司没能及时跟随行业变化而转变经营理念，加大金融科技的研发和应用，很快就会被市场淘汰。

2. 个人和企业信息的隐私保护压力增大

个人和企业信息的隐私保护已成为社会各界广泛关注的问题。2017年6月，《中华人民共和国网络安全法》(简称《网络安全法》)正式实施，这是我国第一部全面规范网络空间安全管理方面问题的基础性法律，是我国网络空间法治建设的重要里程碑。《网络安全法》规定，网络运营者收集、使用个人信息，应当遵循合法、正当、必要的原则，公开收集、使用规则，明示收集、使用信息的目的、方式和范围，并经被收集者同意；网络运营者不得泄露、篡改、毁损其收集的个人信息；未经被收集者同意，不得向他人提供个人信息；任何个人、组织不得窃取或者以其他非法方式获取个人信息，不得非法出售或者非法向他人提供个人信息。

大数据、云计算、区块链和人工智能等金融科技，都需要获取和使用大量的客户信息，这些基于海量数据进行分析和处理的证券科技，在应用过程中面临隐私安全的挑战。一是数据采集方面的挑战，如何在安全、合规的前提下，更全面、深入、多元化的搜集数据以便进行全方位分析，哪些数据可以采集、如何采集等问题，是券商需要思考的问题；二是数据应用方面的挑战，在完成数据采集后，如何安全存储、合理使用数据，保障数据在使用和传输过程中的安全，也是证券公司和监管机构需要解决的问题。

3. 证券业金融科技人才的短缺和不均衡

金融科技人才与传统金融人才不同，需要具有跨行业、跨学科的专业背景。未来证券经济的发展，将依赖互联网技术优势和证券专业知识相结合，多项证券业务的开展需要金融、信息技术、市场营销、法律基础等知识，只有具备金融和互联网双重属性、创新思维、实时更新知识体系的人才能满足未来证券行业的发展需求。

证券科技人才具有较高的薪资水平，同时对学历、能力等都有较高的要求。目前，证券科技人才不仅数量短缺，而且分布也不均衡。超过半数的金融科技人才主要分布在北京、上海、杭州等几个城市，其他城市的金融科技人才相对较少。一方面的原因是，其他地区本身对金融科技的需求体量不大，证券科技行业尚未形成较大的规模和体量；另一方面的原因是，地方政府对金融科技发展不够重视，尚未形成科技支撑金融发展、金融促进技术进步的良性循环。

5.3.3 证券业应对策略

1. 完善金融科技在证券行业应用的政策保障

多家证券公司将未来竞争的着力点转向证券科技创新，大量财力、人力、物力正流向金融科技领域，券商在发展自身金融科技水平的同时，也在积极寻求与科技企业的合作。然而，一个证券产品的创新、一个服务平台的搭建、一个行业的进步并不是短期、简单的过程，需要自身成长和外部合作，需要健康的投资环境和有利的政策激励。证券监管部门可以对创业投资基金等进行正确引导，实施税收激励在内的一系列政策，从而推动金融科技在证券行业的融合发展。对于一些投资周期较长、有潜力、有良好外部效应的高精尖创业项目和企业，政府甚至可以提供一定的专项资金为其技术研发和企业发展保驾护航，从而吸引社会资金的参与，实现有方向、有策略、有规划的科技创新引导和支持。

2. 加大协作探索，进一步鼓励证券科技创新的跨行业应用

目前证券科技仍处于高速发展阶段，国家对安全稳定运行的要求不断提高，金融科技与证券行业不断融合的同时，还存在自身技术不够成熟、系统运行不稳定等问题。此外，跨技术、跨市场、跨产品的大规模集群运维、异地运维、跨地区同步等模式的应用，还存在一定的技术风险。然而，跨行业云平台、跨机构区块链平台的合作场景，大数据分析和人工智能应用等综合场景的应用却越来越多，通常单一的企业、机构、数据库、技术、平台等无法单独解决问题。

为了加速金融科技在证券行业落地，并提升证券行业对金融科技的适应性，建议行业协会或市场核心机构牵头组织市场上的各个参与者，加入到综合场景的技术开发、调试和应用中来，共同提升金融科技的研发能力，共建共享平台，促进跨机构合作。同时，在共同工作中凝聚共识，充分梳理与其他行业的信息交互需求，并由协会或行业核心机构代表行业与外界沟通交流，推进跨行业的沟通与合作，这样更能体现开放、平等、协作、分析的互联网精神。

3. 加大科研投入、加强证券科技人才体系建设

金融科技创新是证券行业发展的一个全新方向，要想实现长久、持续、健康发展，除了需要证券公司的努力外，还需要广大学者、科研人员、从业人员的共同探索、研究和努力。未来，要以高校和科研机构为主体，大力培育金融、科技等方面的相关人才，重点培养兼具理论性和实践性的综合性人才，提高证券科技人才的充足率，为证券科技产业的发展奠定基础。

在《金融科技（FinTech）发展规划（2019—2021年）》（银发〔2019〕209号）中，加强人才队伍建设是金融科技发展的重要任务之一，要围绕金融科技发展战略规划与实际需要，研究制定人才需求目录、团队建设规划、人才激励保障政策等，合理增加金融科技人员占比，金融机构要在年报及其他正式渠道中真实、准确、完整地披露科技人员数量与占比。

主管部门应从政策制度、行业企业生态凝聚力等方面，提高金融科技人才的吸引力，打造证券科技发展所必需的金融人才环境；积极引导建立覆盖证券科技的中高端人才、基层工作人员的培养体系，开发特色专业和培训课程，为证券科技的未来发展提供人才保障；建立统一规范的专业认证标准，搭建证券科技人才的认证体系、流动平台和奖惩激励机制，从而实现证券科技人才质量水平的提升，以及人才的合理流动，打造证券行业科技人才的良好生态氛围。

监管专栏

证券业金融科技相关监管政策

金融科技使得证券行业的展业模式、风险识别、影响规模都呈现出新的趋势和特点。相关监管也与时俱进，针对互联网证券的新态势，从监管客体、信息系统、业务开展、风险识别、数据安全等方面作出新规定，以规范互联网证券的经营，引导该行业的长久健康发展。

1. 2014年5月，证监会发布《关于进一步推进证券经营机构创新发展的意见》（证监发〔2014〕37号），明确推进证券经营机构创新发展的主要任务和具体措施：一是建设现代投资银行；二是支持业务产品创新；三是推进监管转型。

2. 2015年3月，中国证券业协会发布《证券公司网上证券信息系统技术指引》，指引提出的各项要求，是证券公司网上证券信息系统应达到的基本要求，包括：基本要求、网上证券客户端、网上证券服务端、开发和实施管理、第三方服务管理、安全和运维管理、客户服务和保护等方面。

3. 2015年7月，中国人民银行、工业和信息化部、公安部、财政部、中国证券监督管理委员等十部委联合印发《关于促进互联网金融健康发展的指导意见》（银发〔2015〕221号），鼓励银行、证券、保险、基金、信托和消费金融等金融机构依托互联网技术，实现传统金融业务与服务转型升级，积极开发基于互联网技术的新产品和新服务。支持有条件的金融机构建设创新型互联网平台开展网络银行、网络证券、网络保险、网络基金销售和网络消费金融等业务。

4. 2016年4月，国务院办公厅公布《互联网金融风险专项整治工作实施方案》（国办发〔2016〕21号），提出未经相关部门批准，不得将私募发行的多类金融产品通过打包、拆分等形式向公众销售；金融机构不得依托互联网通过各类资产管理产品嵌套开展资产管理业务、规避监管要求。

5. 2018年3月，互联网金融风险专项整治工作办发布《关于加大通过互联网开展资产管理业务整治力度及开展验收工作的通知》（整治办函〔2018〕29号），明确提出：未经许可，不得依托互联网公开发行、销售资产管理产品，以该方式公开募集资金的行为应当明确为非法金融活动，具体可构成非法集资、非法吸收公众存款、非法发行证券等。

6. 2018年5月，证监会、中国人民银行联合发布《关于进一步规范货币市场基金互联网销售、赎回相关服务的指导意见》，要求货币市场基金互联网销售过程中，应当严格落实"三强化、六严禁"的原则要求，对"T+0赎回提现"实施限额管理等。

7. 2019年6月，证监会颁布实施《证券基金经营机构信息技术管理办法》，证券基金经营机构借助信息技术手段从事证券基金业务活动，信息技术服务机构为证券基金业务活动提供信息技术服务的使用该办法。管理办法包括对信息技术治理、信息技术合规与风险管理、信息技术安全（信息系统安全、数据治理、应急管理）、信息技术服务机构、监管管理几个方面的要求，从而实现加强证券基金经营机构、专项业务服务机构及信息技术服务机构的信息技术管理，保障证券基金行业信息系统安全、合规运行，保护投资者合法权益。

8. 2020年7月，证监会发布《证券期货业移动互联网应用程序安全规范》（JR/T 0192—2020），该标准由全国金融标准化技术委员会证券分技术委员会提出，规定了证券期货业移动互联网应用程序的移动终端安全、身份鉴别、网络通信安全、数据安全、开发安全和安全审计，适用于证券期货业机构开发和发布移动互联网应用程序。从而实现加强对移动互联网应用程序信息服务的规范管理，鼓励有关行业协会等依法制定自律性管理制度，加强用户权益保护。

延伸案例

东方财富

东方财富信息股份有限公司（简称东方财富）的前身是上海东财信息技术有限公司，2005年1月成立，2008年1月更名为东方财富信息股份有限公司。2010年3月，东方财富登陆深圳证券交易所创业板，股票代码为300059。

东方财富成立时定位于一个财经社区平台，在积累了一定投资客户资源后，开始广泛涉及多方位的金融服务。2012年，东方财富获得基金销售牌照，基金销售收入曾是其主要收入来源之一；2015年，东方财富获得公募基金和第三方支付牌照；2015年，东方财富收购西藏同信证券，获得证券业务全牌照，包括经纪业务、发行与承销、投资咨询、财务顾问、自营、资产管理、融资融券等，次年，西藏同信证券改名为西藏东方财富证券股份有限公司；2016年，设立东财保险代理公司；至今，东方财富已发展成为持有金融全牌照的互联网企业，见图5-8。

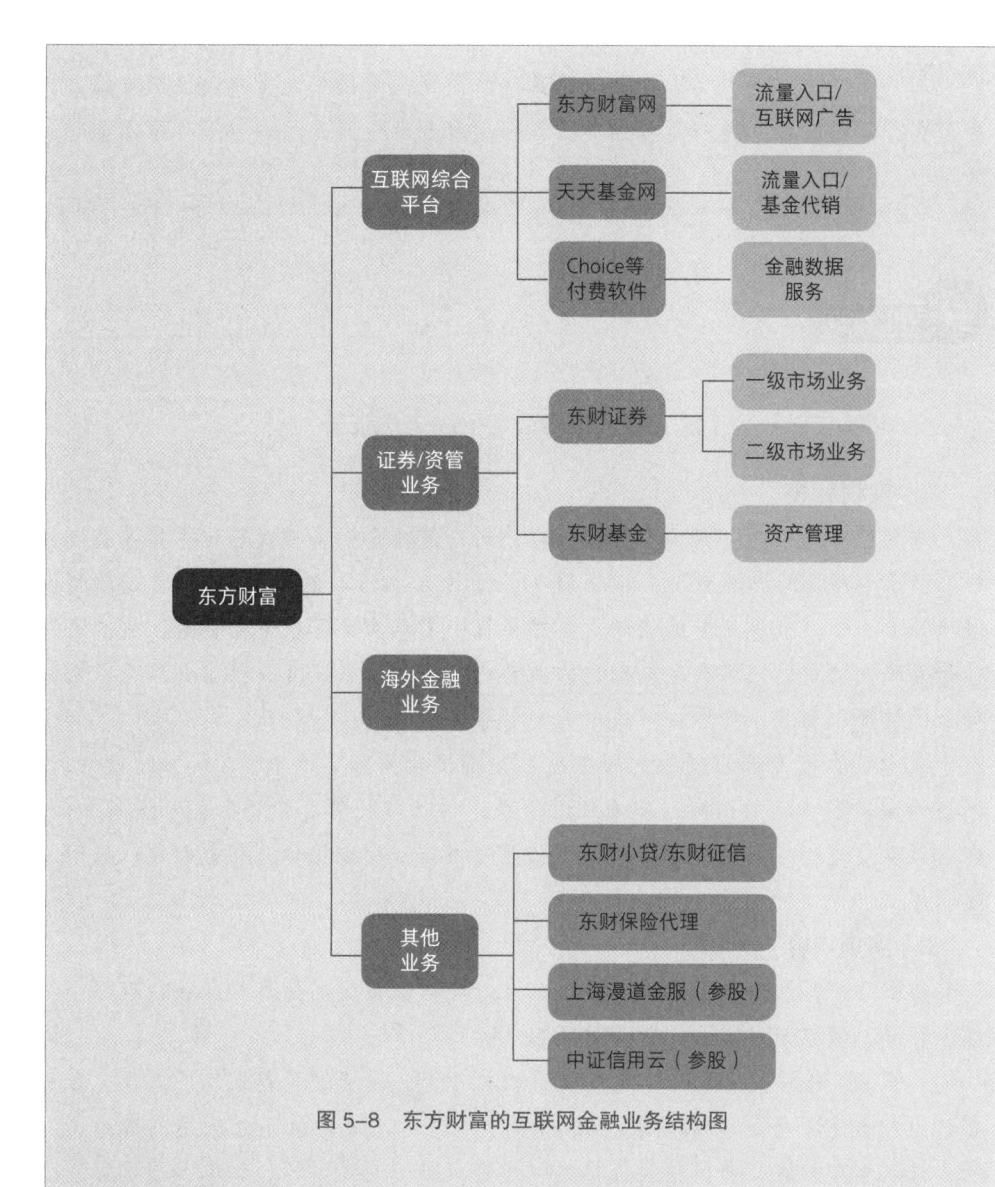

```
东方财富
├── 互联网综合平台
│   ├── 东方财富网 —— 流量入口/互联网广告
│   ├── 天天基金网 —— 流量入口/基金代销
│   └── Choice等付费软件 —— 金融数据服务
├── 证券/资管业务
│   ├── 东财证券
│   │   ├── 一级市场业务
│   │   └── 二级市场业务
│   └── 东财基金 —— 资产管理
├── 海外金融业务
└── 其他业务
    ├── 东财小贷/东财征信
    ├── 东财保险代理
    ├── 上海漫道金服（参股）
    └── 中证信用云（参股）
```

图 5-8　东方财富的互联网金融业务结构图

◆ **案例分析**

东方财富旗下有 Choice 金融终端、东方财富通、天天基金网、东方财富网、股吧、东方财富证券等服务平台。东方财富网提供股票、基金、期货、保险等咨询；Choice 金融终端提供专业的数据统计、分析服务；东方财富通、天天基金网提供股票、基金交易服务；股吧为客户提供一个答疑解惑和交流的场所。从咨询－数据－交易－维护，东方财富为客户打造了一站式证券投资服务平台，通过金融科技的应用，为其自身的发展开辟了一条全新的道路。

东方财富是首家拿到券商牌照的互联网公司，作为一家与证券相关业务出身的财经社区平台，先是依托网站为客户提供综合资讯和交流平台，在聚集了巨大客户流量后，取得其他金融牌照后再依靠互联网技术为客户提供全方位的金融服务，目前已发展成为金融牌照齐全、金融产业链完整的一家互联网证券公司。

实训练习

了解互联网证券公司——老虎证券

1. 实训背景

老虎证券定位为一家纯互联网证券公司，依托金融科技为客户提供覆盖美股、港股、A股（沪港通）的证券服务，通过自主研发的移动端和PC端软件进行证券交易。老虎证券的创始人和主要投资者具有计算机专业背景，老虎证券是互联网公司的技术和金融机构的业务相结合的成果，客户可享受到互联网带来的快捷、高效、便利、低成本的交易服务。

老虎证券能为客户提供的服务有：免费提供美股、港股、A股实时行情；网上开通美股、港股账户；交易软件下载；第三方托管客户资产；融资融券；在股票学院进行专业课程讲解；老虎社区提供信息交流平台；私募孵化；风险提示等。

2. 实训内容

步骤1：登录老虎证券的网站，熟悉老虎证券提供的信息和服务，包括下载、帮助、股票学院、个人中心等项目。

步骤2：进入股票学院，学习股票相关知识。投资知识包括入门知识、股票、期权和ETF等，探索美股、技术指标、投资风险、财务分析等内容。另外，进入老虎社区，与其他投资机构和投资者进行交流学习，如图5-9所示。

图5-9 老虎证券——股票学院

步骤3：点击下载，根据提示安装行情软件[①]（无须开户），学会查询纽约

---

① 风险提示：市场有风险、投资需谨慎。下载软件观看行情即可，无须开户交易。

证券交易所行情、纳斯达克指数等，如图 5-10 所示。

图 5-10　老虎证券——行情软件

了解程序化交易——国信 TradeStation

1. 实训背景

TradeStation 是一款在美国有 30 余年发展历史、专注服务活跃交易客户的专业交易软件。2014 年，国信证券引进该平台，和美国 TradeStation 公司联手为中国活跃交易者打造国信 TradeStation 平台，并于 2015 年 3 月正式发布。该平台支持股票、融资融券、股指期货、商品期货和期权交易，内置快捷的下单工具、止盈止损等高级订单，完备的策略回测和自动化交易等功能；同时自带编程语言"EasyLanguage"，支持自主开发交易策略及工具等，可满足客户多市场、多品种、多周期等的交易需求。

2. 实训内容

步骤 1：登录国信 TradeStation 大学网站，观看国信 TradeStation 快速入门视频，如图 5-11 所示。

图 5-11　TradeStation 快速入门视频

步骤 2：学习了解 TradeStation 教学课程，如图 5-12 所示，教学课程包括入门课程、开发课程两类。

图 5-12　TradeStation 教学课程

步骤 3：查看应用案例，了解量化交易的具体应用情况，如图 5-13 所示。

图 5-13　TradeStation 应用案例

课后习题

1. 单选题

（1）全国证券公司的数量基本保持在 130 家左右，其中绝大部分公司的经营业绩为（　　）。

　　A．亏损　　　　B．保本　　　　C．盈利　　　　D．不确定

（2）近几年，证券经纪业务收入在证券公司营业收入中的占比逐年（　　）。

A．下降　　　　B．不变　　　　C．上升　　　　D．不确定

（3）程序化交易就是根据事先制定的入市、离市、资金和仓位管理、风险控制等一系列交易规则，由（　　）进行的自动化交易。

A．投资者　　　B．交易员　　　C．交易所　　　D．计算机

（4）自（　　）年4月1日起，取消证券公司外资持股比例限制，符合条件的境外投资者可根据法律法规、证监会有关规定，依法提交设立证券公司或变更公司实际控制人的申请。

A．2018　　　　B．2019　　　　C．2020　　　　D．2021

（5）近几年，证券市场新增投资的增速（　　）。

A．加快　　　　B．不变　　　　C．放缓　　　　D．不确定

2. 多选题

（1）程序化交易就是根据事先制定的（　　）等一系列交易规则，由计算机进行的自动化交易。

A．入市　　　　　　　　　　B．离市
C．资金和仓位管理　　　　　D．风险控制

（2）证券公司经国务院证券监督管理机构核准，取得经营证券业务许可证，可以经营（　　）等。

A．证券经纪业务　　　　　　B．投资咨询业务
C．承销与保荐业务　　　　　D．融资融券业务

（3）目前，金融科技在证券业务中创新应用的成果主要有（　　）等。

A．柜台交易　　B．智能投顾　　C．智能投研　　D．程序化交易

（4）一个理想中完整的智能投顾流程大致可以分为：用户分析、（　　）、调整优化等阶段。

A．资产配置　　B．投资分析　　C．策略生成　　D．分析反馈

（5）智能投研的商业模式包括（　　）。

A．金融文本处理工具　　　　B．一级市场数据库
C．二级市场数据库　　　　　D．上下游数据库

3. 判断题

（1）程序化交易是一个简单的由计算机进行自动交易的过程。（　　）

（2）区块链（block chain）是一种集中共享数据库（数据分布式储存和记录），利用去中心化和去信任方式集体维护一本数据簿的可靠性的技术方案。（　　）

（3）金融科技在证券行业落地将放缓，证券产品创新将减速。（　　）

（4）互联网企业的进入，使得传统证券公司的竞争加剧、利润下降。（　　）

（5）金融科技在证券行业的广泛使用，对个人和企业信息泄露、隐私保护未产生任何影响。(　　)

4. **简答题**

（1）什么是智能投顾？其主要目标和驱动力分别是什么？

（2）什么是程序化交易？一个完整的程序化交易包含哪些环节？

5. **分析应用题**

智能投研是人工智能在投资研究上的应用。通过人工智能技术拓宽投资信息来源，提高获取信息的及时性，减少基础数据处理的工作量，通过自动化的数据分析，为投资决策提供参考，从而提高投资研究的效率。从使用者的角度来看，智能投研的受众包括各种类型的投资者（买方）、券商（卖方）、监管机构、银行和财经媒体等。从研究标的来看，智能投研覆盖一级市场公司、股票、债券、外汇、宏观经济数据等。

请研究现有市场上的智能投研平台，如萝卜投研、同人智能投研、巨灵智能投研等。

（1）梳理智能投研的大致实现过程。

（2）分析金融科技在智能投研中如何发挥作用？

Chapter

06

第 6 章
保险业金融科技

- 6.1 保险业发展概述
- 6.2 保险业主要业务变革
- 6.3 保险业业务发展趋势

学习目标

知识目标
- 了解保险的内涵实质、主要业务流程与行业特点
- 了解目前保险行业科技创新的动力与模式和新兴保险行业机构
- 了解保险行业未来的发展趋势

能力目标
- 结合保险行业特征分析当前我国保险行业的主要痛点
- 分析保险科技发展的动力与效应
- 分析保险科技行业创新的突破口
- 为保险公司在科技创新大趋势下未来的发展提供改进思路

素养目标
- 通过保险业发展特点的学习，引导学生理解保险在中国特色社会主义建设中发挥的全面保障作用
- 通过证券业务未来发展的学习，培养学生的风险意识和保险理念

思维导图

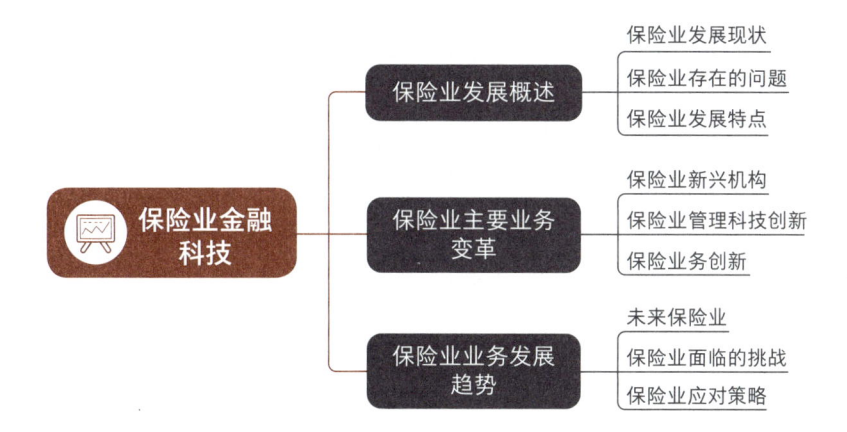

- 保险业金融科技
  - 保险业发展概述
    - 保险业发展现状
    - 保险业存在的问题
    - 保险业发展特点
  - 保险业主要业务变革
    - 保险业新兴机构
    - 保险业管理科技创新
    - 保险业务创新
  - 保险业业务发展趋势
    - 未来保险业
    - 保险业面临的挑战
    - 保险业应对策略

6.1 保险业发展概述
6.1.1 保险业发展现状

中国保险业近年来高速增长，保险科技发展空间广阔。中国目前已经是全球第二大保险市场，2020年中国保险行业保费收入达4.53万亿元，同比增长到6.12%，在经历了行业的结构转型后重新展示出强劲的增长潜力，如图6-1所示。根据艾瑞研究院的预测，中国极有可能在2030年中期超越美国成为全球最大的保险市场，2022年中国保险行业保费收入将突破6万亿。

2013—2022年中国保险原保费收入情况

年份	原保费收入（亿元）
2013	17 222
2014	20 235
2015	24 283
2016	30 959
2017	36 581
2018	38 017
2019	42 645
2020	45 257

图6-1 2013—2022年中国保险原保费收入情况

中国保险市场增长势头强劲，但从近年来保险深度（保费与GDP之比）和保险密度（人均保费额）来看，中国保险市场与发达国家相比仍有较大差距，甚至尚未达到全球平均水平。这表明中国保险市场尚处于初级发展阶段，保险机制有待进一步完善，但这也恰好表明中国保险市场尚有较大创新发展空间，潜力巨大。

6.1.2 保险业存在的问题

当前，中国保险行业面临着供需不匹配问题。需求侧，在消费升级大环境下，客户对保险的需求正在由单一保障向综合需求转变。尤其随着中国中产阶级群体兴起，社会财富进一步积累，大众对于保险价值和内涵也有了更深认知，市场对防范化解风险的保障需求将进一步释放，同时客观上也刺激着客户对服务体验的要求。认知风险、有效交互、追求体验、主动消费正在成为客户保险需求"新常态"。

在供给侧，传统保险业务模式面临着产品设计同质化严重、定价评估困难、营销存在道德风险、承保盈利能力弱、理赔效率低下、客户服务不完善等多重问题，难以与客户日益增长的防范化解风险需求相匹配，保险业亟须实现业务转型和突破。

保险业在供给侧和需求侧的发展痛点如图6-2所示。

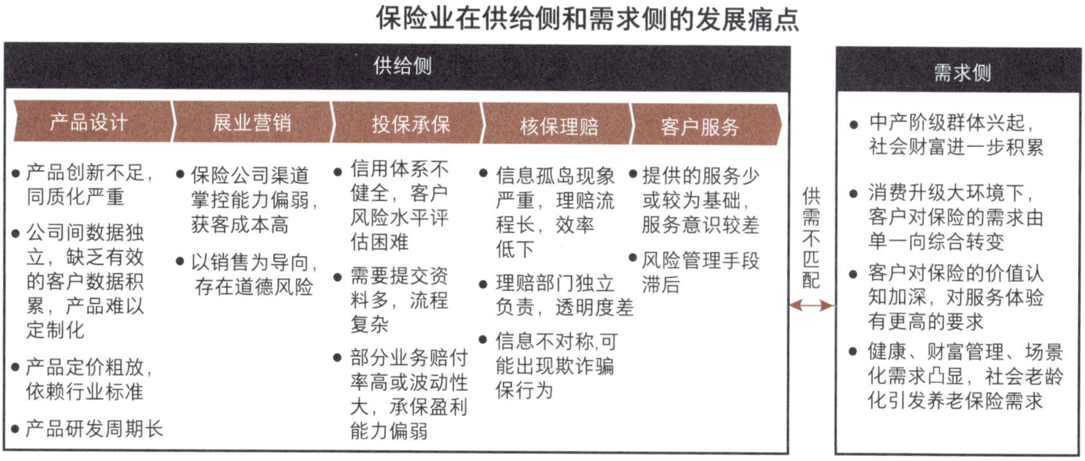

保险业在供给侧和需求侧的发展痛点

供给侧						需求侧
产品设计	**展业营销**	**投保承保**	**核保理赔**	**客户服务**	供需不匹配	• 中产阶级群体兴起，社会财富进一步积累 • 消费升级大环境下，客户对保险的需求由单一向综合转变 • 客户对保险的价值认知加深，对服务体验有更高的要求 • 健康、财富管理、场景化需求凸显，社会老龄化引发养老保险需求
• 产品创新不足，同质化严重 • 公司间数据独立，缺乏有效的客户数据积累，产品难以定制化 • 产品定价粗放，依赖行业标准 • 产品研发周期长	• 保险公司渠道掌控能力偏弱，获客成本高 • 以销售为导向，存在道德风险	• 信用体系不健全，客户风险水平评估困难 • 需要提交资料多，流程复杂 • 部分业务赔付率高或波动性大，承保盈利能力偏弱	• 信息孤岛现象严重，理赔流程长，效率低下 • 理赔部门独立负责，透明度差 • 信息不对称，可出现欺诈骗保行为	• 提供的服务少或较为基础，服务意识较差 • 风险管理手段滞后		

图6-2 保险业在供给侧和需求侧的发展痛点

随着中国经济进入新常态，中国保险业自身也在不断地调整变化之中，出现了新趋势与新问题。经过多年粗放型的发展和无序的市场竞争，传统保险公司面临的经营问题日益凸显。渠道佣金、管理费用成本高昂，与客户接触频率低、关系薄弱，保险欺诈手段多样、赔付虚高，代理人队伍管理难、流失率高，这四大挑战导致众多保险公司承保亏损、经营困难，而同时保险客户却对保险公司越发不满。在挑战面前，保险公司若无法快速破局，将面临互联网、主机厂等跨行业主体的颠覆与冲击，行业变局已开始酝酿。

过去几十年，中国的人口红利为保险业提供了广阔的发展空间。过去，保险公司大多采用粗放式发展模式，快速抢占市场实现规模扩张。随着近几年跑马圈地的发展方式走到尽头，中国保险行业开始从高速增长向提升质量迈进。而在这一转型过程中，如何解决行业内长期存在的痛点是亟待解决的核心问题。例如保险销售误导、用户理赔体验差等都直接拉低了行业形象，从而深远地影响着行业的进一步发展，不过这些问题也恰恰是驱动保险科技发展的重要原因之一。

6.1.3 保险业发展特点

从行业整体来看，中国保险市场的马太效应愈发明显。规模较大的保险公司包揽了绝大部分利润，而大多数规模较小的保险公司则经营情况惨淡，只能在夹缝中生存。另外小寿险公司过去依靠"短平快"业务提升规模的突围方式也由于监管政策的加强而难以重现。在此情况下，中小保险企业的转型需求更加迫切。近几年科技为行业带来了新发展机遇，头部保险公司可以通过科技赋能实现降本增效，进一步发掘利润增长点。中小险企亦能够借助保险业务创新和差异化发展帮助破解经营困局。

从保费规模上来看，中国无疑是全球最大的保险市场之一，而从保险深度和保险密度的数据来看，中国可以说是全球最具吸引力的市场，庞大的保险需求仍等待释放。面向未来，保险业的发展也逐渐具备了与过去完全不同的发展基础，在新一轮的技术浪潮的影响下，中国已经在技术应用普及上走在了世界前列，新生代用户的兴起将为保险业带来全新的客户群。机遇同样也意味着担当，求胜于未来，保险业首先要直面内部和外部的双重挑战。

1. 保险的可获得性仍需提高

传统渠道规模效应显著，目前在各类保险产品销售渠道中，传统渠道仍占据主要地位。尤其在人身险领域，个人代理及银保渠道的保费收入占比一直在90%以上。但近年来互联网渠道发展也取得了长足进步。2020年我国互联网保费收入2 908.75亿元，较去年同比增长7.88%。截至2021年6月，已有2/3的保险公司自建在线商城或通过第三方电商平台分销，销售险种覆盖寿险、年金、健康险、意外险、车险、责任险、信用保证保险、财产险等多条业务线。相较传统渠道，互联网渠道内的保险产品场景化属性更强，客户的触达和互动频次更高，用户的购买行为主动性更强，但单均价值相对较低。

尽管互联网等相关信息技术的发展，极大地拓展了用户获取信息的途径，但互联网渠道对较为复杂的保险产品承载能力仍相对较弱，客户对复杂保险产品的可获得性有待提高。这与复杂产品一般价格较高，当前科技发展应用尚未能显著改善和提高客户对复杂产品的认知和获取方式，客户对渠道认知度及信任度仍有待进一步培养有较大关系

2. 保险业在普惠金融领域的价值尚未充分发挥

因为普惠金融领域，客户触达难度较大，客群风险状况复杂，风险控制手段有限，综合管理成本较高等。尤其在当前环境下，保险对小微企业、城镇低收入人群、贫困人口、残疾人和老年人等特殊群体的保险需求满足程度较低。保险作为社会和经济发展的稳定器，在助推经济发展转型升级、增进社会公平性等方面所应发挥的价值仍有较大提升空间。

3. 保险的公众接受度有待提升

改革开放四十年以来，中国经济取得了举世瞩目的成就，但公众整体的金融知识素养仍较发达国家有显著差距。尤其在保险领域，由于保险产品本身专业性较强，复杂度较高，公众本身认知难度较大，同时宣传教育工作相对不足，多数公众未能获得较为客观、全面的风险教育和保险知识。除了公众保险认知不足的客观因素外，销售误导及理赔难等现象也是导致保险业在民众心目中形象不佳的重要原因。2019年，原银保监会接收互联网保险消费投诉近两万件，主要涉及夸大保险责任或收益、隐瞒保险期间、缴费期限和退保损失、虚假宣传等问题。

4. 保险的理赔服务质量有待进一步提升

以占财产险行业保费规模近80%的车险为例，原银保监会关于2021年第一

季度保险消费投诉情况的通报显示，机动车辆理赔投诉达 8 561 件，占全部财产险投诉总量的 55.09%，问题主要集中在理赔金额争议，责任认定纠纷，理赔时效慢等方面。

5. **传统业务模式面临困境**

产品开发的需求导向不足，同质问题突出。目前，尽管市场上的保险产品种类繁多，但整体来看，各家公司的产品开发未能充分考量市场及客户需要，未能充分满足不同客群之间的差异化产品需求，产品同质化严重。未来，保险业应更紧密地围绕客户需求，提供差异化的产品和服务，扩大保险的覆盖面，进一步丰富保险服务的内涵，充分发挥保险的风险保障功能。

合作渠道的掌控能力偏弱，获客成本较高.当前保险公司的产品销售仍倚重传统渠道。但无论是针对代理人渠道还是第三方渠道（银行、经代、第三方网销等）保险公司尤其是中小保险公司的掌控能力相对较弱，导致客户获取成本偏高，合规风险也较大。行业的良性可持续发展，亟待保险公司探索新型渠道的合作模式和客户获取方式。

6. **承保盈利的能力相对薄弱**

除了获客成本较高以外，保险业整体的运营自动化、智能化程度偏低，综合管理成本偏高，部分业务线赔付率较高或波动性大，这些都影响了保险公司的承保盈利能力。以财产险为例，除个别公司外，大中型保险公司的综合成本率基本处于 100% 左右，而中小保险公司更甚，综合成本率普遍超过 100%。行业整体的承保盈利能力薄弱，制约了保险行业长期的快速、稳健发展。

7. **消费升级期保险需求加速释放**

发展转型叠加消费升级，客户保险需求加速释放。目前，中国经济正处于转型阶段，由高速增长向高质增长转变，消费对经济的拉动作用不断增强。消费不断升级过程中，市场对保险的需求也正在由单一保障向健康、养老、财富管理和场景化需求融合的综合需求转变。尤其随着中产阶级人群规模不断壮大，社会财富的进一步积累，市场对风险保障、健康与财富管理的需求将加速释放。此外，随着中国社会老龄化程度的进一步加深，整个社会对商业养老保险的需求也将迅速增长。

8. **各类主体竞争激烈**

中国目前有各类保险公司近 200 余家，其中大部分为中小公司，业内竞争态势已非常激烈。同时在传统金融领域，保险业与银行、基金等行业也存在着不同程度的竞争关系。近年来，拥有巨大用户流量和先进技术优势的互联网巨头也纷纷涉足保险领域，进一步推动了市场竞争的加剧。而相互保险以及众筹互助等类型的保险产品的出现，也对现有保险市场形成了一定的冲击。在保险科技的支持下，更多主体涌入保险生态，促进了整个保险生态的繁荣，也促使保险行业竞争格局不断升级。

9. 保险科技发展应用前景广阔

继 20 世纪 70 年代以计算机技术驱动的信息技术革命后，以云计算、大数据、人工智能、物联网和区块链等技术所驱动的新技术革命正席卷全球。这场技术革命的核心是网络化、信息化与智能化的更深度的融合，生产方式由大规模制造向大规模定制转变，价值创造从制造环节向服务环节迁移，程序化劳动逐渐被智能化设备所代替。科技驱动的全球范围产业升级，推动着世界经济面貌的改变，更不断创造更多商业模式和市场机会，为保险业的发展带来更多市场需求和发展机遇。结合保险业天然的数字属性，数字技术驱动的新技术革命将为保险价值链扩展释放更大的空间。

伴随新技术浪潮的兴起，互联网保险体系内的保险科技推动着整个保险业在转型升级的道路上不断创新向前。包括云计算、大数据、人工智能、物联网和区块链等技术的进一步成熟和应用，必将推动着保险公司在产品开发、成本控制、风险管理和客户服务等方面获得更大的改善和提升。

伴随技术升级和产业革命，创新的消费场景不断显现，带来了更多场景化保险需求，催生了更加丰富的场景化保险产品体系。例如，肇始于电子商务经济环境的退货运费险，以及 O2O 领域各类丰富的场景化保险产品等。未来，随着技术支撑的商业模式不断发展升级，必将推动更多创新险种需求的释放，带来保险业发展的新兴增量市场。

在各类创新技术的应用支持下，各行业对客户服务能力都在不断增强，客观上也刺激着客户对更优质服务的需求。特别是在消费升级的大环境下，客户对服务体验的要求也越来越高。在这样的背景下，客户对保险产品的消费，除了关注产品本身之外，也愈加重视服务体验。调查显示，互联网时代的保险客户更注重产品透明度与服务体验，同时呈现出强烈的个性化、定制化、移动化和场景化等倾向。

6.2 保险业主要业务变革
6.2.1 保险业新兴机构

保险创新推动保险生态在原有保险公司和保险中介机构基础上技术服务公司、其他上下游企业等更多主体的参与从而改变了保险业的原有格局。新的保险生态中，保险公司始终是市场上主要产品服务的提供方，保险中介机构为代理人（A 端）、企业（B 端）和消费者（C 端）三方客户提供垂直领域服务，技术服务公司为保险公司和保险中介机构提供技术支持，为其他上下游企业提供更为广泛的专业化服务和流量平台。

保险生态体系如图 6-3 所示。

图 6-3 保险生态体系

	保险公司	保险中介机构	技术服务公司	其他上下游企业
简介	拥有保险牌照的公司，是保险市场主要的产品服务提供方	直接或间接拥有保险代理、保险经纪、保险公估牌照的中介机构	服务于保险公司和保险中介机构内部流程优化、风控建设等的第三方服务商	包括互联网公司、医疗机构、物联网公司等，是关联产业链或提供场景流量的公司
优势	● 牌照优势 ● 线下渠道优势明显	● 牌照优势 ● 相对独立地为客户提供服务	● 技术优势 ● 业务发展灵活	● 互联网公司：线上流量优势明显，可满足保险的长尾需求 ● 医疗机构等：专业化服务
劣势	● 对创新持保守审慎态度 ● 受体制机制影响，创新转变难度大	● 风险承受能力较弱 ● 不能独立完成产品开发、风险赔付等业务环节	● 较少拥有相关牌照，业务发展上受限于提供风控等第三方服务	● 保险仅是其产业链中的风险保障或消费环节，参与度有限

保险生态体系以保险公司为核心，形成与保险中介机构、技术服务公司和其他上下游企业之间的"竞合关系"。在保险生态中，保险公司是核心主体，保险中介机构承担保险公司除风险赔付责任外的部分职能，技术服务公司为保险公司和保险中介机构提供技术支持，互联网公司、医疗机构等上下游企业则为上述公司提供数据、流量、场景等。此外，这些生态主体均为需求侧的消费者和企业提供产品服务。

供给侧各主体间的业务并非完全独立而是互有交叉，但他们之间选择"合作"还是"竞争"不能一概而论。从需求侧而言，消费者和企业更希望他们达成"竞合关系"，实现两方或多方的联合，建设生态体系，实现多方共赢，进而提供更加优质的产品和服务。供给侧、需求侧相关体系如图 6-4 所示。

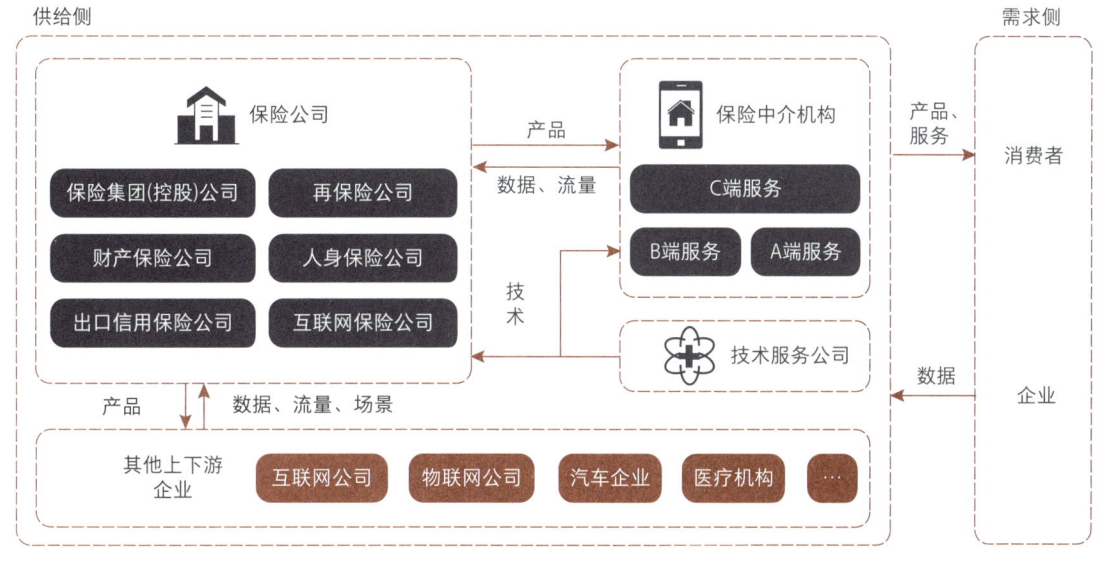

图 6-4 供给侧需求侧相关体系

6.2.2 保险业管理科技创新

科学革命一直是近现代世界发展的逻辑主线。以移动互联、大数据、云计算、人工智能、区块链、物联网为代表的一系列前沿颠覆性科技正在全面渗透人类衣食住行的各个领域。科技与传统保险业务的场景应用，被称为保险科技。保险科技已进入到保险业务的各个场景，从前端保险销售到中端客户服务，再到后端风险管控，甚至是战略、组织架构、企业文化方面，都或多或少地受到科技化的影响。

1. 科技创新将不断优化保险企业的运营模式

目前，保险行业的科技创新正处于快速发展阶段，表现为人工智能、区块链、物联网等科技在保险领域的广泛运用。伴随着保险行业转型发展的持续深化，科技创新在转变发展方式中的支撑作用日益凸显。保险公司通过科技创新，不但能够在开发新产品、推动市场创新和满足客户需求等方面发挥优势，还能帮助企业涉足新的市场细分领域，改造和更新自身价值链中的模块，改进传统保险公司的运营模式，完善组织架构和管理流程，提升保险企业的经营效率。

经过近 10 年的发展，互联网场景下的保险产品已经从单一的退货运费险发展为覆盖意外险、健康险、信用保证险、账户安全险、交易安全险等众多险种，切入到诸多碎片化的消费场景中。对诸多不同场景特征、不同时效要求、不同资源需求和不同运营模式产品的集中业务运营支撑，也为保险公司业务运营带来巨大挑战。以电商交易为例，2021 年"双 11"当天，"全球狂欢季"实时物流订单为 23.21 亿笔，创建峰值达 32.5 万笔／秒，而其背后的退货运费险服务商，需要有强大的复杂业务能力进行支持。在云计算、大数据、人工智能乃至物联网和区块链等技术的支持下，保险公司可以建立起更加全面的产品运营支撑体系，充分利用各类技术优势，针对不同的运营需求，配适不同的资源投入，实现全面的产品运营支撑。

同时，在更多计算资源和技术产品的支持下，保险公司极大改善了原有的保险业务流程。人工干预降低、自动化程度提高、服务的时间和空间限制减少、资源投入边际成本递减明显，都为保险公司在相对更少资源增量投入的情况下，实现了业务的规模化增长，显著提升工作时效。业务的规模化增长、工作时效的提升主要体现在以下几个方面，其一，流程自动化。借助于科技应用，通过云服务、智能保顾、智能客服机器人等技术产品支持，保险公司实现了支持更多产品和服务的全线上承载。尤其对于目前仍需大量线下操作、产品形态复杂的保险，更多环节能实现 7×24 小时的自动化服务，无须人工干预，可以极大地提升全流程作业。其二，运营智能化。如通过应用无人机远程勘测和卫星遥感技术等，结合人工智能图像识别，保险公司可以在较短的时间周期内实现快速精准定损，进行理赔。其三，业务敏捷化。5G 和物联网应用带来的海量实时数据，将支持保险公司各流程环节实现实时响应，达到对业务的敏捷支撑的目的。

另外，云计算和大数据等技术的应用，使得计算资源的获取越来越便捷，且成本越来越低廉，保险公司无须维持体量庞大的技术团队，也可以获得领先的信息技术基础资源支持。尤其在互联网高弹性的业务环境下，借助于云计算所提供的便捷采购和部署方案，保险公司可以按需动态配置资源，而无须长期维持较高的资源投入，显著节约了技术运营成本。而在人工智能、物联网等一系列技术的加持下，保险公司在客户服务、产品定价、核保承保、理赔勘察、服务和追偿等领域的标准化和自动化水平进一步提高。尤其是目前在定损查勘、客户服务、销售咨询等人力成本投入较高的业务环节，借助于无人机、智能手机等设备，文本识别、图像识别、语音情感识别等技术，智能语音机器人、智能保顾机器人等产品的应用，人力投入得到有效置换，人工成本得到有效控制，这些都使得保险公司的运营更加高效，从而释放更多资源和利润空间。

借助于大数据和人工智能等技术的投入和应用，业务运行情况的监控、触发、响应和处理达到了更高的时效和准确要求。尤其在海量、高频的业务要求下，运营支撑在充分满足业务量需求的同时，运营质量也将受益于技术的支持，得到有效的提升。主要包含了三个方面：首先是业务操作类风险的降低，通过技术替代大量人工重复劳动，可以有效地降低业务操作类风险，例如借助于移动智能设备直接对客户信息进行录入管理，可减少纸质文档再录入过程中容易出现的信息不准确或缺失等问题；其次，业务监控及时性的提高，借助于大数据实时数据处理技术等，业务管理可以快速发现并定位运营过程中出现的各类风险事件，从而快速的采取相应的措施进行风险控制干预；最后，新技术能为保险业提供更多目前难以采集和获取的信息，提高服务的精细度。例如在电话客服环节，借助于语音情感分析等技术，可以为客服人员实时提供客户情绪状况信息，并为客服提供相应的话术素材及处理指引，提高服务质量，降低客户投诉率等。

2. 保险业科技创新将有利于构建以客户为中心的保险服务体系

保险企业的核心竞争力，最终取决于服务的优势竞争力，各家保险企业都非常重视以客户为中心，但却无实质上的进展。当前，保险技术的快速发展正在重塑保险业生态，增进客户关系将是未来最重要的创新趋势，基于物联网、大数据等新的科技手段，可以帮助保险公司更好地满足客户不断变化的需求。例如，互联网场景下的业务运行，客户对时效要求普遍较高。而云计算资源的可获得性和便利性，结合大数据技术的应用，能充分保障作业过程中数据处理的高效和及时，帮助保险公司实现各类复杂场景下业务运行的实时计算需求，从而满足客户的最大需求。同时，保险科技的创新将在产品精准定价、提供差异化服务、提高业务效率以及促进普惠金融方面发挥积极作用，帮助保险企业构建以客户为中心的保险服务体系，从而帮助保险企业树立良好的企业形象。

保险科技的深度应用，为保险公司更全面的市场能力搭建提供了支撑。借助于各类科技产品的应用，保险公司对客户的认知、需求的挖掘和服务能力的支持都有了较大的改善，市场获取能力不断加强，服务精准度也将不断提升。同时，借助于更加丰富的技术产品，保险公司与客户的触点也更加多元化，从传统的线下到线上，从PC端到移动端，从独立APP到微信服务号，再到O2O场景融合，线上回归线下等，在不同的场景之间，为客户提供随时随地的保险服务体验，通过科技让保险服务无处不在。物联网等技术的应用将为保险机构提供更多将保险产品嵌入现实生活场景的契机。重疾险与可穿戴设备结合，家财险与智能家居结合，车险与UBI结合都能让保险机构直接触达前端用户，实现了与用户的自然、高频的交互，打造真正"零距离"的保险产品。在这种模式下，保险机构应用创新的运营模式在潜移默化中将保险与用户生活融合在一起，并因此成为用户获取服务的重要入口，在风险点出现的时候，及时为用户处理好问题，成为用户的风险管理助手。让保险实现从产品关系导向模式向用户关系导向模式的转化，树立保险在用户心中的正面、积极形象。

借助于科技的应用，保险公司提供的保险保障不再局限于风险事故后的经济补偿，而是伴随着保险公司在行业上下游资源的不断整合，获取相关的服务能力，为用户提供更便捷、更贴心的服务。例如，为手机等电子设备提供保障的碎屏险等，在触发理赔后，保险公司合作方可以提供快速的上门维修服务，不仅解决了用户的真实困难，也丰富了保险理赔的给付形式。与此同时，部分保险公司凭借在专业技术领域的积累，不断进入专业化的细分市场，提供更加多元化的非保险产品，反哺保险主业。例如，众安保险成立的众安科技，平安保险成立的平安科技、平安好医生，以及人保集团成立的人保金服等，都是保险公司借助科技应用，在产品服务能力专业化方面的尝试。除此之外，部分保险公司在健康和医疗领域的投入，也是围绕保险主业探索产品服务能力提升的一种路径，这些都是科技驱动下，保险公司更丰富的市场能力的表现。

随着科技推动行业加快发展，各类保险机构以及科技公司纷纷推出更加多样化、垂直领域的服务，保险行业及上下游整体形成的保险生态的服务能力都得到了极大的丰富。保险公司及相关的代理渠道搭建了诸多面向不同群体的服务支撑系统，包括面向消费者的智能保顾平台、保单管理平台和面向代理人管理服务平台等，推动了整个行业内服务能力的提升。同时，围绕保险公司业务扩展需求，诸多为保险公司提供专业化服务的大数据、反欺诈、风控、征信、人工智能等产品和服务公司的出现，丰富了整个生态的服务能力。机场延误险产品中使用的航班信息数据，理赔环节使用的发票图像识别、文本识别、验真等服务，客服领域使用的智能客服机器人等诸多应用将越来越成熟及普遍。在科技的持续驱动下，保险生态的服务能力将不断累积，形成一个更为完善的体系。

通过利用物联网及人工智能，保险机构可以为用户提供预防和管理风险的机制。例如通过设计与健康运动管理相结合的保险产品，将事后补偿与事前管理干预相结合，通过鼓励用户积极运动，一方面培养用户的安全风险意识，另一方面激励用户实现主动的自我健康管理，以有效降低并分散用户健康风险。同类的产品还包括与车联网、智能家居相结合的创新产品，通过改变保险的体验模式，从提供保险产品延伸到风险管理服务，进而达到降低用户风险、保障用户财产和健康安全。

在大规模的数据支持下，机器学习的应用赋予技术学习和理解人类的能力。通过不断改进的算法，技术不仅能识别出共性特征，更能支持识别更多个性化的特征，从而支持与每个用户建立更个性化的关系。例如，结合客户历史的沟通记录及行为特征，针对每个客户建立专属的知识图谱，并在与客户的不断交互过程中不断学习，再在与客户交互的过程中，提供更有针对性的服务体验。在客户关系维护过程中，针对客户喜好特点，提供符合客户情感需求的产品或服务，提升客户的感知，建立更加个性化、人性化的互动关系。

同时，情绪识别、情感感知、自然语言处理（NLP）等技术应用可以促进客户服务。目前此类技术在客服领域已经有了部分应用，人工智能通过对用户信息进行实时分析，根据用户通话时的内容、语音、语调等内容，向人工客服提示用户情绪变化，帮助客服针对客户情况优化服务。此外，保险由于其产品的特殊性，在出险时，用户往往容易经历较大的情绪起伏，在理赔环节利用人工智能快速反馈及决策，能帮助达到安抚用户情绪，提高理赔体验的效果。

3. 科技创新将有力促进保险企业风险控制能力的提升

保险科技的应用，为保险公司更全面的风险管理提供了必要的技术支持。通过各类技术的应用，对丰富的数据资源的分析和挖掘，保险公司实现了远超以往的风险控制能力，为保险公司的稳健运营、保险行业的健康发展提供了坚实的保障。

借助于创新的科技应用，保险公司风险管理手段更加多元化。例如，借助于卫星遥感图像识别，保险公司能够在农业保险甚至是债券市场交易中获得更多的信息参考，更加全面的评估承保受灾或企业运行的真实情况，进而开展必要的风险控制干预，控制整体的风险情况。又如，通过OBD等设备的应用，保险公司在车险查勘过程中，能够更准确的评估出险情况，防范潜在的欺诈风险等。再如，借助于图像识别技术等，对客户提供的发票、单证甚至是身份进行真伪识别，减少欺诈带来的损失。多样化的技术手段，为保险公司整体的风险管理提供了更多元化的工具，在面向不同的业务场景和风控需求时，能够选择更契合需求的工具和措施，实现更全面的风险把控。

4. 科技创新将给保险带来更安全的交易方式

各类创新技术的应用，为保险行业提供了更加安全的交易方式，有效地提升了交易效率，降低了交易风险，并助推保险业务本身的创新和发展。这当中尤以区块链技术的应用带来的影响更为广泛。随着越来越多的数据上链，例如在健康险领域体检机构和医疗机构数据的上链，车险领域车辆购置、出险和理赔信息等的上链，都将更加显著的降低信息不对称给保险公司带来的潜在欺诈风险，提升保险公司整体的运营效率和运营质量。

虽然区块链在全网每个节点上都保存着每笔交易的信息数据，但通过配置公钥和私钥，每个节点在进行信息查询时只能查询到交易数据，而对参与者个人信息则是保密的，这保证了参与者信息免于泄露，也保障了参与者在完成交易过程中不受到其他不必要的信息干扰。这对当前保险行业的客户信息保护意义重大。在客户信息保护层面，购买保险需要提交客户真实有效的身份信息，以及健康信息或财产信息等，这对保险公司，尤其是开展互联网保险业务的保险公司的信息保护能力提出了较高的要求。但因信息管理和保护方面标准的缺失，诸多保险公司目前都面临着较大的信息泄露风险。基于区块链技术构建的分布式身份认证系统，可以在确保客户身份真实性的基础上，有效防范信息泄露事件的发生。利用区块链共识机制，将客户信息与区块链上相关信息相互认证并形成共识，能够防止个人信息的丢失及篡改等，实现更加安全的个人信息在线数字化管理。结合密钥的使用，更能大大提高客户信息的保护水平。

6.2.3 保险业务创新

随着保险科技的深入发展，保险科技的应用逐渐扩展到保险业务的各个环节，包括产品、营销、承保、理赔、运营等。保险科技应用于保险业务全流程，能在很大程度上解决保险公司面临的痛点，为保险行业的健康发展带来机遇。

云计算、大数据、人工智能、区块链等关键技术的日益成熟为保险行业各环节价值链的重塑再造带来机遇。从实际的落地情况来看，保险科技在产品研发环节的应用程度相对较浅，主要是在大数据分析的基础上辅助精算师进行风险定价以及定制化产品开发；其次在保险营销环节由于其痛点较多并且业务场景更有利于 AI 大数据等技术的落地，因此成为目前保险科技落地最多的环节；而在承保和理赔环节，保险科技的价值在于帮助企业提升风控能力和效率以及改善用户体验，而这也是保险企业未来的核心竞争力。保险科技与保险业务环节如图 6-5 所示。

产品	营销	承保	理赔	运营
• 根据场景灵活定制 • 差异化、精准定价 • 敏捷快速上线	• 嵌入式、互动式、社交化销售 • 低成本识别潜在客户 • 降低代保风险及退保率	• 智能识别客户身份 • 提升核保自动化程度和核保效率	• 识别虚假信息/恶意行为,降低欺诈渗漏 • 提升流程自动化程度 • 提高信息交互实时性	• 降低人工成本,提升作业效率 • 7×24小时服务改善用户体验 • 优化服务质量管控

全流程嵌入

人工智能　　大数据　　云计算　　区块链　　物联网

图6-5　保险科技与保险业务环节

1. 产品环节

保险科技在产品环节的应用主要是基于用户需求与业务场景,通过大数据等技术,实现产品灵活定制与创新。基于用户的身份信息、生理自然信息、社会关系信息、特征偏好信息、业务活动信息等大数据的处理分析与AI建模,保险公司可以生成客户画像,对客户进行分群,区别需求特征,设计差异化的保险产品与服务,实现精准定价,甚至一人一价。

传统保险产品开发和定价,主要依赖于大数法则,受数据处理能力的限制,往往采用抽样的方式进行数据选取和测算。在数据类型庞杂、数据维度众多、数据样本差异巨大的环境下,往往无法满足保险产品精准定价和快速开发的需求。借助于云计算和大数据等技术,产品开发人员实现了对全量数据样本的数据分析,从而根据完整的数据表现,进行更全面的风险评估,开发出更符合市场需要的保险产品。

算法是人工智能的核心之一,算法的不断演进,推动着人工智能领域技术的发展,也为大数据领域的保险定价提供了更加便利可靠的工具来进行模型搭建和产品开发。通过大数据的分析和深度学习,基于人工智能的保险精算就可以提供更精准的风控方案和定价模型,为客户订制个性化的保单。尤其是在小额、高频、碎片化的场景化保险产品开发过程中,大幅提高了产品开发成效。

德国安联财产保险运用机器学习、大数据分析等技术开发了新一代承保定价系统,可根据客群细分与市场环境实现高度灵活的价格配置,为安联全球多个子公司带来了显著的经营效益提升。该系统包括四大核心,即通过数据收集与清理建立定价所需的基础数据库,通过复杂的精算与统计模型计算出基础费率,再结合市场定价与客户分层确定面向不同客群的市场价格,最后将定价推向市场并通过持续动态的指标监测不断调整定价。该系统的风险因子输入超过800个,可支持每日进行一次市场价格调整。

传统的保险产品主要是约定保险事故发生后的经济补偿，但对于用户而言，其更核心的诉求是对风险事故本身的化解。新技术的发展赋予保险公司在设计保险产品时满足用户核心需求的可能。例如，通过可穿戴设备的数据记录，为客户提供基于健康运动管理的保险产品，激发客户自觉的健康维护行为；此外，通过在保险服务中增加体检等服务，帮助客户了解潜在的健康风险，进而为客户打造专属的健康维护方案等，都是保险公司在应用创新技术过程中，不断地进行人性化产品设计的有益尝试，扩展了保险产品设计的思路。

2. 营销环节

保险科技的应用让保险营销环节更精准有效。通过大数据分析和机器学习技术的应用，可以识别客户潜在需求，实现无人工干预的智能化保险推荐。同时也可帮助保险公司销售人员和代理人更了解客户，推进传统的线下营销向嵌入式、互动式、社交化营销转变，提升销售成功率、降低退保率。

例如，针对精准销售难的痛点，平安人寿进行销售模式变革，推出 SAT（社交辅助营销）系统，帮助代理人实现实时连接、高频互动和精准营销。"S"是基于社交渠道的客户服务与沟通工具，如微信群与朋友圈管理助手，助力代理人高效沟通；"A"是业务办理与销售的移动工具，包括代理人 APP 和客户 APP，可实现即时询报价、移动出单等；"T"是空中坐席，通过电话渠道对意向客户进行及时跟进。同时，SAT 智能营销工具还融合了平安集团人脸识别、OCR 文字识别、智能推荐、智能派工、基于移动位置服务（LBS）和语音交互等领先技术，使各类数据流和信息流均可以客户需求为驱动自动流转，实现全渠道、全链条打通。2018 年，平安人寿 SAT 智能营销系统触达人数 2.2 亿人次，互动次数 13 亿次，配送线索 10.8 亿条，取得卓著成效。平安人寿 STA 模式如图 6-6 所示。

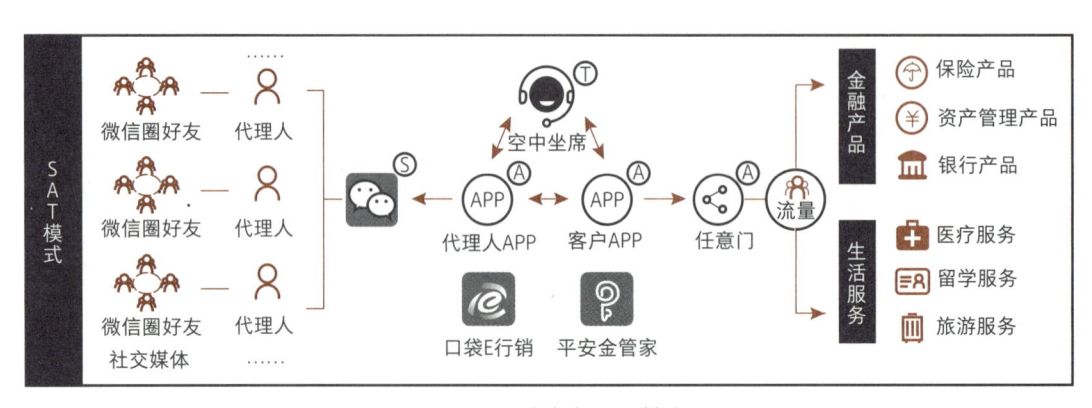

图 6-6 平安人寿 STA 模式

3. 承保环节

承保的核心环节是保险公司对被保人的风险评估，即核保。传统核保流程复杂、审核材料多，但仍难以对风险进行精准量化的评估。将大数据、人工智能等技术应用于核保全流程，可以实现更快速且有效的核保，帮助保险公司降低风险、提升绩效。如通过 AI 赋能，实现对投保材料的自动识别与结构化，提升信息采集效率；通过 AI+大数据建模，自动识别高风险客户与异常指标，为核保与定价提供辅助。

泰康保险开发的认知核保系统，将人工智能技术与医学知识、保险业务紧密结合，打造 AI 体检数据采集引擎和 AI 核保决策引擎，使核保更便捷，风控更有效。体检数据采集引擎以客户体检报告影像为输入，自动定位、识别健康数据，依据自然语言和医学语义将其结构化，并自动识别异常体检项目；核保决策引擎构建可解释的算法模型，预测客户健康风险，并且结合投保产品特征评估承保风险，输出核保结论与解释。该核保系统支持超过 10 类常见疾病患病风险的预测，准确率近 80%，同时也将核保环节人工审核的效率提升超过 25%。泰康保险认知核保体系如图 6-7 所示。

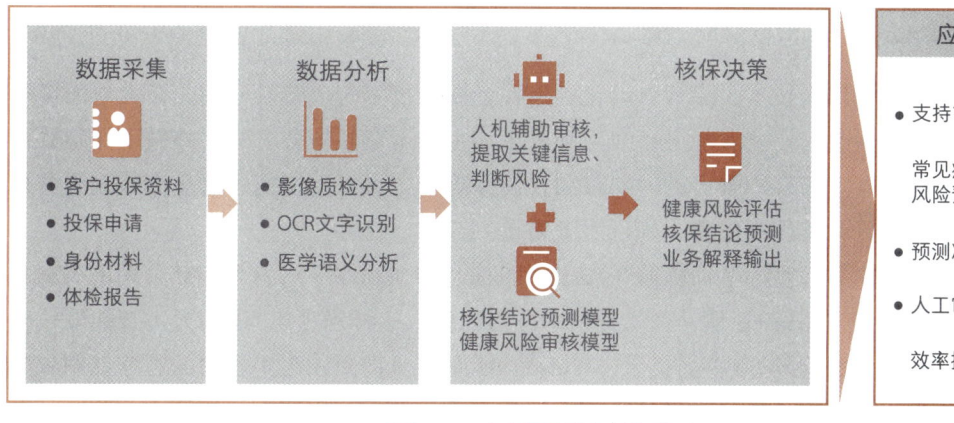

图 6-7 泰康保险认知核保体系

4. 理赔环节

"理赔难""理赔慢""手续繁"历来是保险行业饱受诟病的几大顽疾，也是保险投诉高发的"重灾区"。随着保险技术的深度应用，保险公司理赔服务正在升级。不少保险公司的 App、微信公众号都已实现电子化自动理赔，客户只需将原件材料拍照上传到理赔系统，就可以完成索赔支付。此外，部分险企还推出智能理赔服务，无须人工介入，支持低风险、小额案件全流程自动作业，大幅提升理赔服务效率。例如，金融壹账通推出的智能闪赔，对车险理赔的端到端流程进行了全面的梳理与优化，并应用深度学习算法、大数据挖掘等技术，为保险客户提供极致的智能车理赔服务体验。"智能闪赔"包括理赔作业全平台，车物定损、人伤定损、反欺诈等，覆盖从报案调度、查勘定损、核损核价、理算核赔到结案支付的理赔全流程。该解决方案搭建了覆盖98%市场车型、85%定损配件、96%定损工时等的千万级、地域化数据库，配合一整套反渗漏及反欺诈模型，实现车物定损与人伤定损的自动化。同时，智能闪赔应用最先进的图片识别技术，提供通过拍照自动识别车辆损失的图片定损工具，将车理赔定损缩短至"秒级"。目前壹账通智能闪赔解决方案已经与超过20家保险公司合作，得到客户和行业的广泛认可。智能闪赔理赔环节如图6-8所示。

图6-8 智能闪赔理赔环节

5. 运营环节

机器人技术、流程自动化、远程音视频技术的成熟及应用，极大地颠覆了传统保险公司朝九晚五、线下和人工为主的运营和服务方式，打破了保险公司经营管理与客户服务的时空限制，使保险公司可以更快速、更全面地响应客户需求、改善用户体验，优化服务质量。

例如，富国生命保险（Fukoku Mutual Life Insurance）引入IBM公司的Watson AI系统（Watson是一种认知技术，可以像人一样思考），采用人工智能取代赔付评估部门的30多名员工。Watson AI系统负责阅读医生撰写的医疗证明和其他文件，以收集确定保险理赔金额所必需的信息，比如医疗记录、住院时长和外科手术的名称等。除确定保险理赔金额之外，系统也能核对客户的保险合同，发现特殊保险条款，并阻止赔付疏忽。预计该系统每年可核查总计超过13.2万宗案例。

华夏保险使用机器人辅助人工，为客户提供业务覆盖面广、响应及时准确的服务。其智能客服由文本客服"小华e问"和语音客服"智语小华"组成。"小华e问"涵盖20大类40细项共计3 000余条知识，覆盖相似问法上万种，能处理多个业务领域的常见问题，回答准确率高达93%。"智语小华"能在特定业务场景中与客户进行实时语音互动，响应迅速、理解准确、回复高效、语气自然。除华夏保险以外，其他很多保险公司，如平安、人保等也都开始采用机器人代替人工处理大量的客户咨询与服务要求，提高业务效率和时空覆盖。

6.3 保险业业务发展趋势

6.3.1 未来保险业

随着保险科技不断的演进与发展，其作为保险行业未来重要基础设施的地位不断加强，与保险生态的融合不断加深，与场景的结合更加紧密，必然推动保险行业不断向新保险演化。在这个演进的过程中，保险行业将通过对既有业态的优化、创新业态的升级、价值体系重构三个阶段实现对面向未来的新保险生态体系的打造。

1. 保险科技驱动既有业态优化

这一阶段，保险科技将与保险流程的各个环节产生更为深入的融合，帮助保险机构进一步修炼内功。无论是在两核、精算还是风控、客服，新技术的应用将为保险行业打造一个强大、智能的后台。不仅帮助其应对不断快速增长的前端用户的多样化需求，而且能在效率提升及成本管控上发挥更多作用。在业务承载能力大幅提升，风险控制能力变强的过程中，业务也将实现高度数据化，进一步提升市场整体的透明性，配合监管实现整体稳定性的目标。

2. 保险科技驱动创新业态升级

强大、高效的后台能力为实现市场的多样化、人性化奠定基础。创新产品和服务形态也因此才能实现落地，风险保障范围在科技的支持下将不断拓宽，保障模式也得以从事后经济补偿向事前风险预防和防灾减损转变，服务体系更将符合客户的人性化需求，科技将真正带来整体模式的全面升级，进一步促进整个保险行业服务实体经济，回归保障本质。

在新技术的驱动下，全方位、全天候的数据检测成为可能，数据的可获性和可靠性均大幅提升，这为各类保险产品的精准定价、创新定价机制以及保险服务深度介入风险管理提供有力的技术支撑。例如，健康险可以将用户动态大健康数据纳入定价维度，进行个性化的精准定价，优质体能得到更公允的保费，同时定价机制也鼓励用户进行健康管理，促使非优质体能向优质体能转化，打破"非优质体能投保费率上升优质体能投保医院下降"的恶性循环，建立的"人人投保用户管理健康费率下降"良性循环。在车险领域，利用 UBI 进行精准化定价同样也能实现用户、保险机构、和社会的共赢。

3. 保险科技驱动价值体系重构

随着保险科技全方位融入人们日常生活，保险行业在为各类科技提供更广阔的应用空间的同时，推动保险价值体系的重构，促进新保险生态的构建。一方面保险价值链将更加完善，生态体系更加丰富多元，保险行业的多样化、专业化、场景化日趋完善和成熟。越来越多的专业保险公司、专业保险服务公司和专业保险科技公司等一系列保险生态主体支撑并推动整个新保险生态体系的构建和完善，促进未来整个保险行业的发展和繁荣，进而建立更全面的风险保障网络，覆盖更广泛的业务场景，更好服务实体经济，助力普惠金融，发挥国民经济稳定器的关键作用。另一方面，科技在推动新保险生态构建的过程中，将监管和行业更紧密地联系在一起，实现合作共赢，进而更好的应对来自行业内外的变化和挑战，打造面向未来的新保险。

另外在保险科技的未来发展中，行业监管方、保险企业、保险科技公司之间的联系将会更加紧密。首先对监管而言，保险科技的发展会导致企业存在一定黑箱的问题，而监管方同样需要进行监管科技建设以应对更加复杂的监管场景，及时掌握行业风险状况；其次对保险企业来说，当前限制保险科技发展的根本原因并不是算力和算法而是数据。无论是在云计算、大数据还是区块链的应用上，保险企业对数据的分享意愿和态度都是极为谨慎和保守的，而只有整合数据资源才能够使保险科技得到进一步发展；最后对于保险科技公司而言，持续提升创新能力，不断挖掘增量市场，提供行业解决方案是核心发展目标。保险科技发展趋势见图6-9。

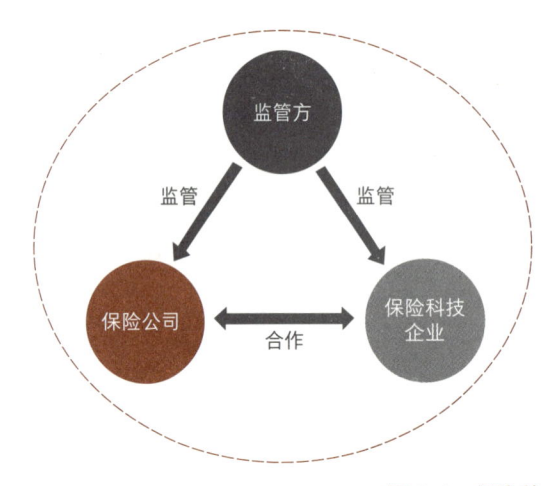

监管方
重点发展监管科技、完善相关监管政策、制定行业标准和规则，应对数据安全问题。

保险公司
打破体制约束，以更加开放的心态接受险企间或者与保险科技企业的合作，从而实现共赢，另外要重视保险科技人才培养。

保险科技企业
挖掘增量市场，提升创新能力，为中小企业提供成熟的解决方案。

图 6-9　保险科技发展趋势

6.3.2　保险业面临的挑战

随着保险行业与互联网场景融合不断加深，面向互联网生态的保险产品也持续迭代创新，从最初单一的退货运费险逐步发展到更多类型丰富的保险产品，其中场景碎片化、交互频次高、交易时效强、业务峰谷波动大的产品对保险各公司的运营能力提出极高的要求。对保险行业而言，互联网时代是机遇和挑战并存的时代。

1. 思维方式面临冲击

这些年我国保险业市场创新不断涌现，但总体上还是延续了发达保险市场的发展脉络。而大互联网对思维方式的冲击可能是颠覆性的。在技术剧烈变化的条件下，如果思维方式跟不上，企业经营或保险监管都可能会出现很大问题。

2. 数据基础比较薄弱

这些年，保险业在大数据战略和网络经营等方面进行了积极探索。2012年，有61家保险公司开展了网上保险业务。中国人保集团建设完成了企业私有云计算平台，并准备开展车联网试点。中国人寿2002年将全国500多套应用系统集中到数据中心进行统一运营。中国平安与百度联手研究车险用户基于互联网的行为模式。

但总体上保险业大数据的基础还很薄弱，和银行、证券业相比还有一定差距。同时，不同主体间大数据应用能力存在较大差异，保险主体挖掘内部数据、收集外部数据、对数据分析和处理、发现数据背后价值的能力还不平衡。

在互联网时代，保险业面临来自互联网企业和科技公司业务分割的竞争压力。保险企业的生存空间受到了挤压，保险业的竞争能力可能会被进一步降低。

3. 人才储备严重不足

高端新型技术人才匮乏是制约保险业发展的重要因素之一。面向互联网时代，保险业在人才上的问题显得更加突出。

科技时代到来，保险业可以拓宽行业发展空间、提升行业竞争力。但是科技时代也使保险业面临挑战，保险业竞争加剧，人才缺乏。保险业应该积极探索如何将挑战转化为机遇，从而更好地发展保险业。

6.3.3 保险业应对策略

面对"新机遇、新挑战，新保险"，保险业将建立一个前所未有的新体系。宏观经济发展、消费升级、人口老龄化、科技创新等因素为保险业带来了新的机遇，而保险业也同时存在着诸多挑战和不确定性。在变革的时代，保险行业需要与时俱进，迎潮而上，加速转型，重塑行业生态价值链。

1. 加强制度顶层设计，加大科技创新的资源投入

当前，保险行业已经进入加速发展、结构优化和动力转换的新常态，但不少保险企业的体制机制尚不适应科技的快速发展，科技创新的顶层设计、长效机制和资源投入有待加强。一方面，要提升科技驱动业务的创新意识，加强保险科技应用的顶层设计，在公司治理、组织架构、体制和机制上制定相应配套政策，拓宽科技应用的广度和深度，增强企业发展的可持续性。另一方面，要从资金投入、资源倾斜、人才培养等方面，加大对科技创新的投入，打造复合型、创新型专业队伍。同时，加大对前瞻性、创新性科技的研究，以及技术攻关的资金投入，不断培育自主研发和创新能力，把握创新发展的主动权和话语权。

2. 通过科技创新进一步提高客户服务效率

从保险科技对保险业的影响看，大数据是核心资源，掌握大数据就掌握了客户的需求、产品的开发，就能有针对性地提升客户体验，赢得市场先机。一是提高产品设计和客户群体开发的针对性。利用保险科技构建个性化定制服务体系，满足客户多样化、多层次、综合性保险保障与金融服务需求，从单纯销售保险产品转变为专业的私人金融定制。二是借助科技力量提高服务效率。通过微信、APP等打造"口袋服务"模式，通过多维度风险识别输出客户风险评级结果，利用3D全息影像等实现远程自助查勘，提高核保和理赔的时效性与便捷性，实现线上出单、入院安排、就医评估、出院直赔等。三是运用科技提供更多增值服务。通过网络免费发放体检券、齿科券，免费提供轻问诊、电话医生、门诊挂号等服务，在为客户提供更好的服务体验的同时，培养客户通过互联网进行保险消费的习惯。

3. 加强保险服务质量管理，真正实现以客户为中心

通过科技创新真正做到"以客户为中心，以实现最大满意度为第一追求"。一是广泛运用人脸识别、云平台、智能客服等，将"标准服务"与"特色服务"结合起来，满足客户多样化、特殊性需求，争取更多的客户群体。二是做好客户关系管理，通过多维度的个人数据，如信用数据、财富数据、位置数据、社交数据和浏览数据等进行数据建模，不但能延展服务内容，还能对客户进行甄选，降低客户逆选择风险。三是通过大数据分析，站在客户的角度制定服务措施，如赠送电子穿戴设备等，将无形服务变成有形服务，建立忠诚客户群，争取更多的客户转介绍。四是尝试建立客户联盟。借助自媒体扩散，宣传有关保险产品信息。通过区块链建立积分体系，鼓励用户开展自助服务，增强体验、提高黏度。

4. 通过科技创新拓宽业务渠道，提升企业内涵价值

内涵价值是保险公司未来利润在当前的映射，也是新形势下保险企业转型发展的关键。一是通过科技创新建立完善的销售体系，针对不同业务来源，采取不同的管理和销售策略，巩固和拓展不同来源的业务。二是加大渠道销售模式创新力度，通过手机银行、移动终端、"互联网+"等新型销售模式，打造新的业务增长点。三是通过保险科技建立获客平台。通过移动互联网便捷销售产品，将线上线下有机结合，实现二次转化；通过微信、APP开展保险需求测试、客户风险筛查等，降低公司运营成本。四是利用大数据进行客户偏好分析，根据市场需要或潜在需求研发新产品，推出适销对路、市场占有率高、盈利率高的新产品，实现从趸交产品向期交产品的转变，从理财产品向保障类产品的转变，通过科技创新实现公司结构转型和价值提升，运用微信、视频会议、直播室等新型技术手段，对销售队伍进行在线培训，提高工作效率。

微课：众安保险的云计算应用效果

5. 把控科技创新风险，实现保险企业可持续发展

由于保险科技的发展仍处于初级阶段，还存在着一定的风险和不确定性，这对保险企业自身的风险管控能力提出了更高的要求。保险企业要积极构建新型综合防范体系，健全风险监测预警和早期干预机制，重点加强对新技术的安全管控，有效应对新形势下的信息安全威胁，提升全面风险管理能力，推动保险企业的持续创新和健康发展。

监管专栏

保险业金融科技相关监管政策

国家金融监督管理总局作为我国保险监管部门，承担着维护保险业合法稳健运行的职能，监管范围涵盖传统保险市场与互联网保险市场。除国家金融监督管理总局外，我国工业化与信息化部、公安部等其他部门，在维护互联网保险信息系统安全、查处互联网保险欺诈等方面也发挥着重要作用。

我国在把握本国保险行业发展实际的基础上，借鉴国际保险监管经验，逐步形成了以偿付能力、市场行为、公司治理为要素的三支柱监管框架，监管内容可总结为保险组织监管、保险公司经营行为监管、保险公司偿付能力监管、保险市场监管四个层面。对于互联网保险的监管，其内容以传统保险监管为基础，并具有新的内涵。

1. 互联网保险偿付能力监管

保险公司的偿付能力决定着保险公司的履约水平，关乎保险消费者的权益，是保险经营中不可忽视的事项，我国于2016年实施《保险公司偿付能力监管规则（1—17号）》，标志着我国开始实施第二代偿付能力监管体系，在采纳国际通行的三支柱框架基础上，设定17项监管规则技术标准。

2. 互联网保险产品监管规制

国家金融监督管理总局依法对保险产品进行审批和备案管理，除新开发的人寿保险等几类法律明确列举的需要事前审批的保险产品外，其他保险产品均采取事后备案制。监管部门对投入到市场的保险产品进行监督检查，对保险产品条款合法合规性、产品费率科学性等进行审查。对不合格产品予以强制退出，公开披露产品停售信息，依法进行监管处罚。互联网保险产品的开发，应当遵循原保监会下发的《财产保险公司保险产品开发指引》《人身保险公司保险条款和保险费率管理办法》《中国保监会关于强化人身保险产品监管工作的通知》等规定的约束。

3. 互联网保险机构说明义务规制

互联网保险机构的说明义务，包括三个层次，前两个层次与传统保险并无区别，一是对一般格式条款的说明义务，在这一层面保险机构对一般合同内容的说明，做到规范表达即可。二是对免责条款的说明义务，保险人对合同文本中的责任免除条款、免赔额、免赔率、赔付比例等免除或减轻保险人责任的条款负有解释义务，并且应当以特别字体或符号等显著提示的方式进行，达到足以引起投保人注意到免责条款的程度。第三个层面是特殊提示义务，要求保险产品销售页面中应当以适当的方式突出提示理赔要求、保险合同中的犹豫期、费用扣除、退保损失、保险单现金价值等重点内容。互联网保险合同中犹豫期、费用扣除等内容虽然不属于免除条款，但在保险纠纷中，当事人对上述内容的争议较大，故而《互联网保险业务监管办法》要求保险机构履行特殊说明义务。

4. 互联网保险机构信息披露义务规制

互联网保险机构的信息披露义务包括两个层面。第一个层面与普通商业保险公司无异，信息披露的内容、方式及具体管理受到《中华人民共和国保险法》《保险公司信息披露管理办法》等法规的约束。第二个层面是《互联网保险业务监管办法》所规定的特殊披露义务，该法对互联网保险机构履行信息披露的内容和方式上做了特别要求。

延伸案例

众安保险与退运险运行模式

众安在线财产保险股份有限公司（简称众安保险）于2013年11月创立，注册资本金10亿元，是行业里第一个没有线下团队的保险公司。在上线不过1年多的时间里，众安保险借以"小额、海量、碎片化"的互联网保险特质，并且依靠纯互联网的业务将保费做到8个亿。"众安在线"或将突破国内现有保险营销模式，不设分支机构、完全通过互联网进行销售和理赔，主攻责任险、保证险等两大类险种。"众安在线"或将突破国内现有保险营销模式，不设分支机构、完全通过互联网进行销售和理赔，主攻责任险、保证险两大类险种。

2014年"双十一"当天，众安保险卖了1.5亿份退运险保单，当天保费规模过1亿元。这意味着，平均每分钟需要处理9.7万个保单。在传统的保险公司中，大都使用的是第三方保险系统。但第三方系统在大量的弹性计算中，是否能够胜任如此大的运算量是一个谜题。用户在淘宝上购物，如果需要退货和换货，可以在付款栏选择购买保险，金额大多在0.5元左右，当需要退运时，由众安保险赔付约定的金额。退运险意味着真正的互联网保险的诞生，这也是互联网业务的发展对保险的新要求——小额、海量、碎片化。

众安保险是互联网驱动的保险公司，研发能力是公司的核心能力，因此公司董事会做出开发自己的核心系统的重要决定。如果像银行一样搭建自有机房至少会花费几千万元的成本，还需要建立专门的运维团队，每年花费20%~30%的成本运维，是重资产的运作方式。众安决定研发自有业务系统，以提高核心竞争力，并把业务系统架在阿里云上，这样可以降低成本，在需要用的时候，只需要花钱在阿里云上买计算服务和存储即可，一次性资本投入少，也可以支持大量的弹性计算。

众安保险是第一个搭建在云上的保险公司。对于类似于退运险这样需要弹性计算和大规模数据传输的险种，由于退运需要的数据在阿里的系统上，众安保险将系统搭建在阿里云上，可以降低数据传输中可能出现的延时性。一旦遇到"双十一"这种高峰订单，在云上多加服务器即可，也降低了自建服务器的成本。

◆ **案例分析**

1. 传统保险公司渠道佣金、管理费用成本高昂，与客户接触频率低发、关系薄弱，代理人队伍管理难、流失率高，导致众多保险公司承保亏损、经营困难；而同时保险销售误导、用户理赔体验差等都直接拉低了行业形象，保险客户却对保险公司越发不满。相较传统渠道，互联网渠道内的保险产品场景化属性更强，客户的触达和互动频次更高，用户的购买行为主动性更强，但单均价值相对较低。

2. 互联网保险体系内孕生出的保险科技，推动着整个保险业在转型升级的道路不断创新向前。包括云计算、大数据、人工智能、物联网和区块链等技术的进一步成熟和应用，必将推动着保险公司在产品开发、成本控制、风险管理和客户服务等方面获得更大的改善和提升。打造重要基础设施，支撑保险生态扩容。

3. 众安保险的退运险可以说是保险科技发展的典型代表，互联网消费模式引发的对于退货运费保险的需求引发了新的保险需求，众安保险运用保险科技满足这种创新场景下的保险需求，构建覆盖更加全面的风险保障体系。借助于保险科技的支撑，保险公司将拥有更多更智能化的客户服务工具，同时其服务范围和能力也将延伸到更多领域。

实训练习

分析保险科技在传统保险公司竞争力提升

1. **实训背景：开启智能客服新时代华夏保险的人工智能技术实践**

近年来，华夏保险依靠"科技创新""管理创新"两大创新战略，昂首迈入中国保险第一方阵。在华夏保险运用科技创新提升客户服务的过程中，"AI小华"应势而生，为客户提供立体的智能服务。特别是最新上线的"智语小华"，作为华夏保险在智能语音客服方向进行的开创性探索，能在特定业务场景中与客户进行实时的语音互动，机器人与用户对话响应迅速、理解准确、回复高效、语气自然，自上线伊始就屡受客户好评。

科技创新近年来被华夏保险视为发展的核心引擎，在对现有的各项业务线进行梳理后，公司结合自身实际需求，积极开展业务科技化的相关研究，并不断加大资金投入，切实推动落实了一批创新项目在重点关注领域的落地。客户服务作为保险行业所提供服务的重要环节，公司尤其注重通过技术创新来提升服务质量和效率。

近年来，华夏保险在客户服务方向的科技创新可圈可点，一方面推动实现了投保、核保、承保、保全、理赔的全流程线上服务闭环，在极大提升客户体验的同时大大缩减了运营成本；另一方面积极搭建了在线文本客服与人工智能语音客服系统，使用智能机器人辅助人工，为客户提供了业务覆盖面广、响应准确及时的智能服务。

华夏保险对客户服务的重视源于其自成立伊始就秉持的"客户利益至上"的价值观，在这种价值观引领的企业发展中，华夏保险在关涉客户利益的承保、回访、咨询、保全、理赔、续期等服务环节，持续不断地通过创新提高服务效率，保护消费者利益。

2. **实训内容**

（1）简要分析华夏保险公司运用保险科技的积极意义。

（2）如何进一步促进保险科技的运用？

课后习题

1. 单选题

（1）在未来的保险生态体系中，核心是（　　）。

    A．保险公司　　　　　　　　　　B．国家金融监督管理总局

C．保险中介机构 　　　　　D．大数据服务公司

（2）随着保险业进入转型期，保险业的发展主要动力将会是（　　）。

A．资金投入　　　　　　　B．人力投入

C．保险营销渠道建设　　　D．保险科技

（3）保险风控中最重要的环节之一是（　　）。

A．保险营销　　B．保险理赔　　C．核保　　D．再保险

（4）保险科技中的核心资源是（　　）。

A．保险渠道　　　　　　　B．大数据

C．保险产品　　　　　　　D．保险公司办公大楼

（5）大数据分析在辅助精算师进行风险定价以及定制化产品开发属于（　　）。

A．在产品研发环节　　　　B．保险营销环节

C．核保环节　　　　　　　D．理赔环节

2．多选题

（1）在构建以客户为中心的保险服务体系中，保险科技的创新可以在（　　）方面发挥作用。

A．产品精准定价　　　　　B．提供差异化服务

C．提高业务效率　　　　　D．提高保险产品价格

（2）培养客户通过互联网进行保险消费的习惯，可通过网络（　　）。

A．免费发放体检券　　　　B．免费提供轻问诊

C．免费电话医生　　　　　D．免费门诊挂号

（3）保险行业的科技创新正处于快速发展阶段，其运用表现为（　　）。

A．人工智能的广泛运用　　B．区块链的广泛运用

C．物联网的广泛运用　　　D．基因检测的广泛运用

3．判断题

（1）在保险生态体系，保险公司为核心与保险中介机构、技术服务公司和其他上下游企业之间只有合作关系。（　　）

（2）通过网络免费发放体检券可以在为客户提供更好的服务体验的同时，培养客户通过互联网进行保险消费的习惯。（　　）

（3）保险公司通过科技创新，能够在开发新产品、推动市场创新和满足客户需求等方面发挥优势，但是不能改变保险公司的运营模式。（　　）

（4）保险科技发展带来的风险具有隐蔽性、复杂性和传染性的特征，特别是信息安全和个人隐私保护的难度加大，须更加警惕系统性风险的发生。（　　）

（5）大数据技术的运用能对客户进行甄选，降低客户逆选择风险。（　　）

4. 简答题

（1）保险科技如何提升保险公司运行效率？

（2）保险科技在保险公司风险管理的作用体现在哪些方面？

5. 分析应用题

（1）试分析与比较互联网保险与传统保险。

（2）保险公司作为聚集和处理风险的专门机构，本身也面临较大的风险，请结合本章知识谈谈如何加强保险公司的风险控制。

Chapter 07

第 7 章
其他行业金融科技

- 7.1 征信行业金融科技
- 7.2 财富管理行业金融科技
- 7.3 互联网企业金融科技

学习目标

知识目标
- 了解征信行业、财富管理行业存在的问题
- 熟悉金融科技在征信行业、财富管理行业的应用创新
- 了解征信行业、财富管理行业的发展趋势
- 掌握网络小额贷款的概念及相关管理办法
- 了解金融科技在互联网企业的应用

能力目标
- 能识别大数据和人工智能在征信行业中的应用创新
- 能准确理解人工智能在智能投顾方面的应用和发展
- 能准确识别分析网络小额贷款的监管重点
- 能比较分析我国互联网消费金融的主要经典模式

素养目标
- 通过征信行业发展特点的学习,内化学生诚信意识,增强学生征信法制观念,外化学生征信行为,增强学生金融职业素养
- 结合财富管理行业存在问题的学习,增强学生对中国特色社会主义市场经济的理解,形成正确的价值导向,培养高尚的精神品质

思维导图

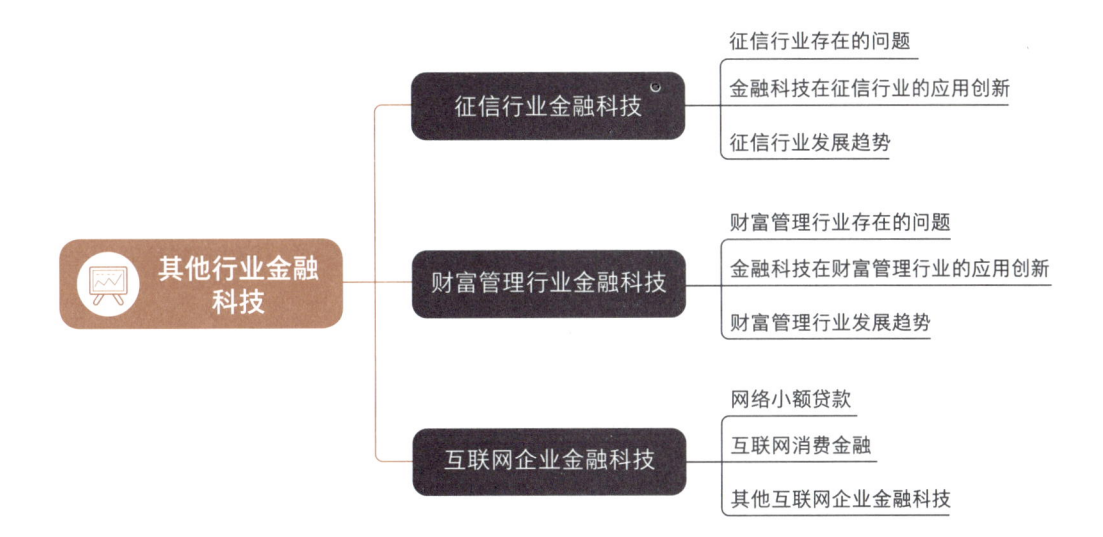

- **其他行业金融科技**
  - 征信行业金融科技
    - 征信行业存在的问题
    - 金融科技在征信行业的应用创新
    - 征信行业发展趋势
  - 财富管理行业金融科技
    - 财富管理行业存在的问题
    - 金融科技在财富管理行业的应用创新
    - 财富管理行业发展趋势
  - 互联网企业金融科技
    - 网络小额贷款
    - 互联网消费金融
    - 其他互联网企业金融科技

7.1 征信行业金融科技
7.1.1 征信行业存在的问题

征信在中国是个古老的词汇,《左传》中就有"君子之言,信而有征"的说法,意思是说一个人说话是否算数,是可以得到验证的。在信用内涵不断丰富的背景下,对征信的研究也各有说法。相关学者认为,征信是指征信机构采集、整理和分析自然人、法人或其他组织的信用信息资料,并以此对外提供信用信息查询、调查、信用评估服务,以帮助客户判断和控制信用风险,进行信用管理的活动。2013 年,中国颁布的《征信业管理条例》定义征信"是指对企事业单位等机构与个人的信用信息给以收集、处理和加工,并向信息使用者提供的活动"。

从目前已有的征信定义来看,较全面的表述为:征信是指征信机构作为信用交易双方之外的独立第三方,收集、整理、保持加工自然人、法人及其他组织的信用信息,对外提供信用信息查询、调查、信用评估等信用信息服务,以帮助信息使用者判断和控制信用风险,进行信用管理的活动。由此可见,征信由信用信息、信用评估和评估应用三方面内容组成,且主要体现的是信用的经济内涵。

根据不同的标准,征信主要分为以下两种分类方式。

第一,根据主导权的不同,征信可分为市场化征信、公共征信和行业合作式征信。市场化征信又称市场主导型征信模式、私营征信模式,是指在征信环节以私用企业为征信主体,采用完全市场化运作的征信模式。在整个过程中,政府只负责制定相关的法律、法规和政策,进行必要、有限的监管,让私营征信主体自由竞争,优胜劣汰。美国、英国、加拿大均以此类征信模式为主。公共征信又称政府主导型征信模式或中央信贷登记征信模式,是指以政府建立的公共信用信息系统为主体的征信模式。它的具体做法主要是由政府(如各国中央银行或银行监管机构)出资设立非营利性的公共征信机构并建立公共信用信息系统,以法律或决议形式强制政府、银行、财务公司、保险公司在内的所有金融机构必须接入公共信用信息系统。同样,按照对等原则,所有信用数据只向金融机构提供而不向社会其他需求方提供,主要为金融监管部门的信用监管和执行货币政策服务。法国、德国、意大利和西班牙均以此类征信模式为主。行业合作式征信又称会员制征信模式,是指由行业协会为主建立信用信息中心,为协会会员提供个人和企业的信用信息互换平台,通过内部信用信息共享机制实现征集和使用信用信息目的的征信模式。日本和巴西均以此类征信模式为主。

第二,根据征信对象不同,征信可以分为个人征信和企业征信。个人征信主要是收集个人信用信息、生产个人信用产品的机构;企业征信主要是收集企业信用信息，生产企业信用产品的机构。

中国人民银行的征信中心是中国最大的信用信息基础数据库，接入机构最全面，数据价值较高，常作为其他征信机构的数据源。随着移动互联网的时代的到来，企业征信也在转型，一些互联网大数据征信公司以互联网络为核心，根据技术对企业相关方面深入挖掘，提供更加全面深度的企业相关信息。另一方面，我国个人征信业务主要由中国人民银行的征信中心提供个人征信服务和产品，上海资信早在2000年便开始运营上海个人信用联合征信系统，并出具个人信用报告。近年，一些传统征信机构开始尝试探索互联网大数据征信业务，提供信贷、租车、租房等生活服务。代表机构有芝麻信用、腾讯征信、考拉征信等。

目前，征信行业普遍存在以下突出问题。

1. **正规市场化数据采集渠道有限，数据源争夺战耗费大量成本**

目前国内优质的信用数据如银行等金融机构信贷数据是直接接入中国人民银行征信中心的金融基础数据库中，其余机构很难获得，这是国内征信机构的最大瓶颈。虽然目前各机构都有大量的数据，但是数据间交叉融合少、缺乏共享，更多维的数据才会更有价值。大部分征信机构通过自爬、合作、购买等方式，从有限的场景中通过市场化的方式整合数据，因此数据源竞争激烈。各机构不愿意分享数据造成各机构难形成合力是现在征信行业主要问题之一。

2. **相关法律体系较薄弱，数据隐私保护问题突出**

当前我国征信行业目前相关法律体系较薄弱，惩戒激励机制不完善。《征信管理条例》中明确提出征信机构收集、保存、加工个人信息应当直接取得信息主体的同意（除① 行政机关、司法机关以及法律、法规授权的具有管理公共事务职能的组织已经依法公开的信息；② 其他已经依法公开的个人信息）。所以，对与银行合作沉淀的数据或是金融科技公司等渠道沉淀的数据或是电商和第三方支付交易产生的数据，征信机构在使用过程中将面临一定的法律风险。此外。数据的安全性也有待加强保护，如果采取中央数据存储的方式，很容易受到黑客攻击。

3. **大数据征信缺乏监管体系，个人信息易被盗取**

当前金融科技的兴起催生了大数据征信，它广泛应用于反欺诈策略、信用评估、授信策略与风险定价、贷后管理等领域。但我国大数据征信仍处于发展初期，尚没有建立相应的监管体系。一些爬虫技术等的应用会造成信息主体在未授权或不知情的情况下被采集更多隐私信息，从而包装成征信数据。同时各机构的数据收集和存储模式并无统一的行业标准，数据一致性较差等问题也制约了征信行业的发展。

7.1.2 金融科技在征信行业的应用创新

大数据征信是依据各类海量数据,通过一定的技术手段,对信息主体做出的信用预测和评估。它主要是通过综合支付、购物、学历、社交、公益、社保、公共事业服务等各方面的数据,对缺乏信贷数据的人群做出信用评价。相比传统的征信方式,大数据征信数据来源更加广泛、种类更加丰富、时效性也更强。信用主体在互联网或者 IT 系统上的所有行为都将被记录,如个人征信的电商数据、社交数据、支付数据、生活服务数据等,企业征信的供销存、现金流、物流、资产负债等,这些都极大程度地拓展了征信体系的数据范畴。同时,大数据也推动了传统信用评分模式的转变。互联网时代征信数据具有广泛多维、实时有效等特点,大量的碎片化数据非机构性特征对数据的存储和挖掘、分析计算能力有极高的要求,而大数据和云计算是解决这一问题的技术基础,这些技术带来全新的信息处理方式,推动了传统征信模型的升级。传统征信和大数据征信多维度比较如表 7-1 所示。

表 7-1 传统征信和大数据征信多维度比较

比较维度	传统征信	大数据征信
数据来源	以银行信用数据为主,来源单一,采集频率低	第三方数据:信贷、司法、水电气暖缴费等; 互联网数据:电商、理财、社交平台等; 用户提交的数据:教育、职业等信息,并可以做到实时采集
数据格式	结构化数据	结构化数据和大量非结构化数据
评价思路	用历史信用记录反映未来信用水平	从海量数据中推断身份特质、性格偏好、经济水平等相对稳定的指标,进而判断信用水平
分析方法	采用线性回归、聚类分析、分类树等方法	机器学习、神经网络、Page Rank 算法、RF 等大数据处理方法
服务人群	有信贷记录的人群	有信贷记录人群和在生活中留下足够痕迹的人
应用场景	金融借贷领域为主	金融领域、多种生活场景

资料来源:《中国社会信用体系发展报告 2017》

人工智能是研究、开放用于模拟、延伸和拓展人的智能的理论、方法、技术及应用系统的一门新的技术科学。对于以数据为核心资产的征信业来说,人工智能为征信行业带来的两大优势主要表现在模式识别方面,用以解决交易场景中的身份识别问题;其次是信用分析及预测方面,用以解决客户信用的风险评估问题。对数据应用强度、频度、广度均位居各行业前列的金融业而言，互联网时代线上交易大量、频繁、小额的特征，对新的个人信用使用方式提出了新要求，人工智能可同时保证消费者信息在进行验证时的安全性和有效性。美国个人消费信用评估公司 FICO 和智能分析软件公司 SAS，都已利用人工智能技术改善数据分析的有效性和建模过程的自动化，针对"利用人工智能和机器学习对信用评分的建模缺乏解释性"这一挑战进行研究，力图在提高评分模型的准确程度的同时实现其可解释性，推进人工智能技术尽快实现大规模商业化应用。

人工智能除了能在征信机构对客户身份进行识别时提供新的更安全、有效的服务方式，还可通过开发替代数据挖掘客户信用，促进信贷市场发展，从而在风险可控的前提下实现普惠金融落地。

随着我国大数据产业、人工智能技术的发展进一步成熟，征信公司将突破传统征信手段的瓶颈，带来更方便安全的互联网经济时代下的征信服务。对征信大数据的深入挖掘，不仅有利于实现信用评估的自动化发展，还能促进发放更多可靠的贷款，最终普惠更多消费者。

7.1.3 征信行业发展趋势

征信行业已高速发展数年之久，其发展内核依旧取决于数据的抓取和信息的模块化整合，而当前金融科技的迅猛发展将征信行业推上了新的高度。征信行业市场未来将在数据的集中度、渗透率、覆盖率进行提升，在数据资源的整合能力、信息化渠道、风控建模能力进行改进，在盈利模式上进行扩展。未来的征信行业发展具有以下几个趋势。

1. "大数据"加速升级数据扩容

征信离不开数据的集成和处理，在"大数据"风口的今天，数据爆炸式的增长倒逼征信行业从更多的信息源抓取数据。现阶段征信行业还未能与公共事业、婚恋交友、酒店旅游、出行交通、社交支付、生活服务等行业充分合作，而在"大数据"红利的加持下，征信行业获取海量数据将逐渐成为现实。

2. 人工智能科技加速升级数据处理精度

"深度学习"作为一种人工智能学习方法，其本质是利用有监督和无监督的学习方法来训练深度神经网络。而对于以数据为核心资产的征信行业来说，人工智能以及"深度学习"将成为其未来征信发展的中坚力量。

3. "区块链"助力信息安全

征信行业数据采集过程不可避免存在隐私保护问题，传统技术架构不能保护数据源的隐私。"区块链"是一个分布式共享账本和数据库，其具备去中心化、不可篡改等特征，其内在架构将对征信信息的安全性和隐秘性有着极大的补足。

4. 盈利模式多样化

中国征信业务相比美国依旧处于发展初级阶段，现在依然处于亏损或微利阶段。随着征信业务的日渐成熟，市场竞争的日趋稳定，独占鳌头的公司也将遵循"赢家通吃"原则，获得征信市场及相关衍生市场的所有红利。放眼国内金融市场大环境，我国征信业务还有许多盈利点可以挖掘。

5. 相关法规规范化

法律问题涉及多方面。征信公司作为数据整合公司，其国民安全隐私数据的采集与使用必然需要做好相应的监管。对标国外先进征信行业的发展经验，我国在个人隐私保护、数据合理使用，以及征信公司的权责义务等方面法律法规的建设上，还有很长的路要走。

7.2 财富管理行业金融科技

7.2.1 财务管理行业存在的问题

一般认为，财富管理指以客户为中心，由专业机构设计出一套全面的财富规划，通过向客户提供现金、信用、保险、投资组合等一系列金融服务，对客户的资产、负债、流动性进行管理，以满足客户不同阶段的财务需求，帮助客户达到降低风险、实现财富保值增值和传承等目的。该定义属于一般意义上的个人或家庭财富管理。狭义的财富管理，主要指专为高净值人士提供的高端服务。

从财富管理需求者来看，财富管理可分为四个阶段，不同阶段有不同的财富管理方式和路径。第一个阶段是财富积累阶段，主要包括投资、创办企业、淘金挖宝和学习致富。第二个阶段和第三个阶段是财富保值增值阶段，主要包括扩大投资、专业机构代为理财、技术创新或商业模式创新。第四个阶段是财富传承阶段，主要是家族信托（见图7-1）。

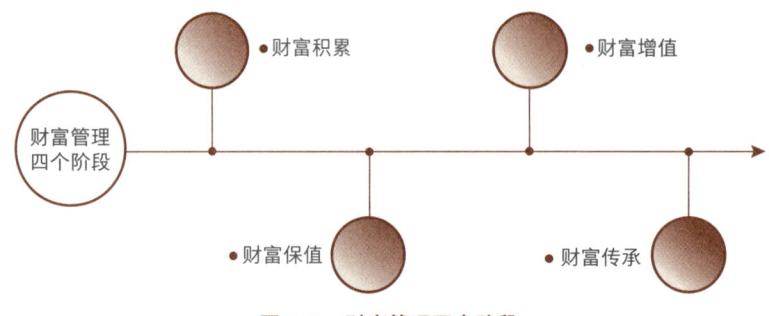

图7-1 财富管理四个阶段

从2003年中国银行推出第一款外币理财产品"汇聚宝"，以及2004年第一款人民币理财产品光大银行的"阳光理财B计划"诞生以来，受益于居民财富总量和财富管理需求的不断增长，我国的理财业务蓬勃发展。此理财业务即理财产品的销售，属于资产管理业务，开启了中国财富管理业务的序幕。它在满足居民和企业投融资需求、改善社会融资结构等方面发挥了积极作用，但也存在部分业务发展不规范、多层嵌套、刚性兑付、规避金融监管和宏观调控等问题。为此2018年，政府密集出台了相关规范性文件。

1. 监管政策有待进一步补充完善

2018年4月27日，中国人民银行、原中国银保监会、中国证监会、国家外管局联合印发了《关于规范金融机构资产管理业务的指导意见》（以下简称《资管新规》）。随后2018年7月20日，中国人民银行发布《关于进一步明确规范金融机构资产管理业务指导意见有关事项的通知》（简称资管新规细则）。2018年9月，原银保监会发布《商业银行理财业务监督管理办法》（即理财新规），12月发布了《商业银行理财子公司管理办法》。2019年12月，原银保监会发布了《商业银行理财子公司净资本管理办法（试行）》。2020年12月，原银保监会发布《商业银行理财子公司理财产品销售管理暂行办法（征求意见稿）》，这些监管政策对于财富管理行业的有效运行，还有待进一步补充完善。

2. 财富管理产品亟待丰富

财富管理业务不仅包括理财产品，还有信托、基金、股票、保险以及其他产品和服务。其中我国被动型基金的占比还较低，但已逐渐得到市场的重视。而在财富管理业务中占举足轻重地位的理财业务，受监管政策的影响，面临着新的挑战和机遇。依照资管新规的要求，银行保本理财产品在2020年底退出理财市场。依照理财新规的要求，非保本理财产品才是真正意义上的资管产品，明确公募理财可以通过公募证券投资基金、投资股票。金融机构积极探索理财发展新路径，深入推进理财净值化，携手理财子公司开展理财代销业务。当市场上几十万亿的理财产品变成真正意义上的标准化资管产品，固定收益类产品成为可配置资产时，财富管理业务不至于沦落为只有模式没有产品的"空中楼阁"。

3. 智能投顾服务刚刚起步

财富管理业务不等同于销售产品，还包括智能投顾服务，而目前智能投顾服务仅在私人银行业务中开展。招商银行在2019年的年报中披露，未来该行要打造"财富管理——资产管理——投资银行"的业务拓展协同体系，推广金葵花财富规划服务体系。在招商银行App推出财富规划服务，致力于为客户提供覆盖全生命周期的财富管理方案。

在我国，财富管理业务的收费模式不是佣金式，而是推荐产品的点差收入，这种模式不利于投顾服务的开展。同时，智能投顾式服务离不开现行监管大环境，包括分业经营、信息保护、法律法规，以及不断进步的监管科技。如业务边界的模糊性与我国金融业分业监管之间的矛盾；"全权委托账户"服务与现行规定的矛盾；以及适当性义务、复杂性、电子合同导致权利义务不平等。总之，智能投顾服务还刚刚起步。

7.2.2　金融科技在财富管理行业的应用创新

近年来互联网科技的发展特别是金融科技的发展，催生了互联网财富管理，使财富管理覆盖到长尾客户。人工智能的发展为智能投顾带来巨大市场空间。大数据的运用将财富管理提高到新的层次和水平，个性化精准理财成为可能。

全球中产阶级财富的不断增加，金融素养普及渠道的多样化，促进了新一代投资者的急剧增加。近两年来，不少财富管理机构通过与科技公司展开深度合作，通过虚拟的网络联系，使广大中产阶级加入到财富管理行业中。

1. 个性化决策与行为

一个领薪水的人通常只会制定一个月或是一年的财务规划；而个性化决策与行为的有趣之处在于，它可以帮助设计一个包括退休在内的长期目标规划（如图7-2所示），甚至能随着生活状况的变化不断更新财富管理目标。一些金融科技公司的应用平台，能将个人的所有财务账户关联起来，并实时监控这些账户。在免费版本里，财务顾问通过观察个人的投资状况提供相应的建议；在付费版本中，还帮助管理个性化的投资组合。譬如，京东金融每天新增数据量800TB，海量的用户标签让京东数字科技更好地对用户进行洞察，准确描述用户的偏好，再加上人工智能技术，就能为客户量身定制精准的营销运营方案和用户运营方案。当然，这一切都是以保护用户隐私为前提的。

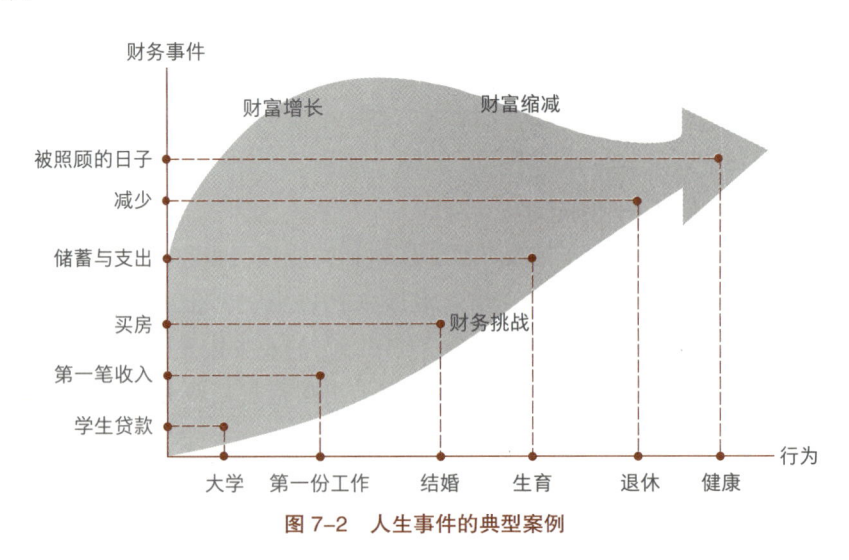

图7-2　人生事件的典型案例

2. 智能投资顾问

智能投资顾问覆盖的品类非常全面，既包括股票、债券、货币、大宗商品以及其他能够抵御通货膨胀的品种，又包括ETF（交易型开放式指数基金）、全球各个地区的资产，甚至还有很多另类投资资产，能够真正实现立体化智能资产管理的效果。

投资者以往的投资分配依据的是一个事先就设定好的模型，而这种模型是建立在对用户年龄、风险容忍度、回报预期、金融知识、初始或周期性投资额、时间跨度等一系列因素的综合评估之上，允许投资者将关于预期回报和不同投资品种之间的关系体现在投资之中。当投资预期脱离轨道时，智能投资基于机器学习算法优化交易策略和投资交易系统，利用计算机程序语言使交易指令下达自动化、智能化，极大地减少投资经理情绪波动的影响，以求获得持续稳定的投资回报。

3. 数字化咨询顾问

过去依据可支配收入或财富的多少而被有效分层的假设已经失效，在互联网技术的影响下，用户接受财富管理服务的能力更多取决于他们的科技敏锐度。金融科技公司利用这一增长，通过数字渠道提供财务咨询和规划。通常，金融科技公司会根据用户提供的财务信息帮助确立财务目标，并给定一个分数来表示用户在实现其财务管理目标时所面临的财务依赖性和风险性。用户根据平台提供的数字化指示板查看财务行为，评估自己是否继续采取相同的理财手段，抑或调整并改变理财手段以实现目标进度。一些公司还将游戏化元素作为其产品组合的一部分。利用游戏化来帮助投资者更好地了解财务规划，使其平台比只提供理财建议的平台更具吸引力。

7.2.3 财富管理行业发展趋势

1. 金融科技为智能投顾赋能

以云计算、大数据、人工智能等为代表的新技术，是推动金融创新发展的重要推动力，新技术与金融行业融合发展所诞生的金融科技，正在极大地提升整个金融行业体系的运行效率。智能投顾是金融科技在财富管理行业当中的重要创新应用之一，有了智能投顾这个创新技术应用的赋能，财富管理行业的发展将更加高效。

由于智能投顾能够使用户的投资门槛大幅度降低，降低机构所收取的服务费用，提升财富管理机构的经营效率，智能投顾正在被进行广泛的推广和应用。传统的金融机构、大型互联网科技公司，均在积极拥抱智能投顾，这使得财富管理从原来仅服务于高净值的人群，转向了兼顾普罗大众的普惠金融服务。

利用人工智能、大数据等技术手段，智能投顾可以更好地了解每一位用户的财务状况、收益要求和风险偏好，从而能更好地匹配各个客户的个性化需求，提供多元化的金融产品和服务方案，同时，整个交易过程和结果能被更完整地记录，可以提升透明度和可信任的程度。

2. "客户为中心的"财富管理理念变革

传统的财富管理，其营销模式多以销售理财产品为主，产品佣金是其主要收入来源，这决定了其以产品为中心。但随着我国居民整体财富管理观念的提升，越来越多的投资者会希望根据其财务状态、收益预期和风险偏好等情况，来获得差异化、个性化的财富管理方案。在欧美等发达国家和地区，财富管理机构主要的盈利来源不是通过单纯地销售金融产品以获取佣金收入，而是来自通过为高净值个人和家庭提供财富管理服务而收取的管理费用。为了能在我国蓬勃发展的财富管理行业中获得长远的发展，未来我国财富管理机构也必须顺应趋势，树立长期的发展理念，不断提升专业能力以满足各类客户的个性化财富管理需求，将经营重心逐步从"以产品为中心"，转向"以客户为中心"。

3. 资产配置为核心的财富管理方式变革

相比于欧美发达国家，我国的财富管理行业发展处在早期的发展阶段，过去我国财富管理机构的经营理念，投资人群的投资理念，更加关注单一、短期的产品，能够配置的资产也多限于国内。

财富管理市场正在经历着根本性、深刻性的趋势变化，这既是中国财富管理行业的大趋势，也是高净值投资者的财富正在经历的大趋势。整个财富管理行业市场正在经历一个由过去投资者关注单一机会、单一产品，到现在的全方位、以资产配置为核心的财富管理方式的变革。在资产配置的地域方面，投资者的资产组合国际化的占比将会越来越高。投资者不再仅仅关注中国市场的产品，而是在全球单位进行资本布局，在世界范围内寻找好的资源、伙伴、产品、技术等。随着资产配置理念的深入人心，在高净值、超高净值，包括中产阶层的资产组合之中，将更多的是十年甚至更长期限的投资产品，长期投资、价值投资将会大行其道。

因此，从财富管理资产配置的角度来看，未来将从单一到多元，从短期到长期，从中国到全球，同时，这也对财富管理机构的专业能力提出了更高的要求。

7.3 互联网企业金融科技

7.3.1 网络小额贷款

网络小额贷款业务，是指小额贷款公司利用大数据、云计算、移动互联网等技术手段，运用互联网平台积累的客户经营、网络消费、网络交易等内生数据信息以及通过合法渠道获取的其他数据信息，分析评定借款客户信用风险，确定贷款方式和额度,并在线上完成贷款申请、风险审核、贷款审批、贷款发放和贷款回收等流程的小额贷款业务。

小额贷款公司发放网络小额贷款应当遵循小额、分散的原则,符合国家产业政策和信贷政策,主要服务小微企业、农民、城镇低收入人群等普惠金融重点服务对象,践行普惠金融理念,支持实体经济发展,发挥网络小额贷款的渠道和成本优势。

小额贷款公司经营网络小额贷款业务,应当经监督管理部门依法批准。若其跨省级行政区域经营网络小额贷款业务的,应当经国务院银行业监督管理机构依法批准。

经营网络小额贷款业务的小额贷款公司应当根据借款人收入水平、总体负债、资产状况等因素,合理确定贷款金额和期限,使借款人每期还款额不超过其还款能力。

对自然人的单户网络小额贷款余额原则上不得超过人民币 30 万元,不得超过其最近 3 年年均收入的三分之一,该两项金额中的较低者为贷款金额最高限额;对法人或其他组织及其关联方的单户网络小额贷款余额原则上不得超过人民币 100 万元。

小额贷款公司应与借款人明确约定贷款用途,并且按照合同约定监控贷款用途,贷款用途应符合法律法规、国家宏观调控和产业政策。网络小额贷款不得用于以下用途:① 从事债券、股票、金融衍生品、资产管理产品等投资;② 购房及偿还住房抵押贷款;③ 法律法规、国务院银行业监督管理机构和监督管理部门禁止的其他用途。

经营网络小额贷款业务的小额贷款公司不得经营下列业务:① 吸收或者变相吸收公众存款;② 通过互联网平台或者地方各类交易场所销售、转让本公司除不良信贷资产以外的其他信贷资产;③ 发行或者代理销售理财、信托计划等资产管理产品;④ 跨省级行政区域经营网络小额贷款业务的小额贷款公司办理线下业务;⑤ 法律法规、国务院银行业监督管理机构和监督管理部门禁止从事的其他业务。

经营网络小额贷款业务的小额贷款公司应当加强信息披露,在所使用的产品发布平台上公布下列信息:① 本公司的基本信息,包括营业执照、公司地址、法定代表人及高级管理人员基本信息、业务咨询及投诉电话等;② 对本公司提供的相关产品进行详细描述,包括服务内容、贷款利率水平和费用项目标准、计息和还本付息方式、逾期贷款处理方式等;③ 各级监督管理部门的监督举报电话。上述信息发生变更的,应在变更后 7 日以内对原披露信息进行更新。

7.3.2 互联网消费金融

消费金融（或消费贷、消费信贷）是指以消费为目的的信用贷款，信贷期限在 1 至 12 个月，金额一般在 20 万以下，通常不包括住房和汽车等消费贷款，专指日常消费如日耗品、衣服、房租、电子产品等小额信贷。根据消费金融业务是否依托于场景、放贷资金是否直接划入消费场景中，又可以将消费金融业务分为消费贷和现金贷。由于消费金融机构不能完全覆盖各类生活场景，因此直接给用户资金的现金贷成为有场景依托的消费贷的有力补充，大多数消费金融机构都同时具备这两种形式的消费金融产品。

互联网消费金融，是指借助互联网进行线上申请、审核、放款及还款全流程的消费金融业务。广义的互联网消费金融包括传统消费金融的互联网化，狭义的互联网消费金融仅指互联网公司创办的消费金融平台。当前，我国互联网消费金融主要有以下几种经典模式。

1. 蚂蚁金服模式

花呗全称是蚂蚁花呗，是蚂蚁金服推出的一款消费信贷产品，申请开通后，将获得 500～50 000 元不等的消费额度。用户在消费时，可以预支蚂蚁花呗的额度，享受"先消费，后付款"的购物体验。花呗模式分为账单分期和交易分期，账单分期为虚拟信用卡模式。就三大能力而言，花呗从支付宝、淘宝获取用户，利用芝麻信用为用户提供额度、计算费率。花呗在用户体验上有明显优势，是借助支付宝打通的支付场景，花呗嵌入到支付宝的支付方式中，从而打通各类支付场景。

2. 维信卡卡贷模式

"维信卡卡贷"于 2015 年 5 月上线，是维信金科集团旗下的移动互联网贷款服务平台，为银行持卡人提供信用卡余额代偿服务，是信用卡代偿场景消费金融机构中的佼佼者。就开展消费金融业务的三大能力而言，在获客能力方面，维信卡卡贷抓住了信用卡场景，成为其获客的重要来源；在用户体验方面，维信卡卡贷利用优质服务实现了清贷用户 75% 的复借率；在风控能力方面，维信卡卡贷后台有 20 档定价，根据用户资质不同实现自动化风险差异化定价。对于有稳定收入、消费能力、信用卡账单分期需求的信用卡持卡人，可在维信卡卡贷 APP 或微信公众号在线完成授信审批，贷款直接汇入持卡人指定的信用卡中，完成信用卡还款，而后用户分期还款给维信卡卡贷。维信卡卡贷的资金来源于中小银行、消费金融公司和信托机构。在风控技术上，维信卡卡贷融入了人脸识别、可信时间戳等多项技术，通过智能决策系统实现全自动化审核和借贷。

3. 兴业消费金融模式

兴业消费金融起源于福建省泉州市，2013 年泉州市作为唯一的地级市入选原银监会第二批消费金融公司试点城市名单，2014年12月22日，兴业消费金融股份公司在泉州成立。兴业消费金融通过"空手到"系列产品开展互联网消费金融业务，空手到APP提供家庭综合消费贷和闪电贷两款产品。闪电贷采用邀请制，具备相应资质的用户通过手机线上申请，无须抵押担保，利用信用评估的方式授予用户额度、费率，通过评估后利用手机APP直接放款，最快一天放款。

4. 易宝支付模式

对于消费金融机构而言，场景越来越重要，而获取场景有两种方式，一种是直接切入消费，即对已有的消费场景进行布局、整合；一种是通过切入支付从而实现接入各消费场景，即通过支付公司接入支付公司已布局的消费场景。易宝支付是后者的解决方案提供商。易宝支付于2003年8月在北京成立，2011年5月获得中国人民银行首批颁发的支付业务许可证，2013年10月获得国家外汇管理局批准的跨境支付业务许可证。自成立以来，易宝支付服务的商家超过100万，在航空旅游、游戏娱乐、行政教育等多个领域保持领先地位。针对消费金融平台，易宝支付提供涵盖支付、风控、资金、场景等多维度的解决方案。易宝支付深耕支付领域多年，积累下较多消费场景，涵盖航旅、游戏、教育、保险、电商等多个细分领域。易宝支付可实现将消费金融机构同这些消费场景对接。对消费场景各机构而言，易宝支付提供了多种消费金融产品，帮助它们丰富支付方式、提升用户体验。对于各消费金融机构而言，易宝支付通过场景解决方案为其对接多种类型的消费场景，帮助它们获客、导流。

中国互联网消费金融市场的参与方包括电商、银行、持牌消费金融机构、消费分期平台、其他消费金融平台。其中电商平台是指从电商开始兴起消费金融业务的机构。电商平台消费金融凭借高流量、电商场景获得早期快速发展的优势，而后通过支付打通各消费场景，加之风控能力的优势从而实现领先地位。消费分期平台起步较早，通过线下推广等方式实现早期市场获客，这个阶段积累的用户成为它们长期发展的关键。

按照获客能力、客户体验、风控能力、资金成本来看待各互联网消费金融市场参与方的能力禀赋，互联网基因更重的电商、消费分期平台、其他各类消费金融平台在客户体验、风控能力上更优，电商消费金融平台四方面的能力最为齐备，但资金成本不如银行、持牌消费金融公司。

未来，随着监管政策的逐步出台，互联网消费金融行业将迎来整改的时期，无资质的机构将难以开展互联网消费金融业务，不合规的开展方式将被剥离。中短期内，行业增速将受到影响，行业集中度将提升。在这一期间，业务的合规开展、风控模型改善、风控更加严格将是行业内机构的主攻方向。长期来看，平台的复借率将会逐步上升，不同平台将会拥有自身的长期用户，而这些用户特征将决定这些机构的特征。

随着消费群体的年轻化、消费观念的改变和消费习惯的升级，消费信贷理念将逐渐被中国消费者所接受，未来的互联网消费金融领域将会是消费金融发展的必然趋势。

7.3.3 其他互联网企业金融科技

互联网企业以技术服务为主业，具有创新和开拓的基因，大多数该类企业最初与金融并不相关，而是在后期发展中将业务逐步向金融行业倾斜，如阿里巴巴旗下的蚂蚁金服、京东旗下的京东数科以及平安科技人工智能实验室等。

1. 蚂蚁金服

浙江蚂蚁金服小微金融服务集团股份有限公司（简称"蚂蚁金服"）的母公司是阿里巴巴，起始于支付宝。2014年10月，蚂蚁金服正式成立。蚂蚁金服在成立之初，只是淘宝网的结算部门，员工只有区区几人，记账用的是简单的电子表格，但在短短几年中，就从支付宝领域起步，进入金融行业。从成立至今，蚂蚁金服以移动互联网、大数据、云计算为基础，推出的产品与服务成为金融科技的重要实践。

蚂蚁金服在科技创新技术能力的布局采用"BASIC"战略，即区块链（blockchain）、人工智能（artificial intelligence）、安全风控（security）、物联网（IoT）和云计算（cloud computing）五大领域。

区块链方面，蚂蚁金服依托阿里云的底层平台，在上面构建BASS和PBASS系统，给链上金融、链上零售和链上生活赋能。当前，蚂蚁金融已经落地供应链金融、数字资产流转、合同存证、跨境汇款、电子票据、药品追溯、广告营销、智慧租房等17个区块链应用场景。阿里巴巴是全球申请区块链专利最多的公司之一，IPRdaily联合IncoPat创新指数研究中心发布的"全球区块链企业发明专利排行榜"中，阿里巴巴集团在2017年与2018年均排名第一。

人工智能方面，蚂蚁金服基于支付宝等平台上海量的用户数据，利用深度学习算法，建立了一个金融智能大脑——Antzero，旨在提升风控信用决策的能力，降低金融服务成本，改善服务体验。Antzero有三个典型应用场景：智能营销、定损宝、智能助理机器人。

安全风控方面，蚂蚁金服的风控系统能够对每一个用户的每一笔支付进行7×24小时的实时风险扫描。支付宝的用户可以用指纹、人脸来进行登录和支付校验。同时，在支付宝每日上亿笔交易量的背后，都有着一套精密的智能风控系统——蚂蚁风险大脑，能在0.1秒之内，完成8重安全扫描，进行风险预警、检测、和拦截等各种复杂的工作。它支持最高 25.6 万 / 秒并发交易（2017年双 11 数据），交易资损率低于百万分之 0.5，用来全面保护客户用户资金安全。

物联网技术方面，蚂蚁金服旗下的蚂蚁技术实验室在虚拟现实、人工智能、传感融合和交互设计等多个领域寻求突破，已经实现在沉浸式虚拟现实中完成支付，并通过机器学习、传感融合等技术，在完全无人值守的超市中准确识别消费者和商品，无缝完成结账。

计算技术方面，蚂蚁金服已拥有一套强大的全栈式金融云计算解决方案，包括移动开发、数据库、大数据、客服、风控等多项能力。目前，蚂蚁金服金融云已经开放给了天弘基金、众安保险、南京银行等国内多家金融机构。

2．京东数科

京东数字科技有限公司（简称"京东数科"），原名京东金融科技控股有限公司。大家熟知的京东金融为京东数科旗下的子品牌，包括企业金融、消费金融、财富管理、支付、保险、证券、农村金融、金融科技、海外事业、城市计算等业务板块。借助于大数据、人工智能、云计算、区块链、物联网等新兴科技，京东数科建立起独有的大数据体系、技术体系、风控体系、支付体系、投研体系、投顾体系等一整套金融底层基础设施。同时，公司通过将技术、产品、资金端、开放给银行、证券、保险等各类金融机构及其他非金融机构，为用户提供菜单式、嵌入式服务。京东数科是中国第一个提出金融科技定位的公司，也是当前市场上与金融机构合作范围最广、唯一一家实现所有银行类型（国有银行、股份制银行、城商行、农商行）等全覆盖的科技公司。京东数科在金融科技方面的应用主要体现在供应链金融、消费金融、企业金融、其他业务等方面。

供应链金融方面，京东数科相继推出京宝贝、京小贷、企业金采、企业金库、物流金融等针对公司客户的一体化金融服务，助力实体企业的持续发展。

消费金融方面，京东数科发布了业内首个零售信贷全流程产品"北斗七星"。该产品包括信贷平台、量化营销、智能身份识别、智能信贷系统、大数据风控、ABS 资产云工厂、风险运营七大模块，可帮助银行打造前、中、后端平台，涵盖从系统搭建到获客、风控、用户运营、贷后管理、资产处置等业务全流程的每个节点。

企业金融方面，京东数科积极投身于企业信用生态的构建。一方面，京东数科利用京东生态体系内数据、工商数据、司法数据进行大数据挖掘，建立企业风险监控和企业关系图谱，另一方面，通过人工智能技术抓取舆情信息，构建舆情监控信用查询，共同构建企业信用生态。

其他业务方面，京东数科还发布了针对股票的大数据消费指数，针对 ABS

资产的 ABS 云平台，债券管理科技、"京东股票"App。京东数科推出的基于图谱网络的反欺诈识别模型，可根据图谱方法迅速判断支付的决策是否通过，通过机器学习和深度学习的方法提炼出访问路径等。

3. 平安科技人工智能实验室

2017 年 5 月 10 日，平安集团旗下平安科技人工智能实验室取得里程碑式成果：根据国际权威人脸识别公开测试集 LFW（Labeled Faces in the Wild）公布的测试结果，平安科技人脸识别技术以 99.8% 的识别精度和最低的波动幅度领先国内外等知名公司，居世界第一。该精度为 LFW 所公布的最佳成绩，也是平安科技在学术界取得的首项世界第一的纪录。平安集团在人脸识别技术金融类应用场景包含：信贷审批、信用卡批量比对、银行业务身份核实、互联网账户开户、账户登录、投保核保等应用场景。众多知名金融企业也采用平安科技人脸识别技术，包括但不限于：深圳社保钱包、平安普惠、平安银行、平安信用卡、平安产险、平安养老险、平安证券、嘉兴银行等，累计稳定使用次数达到亿级别。现在的平安已成为金融行业科技实践的领跑者，深度学习团队用 AI 技术深植金融各个环节，源源不断地为平安输送着新鲜的"血液"，在智能定损、生物特征识别、智能机器人等方面成果显著。

智能定损方面，平安科技在 2017 年 9 月发布了基于智能定损技术的"智能闪赔"产品，200 层的多维度深度残差网络解析图片信息，每年五亿级车险图像识别，98% 的准确率自主识别车辆受损部位及其损伤程度，所有这些使得车险定损速度急速提升 4 000 倍，取代原来烦琐的理赔环节，现在仅需环车拍摄并上传照片便可即刻获得理赔。平安产险在全国范围内上线使用该产品，这也是图片定损技术在业内第一次落地于场景并被使用。

平安声纹是平安科技自主研发的生物特征识别引擎，建立亿级声纹库，识别率已达到 99%。平安声纹识别是利用双声道分离技术提取客户的有效语音，对语音特征进行比对后，通过声纹相似性来判断客户的身份。声纹技术支持远程识别，助力简化核身流程，有效拦截欺诈风险。以"平安声纹登录""平安声纹黑名单""平安电话中心"的形式在平安集团内外 20 多个金融应用场景落地，并正准备为教育部门提供用声纹核身的方式防止替考、骗考现象。

平安票证通方面，因为传统纸质票据处理、存档和电子化问题在金融保险公司亟待解决，平安科技首创应用 OCR 电子光学识别加众包的方式，使得 99.9% 的智能电子存档成为现实。精准的票证图像角度矫正、专业票据文字与打印文字分离技术、尖端的票证自动模范分析和生成技术以及创新的泛化模型，使得平安的 OCR 识别速度高达 0.3s/ 张，识别准确率超过 98%。与人工众包复检修正相结合，形成完整的电子化存档解决方案，多家专业公司已受惠于平安票证通的助力。

平安智慧城市方面，平安正利用自身几十年的技术积累帮助建设智慧城市。平安首创了"AI＋保险"形式的智慧城市计划，让保险保障城市的安全成为一种新的商业模式。另外依靠像素级语义分割、高精度目标监测与追踪的平安智慧监测系统已在智能机场中落地。为机场减少了90%的误报出镜率，节省了大量的人力与财力，更是保障了机场的全面安全。

智能客服方面，平安利用深度AI技术已能解决特定场景下的复杂问题。深度学习团队的智能文字机器人结合物理机器人成为全渠道智能客服，95%的业务问答准确率，为平安集团减少了30%的人力成本，客户等待时间也大幅度减少53%，为企业节省大量运营成本的同时，显著提升了客户的服务体验。

监管专栏

其他行业金融科技相关监管政策

1. 征信业相关监管政策

2021年1月11日，中国人民银行公布《征信业务管理办法（征求意见稿）》，对信用信息范围、采集、整理、保存、加工、提供、使用、安全、跨境流动和业务监督管理进行了规定，清晰界定了信用信息，并强调要加强个人和企业信息主体权益保护，保障信息安全。

2. 互联网理财相关监管政策

原中国银保监会发布《理财公司理财产品销售管理暂行办法》（以下简称《办法》），自2021年6月27日起施行。《办法》分为总则、理财产品销售机构、风险管理与内部控制、理财产品销售管理、销售人员管理、投资者合法权益保护、监督管理与法律责任以及附则。发布实施《办法》是原银保监会落实《关于规范金融机构资产管理业务的指导意见》（以下简称资管新规）、《商业银行理财业务监督管理办法》（以下简称理财新规）、《商业银行理财子公司办法》（以下简称《理财子公司办法》）等制度要求的具体举措，有利于规范理财公司理财产品销售业务活动，保护投资者合法权益。

2020年12月，原银保监会制定了《商业银行理财子公司理财产品销售管理暂行办法（征求意见稿）》。总体思路：落实资管新规、理财新规和《理财子公司办法》等制度规则，针对银行理财子公司特点，加强理财产品销售业务机构和行为监管规范，压实理财产品销售和管理责任，强化投资者适当性管理，切实保护投资者合法权益，推进公平竞争，打破刚性兑付，为理财业务健康发展创造良好的制度环境。

3. 网络小额贷款相关监管政策

2020年11月，原中国银保监会会同中国人民银行等部门起草了《网络小额贷款业务管理暂行办法（征求意见稿）》。重点内容包括：一是厘清网络小额贷款业务的定义和监管体制，明确网络小额贷款业务应当主要在注册地所属省级行政区域内开展，未经银保监会批准，不得跨省级行政区域开展网络小额贷款业务。二是明确经营网络小额贷款业务在注册资本、控股股东、互联网平台等方面应符合的条件。三是规范业务经营规则，提出网络小额贷款金额、贷款用途、联合贷款、贷款登记等方面有关要求。四是督促经营网络小额贷款业务的小额贷款公司加强经营管理，规范股权管理、资金管理、消费者权益保护工作等，依法收集和使用客户信息，不得诱导借款人过度负债。五是明确监管规则和措施，促使监管部门提高监管有效性，对违法违规行为依法追究法律责任。六是明确存量业务整改和过渡期等安排。

延伸案例

智能投顾时代已来　我们准备好了吗？

伴随着人工智能、大数据、区块链等技术的崛起，作为金融科技中必不可少的一种金融工具，智能投顾成为了财富管理领域新的发力点，银行、券商和BATJ[①]等互联网巨头纷纷入局，甚至公募基金、保险行业也开始布局此领域。随着国内中产阶级的崛起、私人财富的积累、互联网金融和数字化趋势的出现，以及互联网时代成长起来的年轻一代逐渐成为投资者主力，国内智能投顾将迎来良好的发展机遇。

国内已有近百家企业推出智能投顾服务，其中包括四大行在内的传统金融机构等互联网巨头以及一些具有代表性的科技金融公司，形成"三足鼎立"的局面。

◆ 案例分析

那么智能投顾，到底有哪些方面的优势。

智能投顾相比传统的理财方式有以下3个方面优势，使得整个金融行业和

---

① BATJ：是百度、阿里巴巴、腾讯、京东。

互联网行业纷纷为之倾注人力财力。

1. 投资门槛低

智能投顾平台对于投资金额的要求较低，部分平台甚至没有最低金额限制，且在收费上要远低于传统投顾，使得大量中等收入群体也可以享受到便捷的专业理财服务。

2. 实现个性化资产配置

智能投顾充分利用大数据分析每位投资者的投资行为，测算出不同投资者的风险偏好和理财习惯，为客户推荐更加合适的产品以及最优的资产配置方案。

3. 克服情绪化交易

智能投顾摒弃了传统理财顾问出于自身利益对客户施加的影响，以及投资者人性方面的弱点，并且尽可能减少其在决策时受周边事物影响而造成的情绪波动，从而保证了投资的客观性。

伴随着人工智能时代的到来，未来是"用科技缩短人和金融服务之间的距离"，让科技金融贴近生活，让金融服务贴近百姓。

实训练习

商业计划书的撰写

1. 实训背景

商业计划书又称为创业计划书，是发起融资必须的材料。假如你正在为某一个智能投顾项目设计一份商业计划书，那么好的商业计划书能够吸引众多投资者来投资该项目。我们该如何制作一份高质量的商业计划书呢？以下是一份商业计划书的模板，内容可以包括但不局限于这些。

商业计划书

一、项目概述

1.1 公司及产品或服务的介绍

1.2 项目的产业背景和市场竞争环境

1.3 项目的市场机会和有效的市场需求

1.4 目标客户群体

1.5 创业团队的特殊性和优势

1.6 目前运营情况及发展目标

二、发展战略

2.1 项目的商业模式（要求：指出产品或服务目前的技术水平及领先程度，如何满足用户需求，是否适应市场的需求，能否实现产业化）

2.1.1 客户细分

2.1.2 价值主张

2.1.3 渠道通路

2.1.4 客户关系

2.1.5 收入来源

2.1.6 关键业务

2.1.7 核心资源

2.1.8 重要合作伙伴

2.1.9 成本结构

2.2 市场发展策略

2.2.1 市场定位

2.2.2 市场进入策略

2.2.3 市场开发策略

2.3 研发方向

2.4 主要合作伙伴与竞争对手分析

2.5 目前项目存在的问题及解决方案

2.5.1 目前面临的问题

2.5.2 规避计划

三、营销策略

3.1 市场调研分析

3.1.1 市场调研的内容

3.1.2 市场调研结果分析（要求：明确表述该产品或服务的市场容量与趋势、市场竞争状况，估计市场份额和销售额）

3.2 STP战略（要求明确表述细分目标市场及客户）

3.2.1 市场细分

3.2.2 目标市场

3.3 渠道策略

3.4 产品策略

3.5 价格策略

3.6 推广策略

四、财务分析

4.1 公司（或团队）股本结构与规模

4.2　融资方案（要求：完善且符合实际）

4.3　财务报表（要求：包含营业收入和费用、现金流量、固定和变动成本，公布近期财务报表）

4.4　盈利能力分析（要求：盈利能力和持久性分析，企业资本回报的测算）

4.5　风险资金退出策略

五、管理团队

5.1　团队介绍（要求：介绍创业管理团队主要成员教育背景、工作经历等）

5.2　组织架构及分工

5.3　创业顾问（要求：主要投资人和持股情况）

2. 实训内容

请按照商业计划书模版完成一份商业计划书。

课后习题

1. 单选题

（1）目前（　　）是中国最大的信用信息基础数据库。

　　A．芝麻信用　　　　　　　　B．中国人民银行征信中心

　　C．鹏远征信　　　　　　　　D．考拉征信

（2）未来征信的发展趋势不包括（　　）。

　　A．信息数据扩容　　　　　　B．减少征信应用场景

　　C．加强信息安全　　　　　　D．数据处理能力提升

（3）小额贷款公司对法人或其他组织及其关联方的单户网络小额贷款余额原则上不得超过人民币（　　）万元。

　　A．100　　　B．150　　　C．200　　　D．250

（4）蚂蚁金服在科技创新技术能力的布局采用"BASIC"战略，（　　）不属于"BASIC"战略。

　　A．区块链　　B．人工智能　　C．安全风控　　D．支付宝

（5）（　　）是中国最大的信用信息基础数据库，接入机构最全面，数据价值较高，常作为其他征信机构的数据源。

　　A．中国人民银行征信中心　　B．支付宝

　　C．腾讯征信　　　　　　　　D．百行征信

（6）以政府为征信主体的是（　　）。

A．市场化征信　　　　　　B．公共征信
C．行业合作征信　　　　　D．企业征信

2．多选题

（1）小额贷款公司发放网络小额贷款应当遵循（　　）的原则，符合国家产业政策和信贷政策。

A．小额　　B．分散　　C．集中　　D．长期

（2）人工智能为征信行业带来的两大优势有（　　）。

A．模式识别，解决交易场景中的身份识别问题

B．信用分析及预测、解决客户信用的风险评估问题

C．有效降低投融资双方信息不对称程度以及交易成本

D．为征信数据的来源提供了多样化和广泛化

（3）财富管理资产配置的趋势包括（　　）。

A．从单一到多元　　　　　B．从短期到长期
C．从中国到全球　　　　　D．从股权到债权

（4）蚂蚁金融在科技创新技术能力的布局采用"BASIC"战略，包括（　　）。

A．区块链　　　　　　　　B．人工智能
C．物联网　　　　　　　　D．安全风控
E．云计算

（5）蚂蚁金服金融智能大脑Antzero有三个典型应用场景（　　）。

A．智能营销　　　　　　　B．定损宝
C．智能助理机器人　　　　D．金融智能大脑

3．判断题

（1）相比传统征信，大数据征信数据来源更加广泛、种类更加丰富、时效性也更强。（　　）

（2）传统征信业的思维模式是通过搜集客户的信用信息进行分析处理，依托所处理收集的信息进行严谨的因果推导，进而评判出客户的信用状况。（　　）

（3）我国消费信贷规模呈现高速增长趋势，消费信贷的快递普及已成为征信业发展的主要驱动因素之一。（　　）

（4）传统征信行业，面对大数据产生的大量非结构化信息和碎片化信息，其处理方式较为高效。（　　）

（5）未来财富管理机构的经营重心，将从"以客户为中心"，转向"以产品为中心"。（　　）

（6）消费金融（或消费贷、消费信贷）是指以消费为目的的信用贷款，信

贷期限在 1 至 12 个月，金额一般在 20 万以下，通常包括住房和汽车等消费贷款。（　　）

（7）当前我国，财富管理业务的收费模式不是佣金式，而是推荐产品的点差收入。（　　）

（8）财富管理经营重心的理念是从"以产品为中心"转向"以客户为中心"。（　　）

（9）经营网络小额贷款业务的小额贷款公司可以通过互联网平台或者地方各类交易场所销售、转让本公司除不良信贷资产以外的其他信贷资产。（　　）

（10）小额贷款公司对自然人的单户网络小额贷款余额原则上不得超过人民币 30 万元，不得超过其最近 3 年年均收入的三分之一，该两项金额中的较高者为贷款金额最高限额。（　　）

4. 简答题

（1）网络小额贷款不得用于哪些用途？

（2）经营网络小额贷款业务的小额贷款公司不得经营哪些业务？

（3）征信行业的发展趋势有哪些？

5. 分析应用题

赵某今年 25 岁，花呗额度有 3 000 元，三个月前因为大额购物直接透支了花呗总共 10 000 元的额度，而且逾期 3 个月未还。拒接了支付宝官方的多次"骚扰电话"后，在一次办理银行业务的过程中发现自己的征信报告上有一笔 3 000 元借款逾期的不良记录，并被告知停止一切信贷业务。

对于以上事件，你有何感想？

Chapter 08

第 8 章
金融科技的风险与监管

- 8.1 金融科技的主要风险
- 8.2 金融科技的风险控制
- 8.3 监管科技应用

学习目标

知识目标
- 了解金融科技风险的成因、特征与类型
- 熟悉金融科技风险控制的主要手段、主要业务风险控制的流程
- 了解金融科技风险管理措施
- 熟悉国际金融科技监管政策与经验
- 了解沙盒监管模式以及我国金融科技监管政策与对策

能力目标
- 能够识别金融科技的主要风险并进行简单分析
- 能够比较不同金融科技风险控制手段各自的适用范围
- 能够分析国际金融科技监管政策与经验并从中能得到一些启示和借鉴

素养目标
- 通过金融科技风险特征的学习，与学生一起解构中国问题、介绍中国经验、提炼中国解决方案，帮助学生参与本土化金融科技创新的热情和兴趣
- 结合金融科技风控主要手段的学习，培养学生信守承诺的执业素养和形成对金融职业道德的基本意识
- 通过沙盒监管模式创新的学习，强化学生对金融风险的集聚、外溢和传染的认识，了解沙盒监管的必要性

思维导图

- 金融科技的风险与监管
  - 金融科技的主要风险
    - 金融科技风险的成因
    - 金融科技风险的特征
    - 金融科技风险的类型
  - 金融科技的风险控制
    - 金融科技风险控制的主要手段
    - 金融科技风险管理措施
    - 金融科技主要业务风险控制实例
  - 监管科技应用
    - 国际金融科技监管政策
    - 沙盒监管模式创新
    - 中国金融科技监管措施

8.1 金融科技的主要风险

8.1.1 金融科技风险的成因

近年来，大数据、云计算、区块链、人工智能等数字技术对金融业的改变正在从渠道、商业模式等表层渗透到金融发展的核心技术层，极大提高了金融服务的质量和效率，有效推动了普惠金融发展的广度和深度。然而，金融科技的落脚点终究是金融，并没有改变传统金融的本质，在为投融资市场带来高效、便捷、普惠的同时也隐含了科技风险，积聚了金融风险与科技风险带来的叠加效应。要保障金融科技的健康发展，就要分析甄别金融科技风险产生的原因，把握好发展与安全的平衡。金融科技风险产生的原因主要包括以下几个方面。

1. 市场跨界方面的原因

（1）从业机构跨界。金融科技既包括传统金融机构通过技术创新升级改造已有金融业务，也包括互联网企业、金融科技初创企业等借助新兴技术跨界开展金融业务或为金融机构提供技术外包和配套服务。随着精准营销、客户导流、产品代销等方面的不断拓展，从业机构的金融属性和科技属性边界变得模糊，给传统的机构监管方式带来极大挑战。

（2）产品跨界。跨行业、跨市场的金融产品日益丰富，特别是一些产品经过多个通道或多次嵌套，往往贯穿多层次金融市场，其底层资产和最终投资者难以准确认定，使得传统的分业分段式监管的有效性和针对性下降。

（3）集团跨界混业经营。一些跨界混业型金融集团逐渐形成，呈现出场景多、客户多、黏性强、规模大的特征。如何实施综合监管，有效防止风险交叉感染、不正当竞争等问题，是监管部门面临的难题。

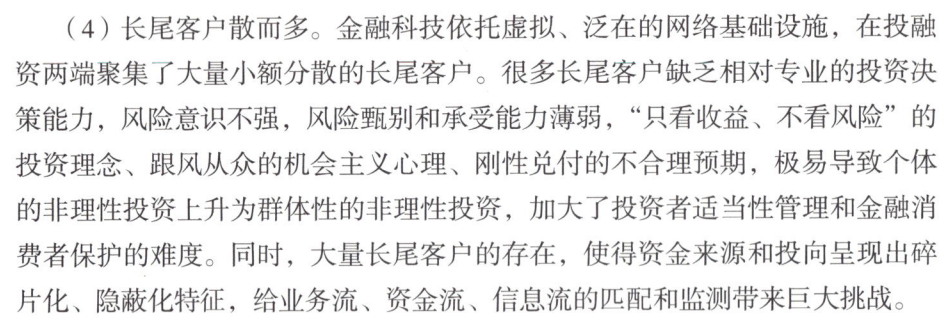

（4）长尾客户散而多。金融科技依托虚拟、泛在的网络基础设施，在投融资两端聚集了大量小额分散的长尾客户。很多长尾客户缺乏相对专业的投资决策能力，风险意识不强，风险甄别和承受能力薄弱，"只看收益、不看风险"的投资理念、跟风从众的机会主义心理、刚性兑付的不合理预期，极易导致个体的非理性投资上升为群体性的非理性投资，加大了投资者适当性管理和金融消费者保护的难度。同时，大量长尾客户的存在，使得资金来源和投向呈现出碎片化、隐蔽化特征，给业务流、资金流、信息流的匹配和监测带来巨大挑战。

2. 金融风险的外溢效应加大

第一，多重叠加风险加大。在多维开放和多向互动的网络空间，特别是移动网络空间，金融风险、技术风险、网络风险容易产生叠加和扩散效应，实施风险监管全覆盖的难度和复杂程度增大。第二，风险防控难度加大。金融科技往往涉及不同的市场、不同的行业甚至不同的机构，导致金融风险变得更为复杂和隐蔽，使金融风险传染性更强、影响面更广、传播速度更快、冲击力更大，加大了风险防范难度。第三，金融科技发展中呈现出一定的风险外溢性。单一或部分金融机构发生的风险损失事件往往会通过各种渠道迅速扩散到整个的金融市场，风险传导效应日益突出。除此之外，部分金融科技创新产品过度包装，忽略了其优势下潜藏的风险，这些都会使金融科技风险呈现出一定的外溢性。

3. 网络安全存在风险

金融科技对网络、技术的过度依赖也会导致风险发生。首先，金融行业网络通信更加开放、生产操作自动化程度越来越高，各金融机构的业务活动相互渗透、相互交融。而各金融机构的业务规模和所处的发展阶段不同，风险防范能力也存在较大差异。部分金融机构安全意识淡薄，风险防控机制不完善，导致网络安全风险不断加剧。其次，网络软件运行中可能出现不兼容、衔接性差、容错能力差、自我防御能力差等设计风险。另外，信息网络设备设施、高性能计算机与云端服务器、大容量存储器等硬件设施存在风险隐患。还有，随着物理网络建设的扩张，网络节点的双向反馈数据呈几何级数增长态势。一旦某个节点受到黑客攻击，将会引起整个网络快速、大范围的瘫痪。

4. 数据安全存在风险

① 信息安全存在风险。部分金融机构过分抢占入口和渠道，大量汇集各种信息流、资金流和产品流，使得信息泄露的风险高度集中。一旦系统遭受病毒侵袭、黑客攻击等问题，不再是单一数据丢失的问题，而是系统性数据安全问题，将会对客户的个人隐私、客户权益甚至整个国家的金融安全造成威胁。② 信息保护意识薄弱。大数据广泛运用于银行，但对数据所有权归属、数据标准化、数据使用、数据交易等没有专门的法律规制。在利益驱使下，越来越多的机构或个人不择手段地获取他人信息。③ 数据存储、提取、传输等方面的安全级别堪忧，数据的充分性、相关性、可靠性等都存在风险。④ 数据质量把控难度越来越大。大数据常常被应用于精准营销、风控管理、金融决策。由于数据体量越来越大，涵盖面也越来越广，增加了质量把控的难度。如果数据中混杂了虚假的信息，可能会导致错误的风控措施和决策判断，进而引发金融市场风险。

5. 监管体制机制存在滞后风险

一方面，我国金融监管者的监管资源、知识结构、监管能力、监管手段、监管力量乃至现有的监管框架都滞后于金融科技发展，对金融科技的监管主要靠事后监管，监管措施主要是针对风险事件的被动响应。而区块链、大数据、人工智能等金融科技的发展正在深入到风险管理、资产定价等金融核心功能与业务领域，对金融产品和服务的各个方面产生了重大而深刻的影响。一旦出现监管真空，可能导致金融领域发生系统性风险。另一方面，我国对金融科技监管的法律法规等制度建设还停留在互联网金融的层面。金融科技智能化业态处于监管制度和法律法规空白之中。例如，在支付清算领域，我国现有监管大多停留在部门规章层面，难以适应支付科技快速发展的需要。目前基于区块链技术的数字货币发行的合法性问题、公证确权,以及举证的合法性问题,智能合约、数字票据、记账清算、股权众筹的合法性问题,在我国乃至国际上依然存在法律空白。

8.1.2 金融科技风险的特征

金融科技的本质仍然是金融,没有改变传统金融原有的功能属性和风险属性,会直接或间接导致金融风险的内生性、隐蔽性、复杂性、交叉性、传染性和突发性更为凸显。

1. 内生性

风险是金融市场固有的客观存在。金融科技只是改变了风险的传播途径、传播速度和传播范围,并不能改变金融风险的内在本质。传统金融市场中固有的市场风险、信用风险、流动性风险并没有消失。

2. 隐蔽性

金融科技飞速发展使得金融市场参与主体具备多重身份,移动网络的无限扩展使得金融科技的服务范围不断延伸,并且深入社会的各个领域。参与主体的多元性、服务范围的广泛性和深入性使其风险表现出极强的隐蔽性。同时,交易双方的信息不对称也极大地助长了这种风险潜伏隐蔽的时间。以第三方支付、网络借贷、消费金融等为主要模式的互联网金融平台,给数据与信息安全带来极大的隐蔽性风险。

3. 复杂性

金融科技具有高度虚拟化、远程化、网络化、数字化、移动端、分布式等特点,使得数字技术创新迭代周期缩短,业务流程不断调整优化,金融产品上线交付速度加快,不同类型金融资产的转换更加便捷高效,金融活动的实时性和不间断性越发明显。这些变化突破了以往的跨界壁垒,打破了金融风险传递的时空限制,加快了风险外溢的速度,客观上增加了金融风险的复杂程度。金融科技还可能带来第三方依赖、算法黑箱、责任主体模糊等传统金融风险之外的一些新型风险隐患,提升了金融科技风险的复杂度。

4. 交叉性

金融科技活动更容易产生业务、技术、网络、数据等多重风险的叠加外溢效应,风险交叉传导路径更多,传播范围更广,极易引发"黑天鹅"事件和"灰犀牛"事件,甚至导致"多米诺骨牌效应"发生。

5. 传染性

金融科技服务高度依赖网络渠道,全时全地的在线运营,持续累积多种客户行为和金融交易数据等特点,容易引发操作风险、运行风险和信息安全风险。同时,金融科技使得传统金融市场主体可以跨越时空限制,在不同领域、不同市场、不同国家开展多元化、国际化的金融业务,跨界混业更加明显,金融风险跨界传染性更快、杀伤力更大。

6. 突发性

网络技术的高速发展使金融科技风险突破了时空限制，一旦风险暴露，在短时间内便可能迅速演变为大规模的系统性风险。系统性风险层级瞬间演进并波及多个领域，为事后处理带来重重困难。此外，数据成为金融机构新的核心竞争力。数据的高度集中也增加了系统性金融风险突发的可能。

8.1.3 金融科技风险的类型

传统金融的市场风险、信用风险、流动性风险、监管风险、安全风险、操作风险仍然是金融科技面临的主要风险。

1. 市场风险

市场风险是指因市场主体预见金融市场利益而进行过度投机导致市场过热，当市场泡沫暴涨到一定程度而破灭时，导致市场参与者遭受损失的可能性。金融科技加快了金融业和其他产业之间的融合，增加了行业间的关联性和交易的复杂性，跨界交易甚至利用互联网进行跨时空交易已成为普遍现象，这给现有监管体制形成了很大挑战，放大了金融市场风险。金融科技服务更关注风险意识较低的长尾客户。一旦发生市场风险，其传染性更强、波及面更广、负面影响也更为明显。

2. 信用风险

信用风险是指金融交易一方由于某种原因，违反合同事先的约定，导致交易对方遭受损失的可能性。信用风险的产生与信息披露不及时、信息披露失真紧密相关。目前，仍然存在信用录入数据不完整，信用服务市场不发达，信用服务体系不成熟的情况，且其中的问题难以被发现，得不到根本治理。不仅难以保障广大投资者的合法权益，而且影响整个行业的信用声誉，引发信用风险。

3. 流动性风险

金融机构与互联网银行、互联网理财等新兴金融业态合作，容易引发流动性风险。一方面，受监管程度较低的互联网理财等金融科技平台违规采用拆标（金额拆标、期限拆标）等手段，对投资者承诺高息保本、集中兑付，如通过第三方支付渠道投资多种网上基金、定期理财、保险理财、指数基金等，支付机构利用资金存管账户形成资金池，急剧扩大了备付金数额。支付机构违规操作挪用备付金，积聚了用户刚性兑付的困难。一旦资金链条断裂，容易引发流动性风险。另一方面，第三方支付账户存在资金期限错配的潜在风险，一定程度上挤占了风险低、流动性强的市场资金。一旦货币市场出现大的波动，就可能发生大规模资金挤兑风波，引发流动性风险。

4. 监管风险

① 监管难度加大。金融机构运用科技手段让资金供求两端的交易支付线上化，致使金融业务失去时空限制，交易对象模糊，交易不透明，极大地增加

了监管难度。如区块链分布式的结构使得金融科技风险表现出蛛网状特征,云计算等技术应用带来的业务外包和数据存储问题,使得传统监管规则遭遇瓶颈。② 监管滞后。金融科技多重嵌套创新产品可能涉及数个甚至数十个法律法规的监管规定,由于不熟悉金融科技的运行方式、算法模型、风险定价等规则,监管部门难以及时识别其潜在风险。③ 法律滞后。传统金融的法律法规难以适应金融科技的创新发展。

5. 安全风险

① 数据安全风险。金融数据呈爆发式增长,人们越来越倾向于使用更加方便快捷、效率更高的科技手段来进行数据交易,这为犯罪分子提供了可乘之机,给数据安全带来极大风险。如金融诈骗、电信诈骗、数据库攻击、云数据窃取等。② 业务安全风险。一些企业为了追求用户体验而忽视了一些必不可少的审查环节,超出用户的风险承受能力向其出售高风险产品,严重违背了业务安全的基本底线。一些金融科技公司为节约资金,选择部分外包服务,当外包服务商出现运营或技术问题而导致服务中断时,会发生一系列连锁反应,可能酿成重大金融风险。③ 技术安全风险。一些企业为了追求技术突破,将尚不成熟的产品推向市场,使得一些技术的应用领域超出用户的可控范围而引发安全隐患。如生物识别技术被冒用,区块链去中心化的特征增大了市场主体风险等。④ 网络安全风险。部分金融科技公司对硬件设施没有采用国密算法,对安全芯片技术没有进行加密加固,在网络攻击防御方面存在诸多安全隐患。

6. 操作风险

① 投资者操作风险。由于金融科技业务专业性较强,覆盖面较广,普通投资者相关专业知识储备不足,容易遭受因市场波动带来的操作不当损失。又由于业务相互交叉、多重嵌套,极易引起内部控制和操作程序的设计不当,造成投资者资金损失或身份信息泄露,进而引发操作风险。② 员工操作风险。一方面,由于金融科技机构治理结构不健全,内部组织架构设置、规章制度不完善,内部控制制度执行不到位,当风险事件发生时无法及时有效纠正和处置;另一方面,由于软件和硬件等信息技术基础设施不完善,操作人员安全意识淡薄、不能严格执行操作规范等原因,可能导致指令出现差错的风险。③ 科技风险。最大的操作风险就是科技风险。由于计算机病毒、系统漏洞、设备故障等原因,造成客户信息泄露、资金损失的风险。

8.2 金融科技的风险控制

8.2.1 金融科技风险控制的主要手段

1. 政策手段

金融科技在给世界各国带来变革、创新、发展之际,也给各国加强对金融科技的风险控制提出了诸多挑战。相应地，国际组织①和一些发达国家的监管部门提出了一系列风控政策，并以促进金融科技的良性发展为目的，旨在建立以风险防范为核心、以标准规范为基础的法律法规政策体系。

英国率先在2014年出台了金融科技方面的监管政策，即英国金融行为监管局（FCA）发布了有关金融科技的监管创新计划（Regulatory Innovation Plan），针对金融科技制定了"创新中心"，并由创新中心从监管角度向持牌金融科技企业提出合规性建议；随后，国际保险监督官协会（IAIS）出台了《普惠保险业务准则》，旨在加强对金融科技领域的消费者保护和数据保护；国际证监会组织（IOSCO）出台了《金融科技研究报告》，全面评估了金融科技在证券市场以及资本市场的运用及其影响。另外，以金融科技强国美国为例，目前美国在金融科技的风险控制上做出了许多有益的探索。具体地，美国国家经济委员会（NEC）在2017年1月颁布了《金融科技框架白皮书》，为监管机构提出了10条评估金融科技生态系统的原则，使得金融科技的风险控制有法可依，也给监管机构思考、参加和评估金融科技生态圈提供了政策依据。在该白皮书出台的两个月后，美国货币监理署（OCC）出台了《金融科技企业申请评估章程》，通过了向金融科技企业发放许可牌照的草案，该草案以向美国金融科技公司发放银行牌照的方式，加强了对这些金融科技企业的监管。美国财政部于2018年7月发布了《创造经济机会的金融体系：非银金融、金融科技和创新》报告，内容涉及金融监管体系改革、金融科技业态监管、监管沙盒和监管科技等。美国议会代表在2019年3月和10月，分别提交了《金融科技保护法案》和《金融科技法案2019》，旨在构筑针对金融科技的法律框架，在创设新的监管议事机构、厘清监管协调机制的基础上，加强对金融科技的监管。美国国会代表在2020年5月提交了《推进区块链法》的提案。综合来看，当前国外加强了对金融科技的安全、准入、交易、认证、监管、退出、消费者权益保护等方面的监管，逐步形成了金融科技风险防范的有效制度保障。

而中国作为发展中国家的领头羊，在金融科技上也发展得很迅猛。在鼓励发展金融科技的同时，相继出台了一些政策，引导和规范金融科技发展、防范化解其可能产生的风险。自2016年中国金融科技元年起，国务院相继出台了一系列顶层设计文件。比如，2017年1月出台的《关于促进移动互联网健康有序发展的意见》明确提出"坚持分类指导对移动互联网信息服务实行分类管理；坚持安全可控，全面排查、科学评估、有效防范和化解移动互联网迅猛发展带来的风险隐患，切实保障网络数据、技术、应用等安全"；同年3月出

---

① 比如，国际货币基金组织金融稳定理事会和国际标准化组织等国际组织，纷纷成立了金融科技研究小组或委员会，探索建立针对金融科技的国际政策框架。

台的《国务院关于落实〈政府工作报告〉重点工作部门分工的意见》提出：要高度警惕互联网金融领域的风险；工信部也于 2017 年 1 月出台《大数据产业发展规划》，该规划在大力推动金融领域跨行业大数据应用的同时，也强调了要警惕其潜在的风险；2017 年 5 月，中国人民银行等国家十七部委联合印发的《关于进一步做好互联网金融风险专项整治清理整顿工作的通知》提出要加大对互联网金融风险专项整治工作的力度；同年 9 月中国人民银行、工信部等七部委联合出台的《关于防范代币发行融资风险的公告》，强调要规范互联网金融和金融科技的发展，旨在将风险扼杀在萌芽状态。2020 年，中国的金融科技行业进入了强监管时代。中国人民银行在 2020 年 10 月出台了《金融科技创新应用测试规范》（JR/T 0198—2020）、《金融科技创新安全通用规范》（JR/T 0199—2020）、《金融科技创新风险监控规范》（JR/T 0200—2020）三项金融行业标准，从不同的角度对金融科技创新进行监管。另外，中国人民银行还在北京、上海、重庆、深圳、雄安新区、杭州、苏州、成都、广州 9 个地区开展金融科技创新监管试点，并涉及 65 项金融科技创新应用。

2. 技术手段

金融科技不仅可以运用到金融业的创新中，还可以运用到风险控制的环节。简言之，就是将金融科技转变为合规科技，以提升监管机构的监管效率以及金融机构、企业部门的管理水平和风险控制能力。具体地，监管机构可以使用人工智能等技术手段，对相关金融机构的资金往来进行监控，并将获得的财务报表与其历史数据相比较，以判断相关金融机构是否存在财务造假、篡改财务报表数据等违规行为；监管机构还可以通过构建冒烟指数[①]、图谱分析、风险大脑来加强对金融科技风险的预警能力，并将风险有针对性地分级分类处理；金融机构可以推广更强大的数字加密传输技术，切实保障客户数据不被窃取；金融机构还可以使用无监督机器学习建模方式，以快速识别申请欺诈、交易欺诈等风险事件；企业部门可以用金融科技整合并结构化企业资质、管理、业务运营、融资、风险、关联关系等内外部数据，构建知识图谱理清企业上下游关联，以帮助相关机构有效地防范化解风险。综合来看，使用技术手段来控制金融科技风险就是将金融科技转变为合规科技，利用金融科技把监管机构的监管规则以及金融机构和企业部门的内控规则嵌入管理流程，摒弃以往传统的风险管理方式，将大数据和人工智能等技术贯穿到整个管理流程，进而提高风险控制水平，使风险管理机制更具有前瞻性和有效性。

---

① 冒烟指数由综合合法性、非法集资特征词、收益率偏高、负面反馈指数、传播力这五个维度构建，通过机器学习对每个维度进行自我赋权。冒烟指数越高，说明越接近非法集资的特征，监管部门就可以及早监测预警，做到"打早打小"。

3. 协同手段

伴随着互联网和信息技术的快速发展，金融科技的适用范围也在不断扩张并渗透到了各行业各领域。金融科技的这种突破行业、突破地域的深入发展使其风险更加具有隐蔽性和潜伏性，相应地，给风险控制带来了一定的难度。

在这种情况下，国外现在大力倡导构建多元化主体、多个领域的协同监管体系，充分发挥金融机构、监管部门、研究机构和行业协会的协同合作作用，将行政监管与行业自律并行，及时开展各主体的沟通和信息共享，理顺各主体之间的权责归属问题，调动社会资源，共同合作，以打造监管科技和金融科技发展生态环境。比如，新加坡金融管理局（MAS）加强了和云科技企业的深入合作，以"淡化政府中心"预防"去政府中心"的危险；加拿大监管部门与80多家金融机构在内的区块链集团合作，研究能否把银行间支付系统引进区块链结算系统；美国则在2017年颁布的《金融科技框架白皮书》中强调决策者与监管部门应该努力与金融科技的创业者们展开"密切而又开放"的合作，倡导从政府单向主导的"公私合作"转变为政府与企业更具平等性的"公私协作"。

8.2.2　金融科技风险管理措施

1. 完善金融科技监管的基本规则

一要适度监管。虽然金融科技存在风险，但是不能以偏概全、为防风险而去扼杀金融科技的发展，尤其是在面临一定的经济下行压力时期，需要在金融科技领域不断探索合适的监管规则，为经济下行提供新引擎，因此，在金融科技监管上要做到张弛有度。既要规避监管过松，引发过多伪创新，也要规避监管过度，扼杀金融科技的发展前景。

二要分类监管。考虑到市场业态、业务类型和专业技术上存在的本质不同，监管机构应制定有差异性、专业性的分门别类的监管规则，以提升监管效率。比如对那些金额小、复杂程度低的金融科技业务，可以按照法律授权对小额、有限范围的金融科技业务进行监管程序上的简化。

三要协同监管。在明确各监管部门职责的同时，努力打破监管部门之间的壁垒和利益上的藩篱，加强监管部门之间的交流与合作，提高跨行业、跨市场的协同监管能力。另外，除了加强国内各监管部门之间的合作协调，在条件允许的情况下，还要加强与国际的协同监管。比如学习世界银行、国际证监会组织、国际货币基金组织等先进的监管理念和监管方法，通过与这些国际上一流的平台组织合作，统筹解决跨国监管套利问题。再比如，与发达国家的金融监管部门协同合作，构建针对金融科技的监管信息共享、风险联动应对、危机处置和制度安排，以完善本国的金融科技监管基本规则。

四要创新监管。汲取较为成熟、先进的监管经验，推广监管沙盒（Regulatory Sandbox）、创新指导窗口（Innovation Hub）[1]、创新加速器（Innovation Accelerator）[2]等手段，实现监管与创新的动态平衡，打造更加有益的监管环境。

2. 打造金融科技人才库

人才是金融科技风险管理的重要战略资源。为适应金融科技风险的复杂性、涉众性、交叉性、隐蔽性等特点以及升级风险管理理念，需要既懂科技、又懂金融的人才。就我国而言，有必要抢占人才制高点，打造出针对金融科技风险的专业化、复合型风险管理人才库。为尽快落实人才库这一设想，可以与高等院校和科研院所展开广泛而深入的合作。具体地，在现有的人才培养方案上，高等院校和科研院所要根据金融科技推进过程中不断涌现的新形势、新问题、新风险，去开设与金融科技及其风险相关的课程与培训。从理论上武装起一支通晓金融科技、能适应波谲云诡的科技风险的现代化人才队伍；同时，高等院校和科研院所也要加大对国家风险评级和管理的研究力度，服务于国家金融安全的总体战略和国家金融风险防控工作。另外，监管部门及金融机构要加强对内部工作人员的培训力度，推动不同文化背景的工作人员展开相互间的交流与学习，积极引进金融科技风险管理领域的人才，提高工作人员对金融科技风险的识别能力和控制能力，并专门针对这类人才建立物质激励与非物质激励相结合的机制。既要让人才收获丰厚的物质奖励，也让其获得精神上的满足感，使这些人才在相对枯燥的技术研发过程中始终保持旺盛的创造力和积极性。

3. 明晰监管科技定位，大力发展监管科技

目前，国际上对监管科技的定位基本上达成了共识。即通过科技手段，服务监管需求，提高监管效率，降低监管成本，培育良性的监管科技生态圈。我国的金融科技尤其是监管科技，与发达国家相比还有很大的可完善空间。在这种情况下，应当加快监管科技的试点推广，培育良性的监管科技生态圈。要对当下热门领域的科学技术多加关注，监管部门及金融机构加强与国内领先科技企业的深度合作，利用大数据、AI技术，使用金融方面的高维数据、模型设定、欺诈定型、监管流程管理模型等方法，搭建地区性的金融安全大数据监管平台，加强对金融科技运行过程中的风险识别和监控预测，保护金融消费者的合法权益，维护地方金融稳定。

---

[1] 创新指导窗口（Innovation Hub），指针对持牌或非持牌机构的创新产品或服务，监管部门就政策规定、监管程序和相关监管关注点，提前进行提示和指导，使市场主体尽早了解监管要求，确保创新产品和业务的合规性。

[2] 创新加速器（Innovation Accelerator），指金融科技企业、金融机构与政府部门共同协作，及时评估、验证新产品方案的合理性与可操作性，促进其更好地向实际应用转化。这一方式类似我国科技企业"孵化器"的制度安排，更符合政府部门而非监管机构的职能定位。

4. 推进自主评级机构建设，完善失信惩戒机制

鉴于我国当前尚未建立与自身经济实力和国际影响力相匹配的评级机构，有必要引进第三方机构对市场上的金融科技企业展开合规合法的征信业务。也就是通过建设具有自主知识产权的、深受国内外市场广泛认可的评级机构，来紧握国际评级话语权，为监管部门和金融机构提供专业化、功能化、全方位的征信服务。同时，将第三方征信机构纳入国家统一的征信体系，实现征信信息的共享共用，强化对金融科技企业的市场监督，维护金融业的安全运行。另外，可以依靠科技完善失信惩戒机制。对于诚实守信的金融科技企业，建议给予资质证明，实施利率优惠、税收减免、新政补贴，适当提高信贷额度，以鼓励其合规经营。而对于失信的金融科技企业，建议采用公开黑名单制度、市场准入门槛、信贷限制、取消资质等惩罚性措施，提高失信企业的试错成本，并在实践中不断强化对金融科技企业的守信激励和失信惩戒力度。

8.2.3 金融科技主要业务风险控制实例

以民生银行的"E融平台"为例，探讨金融科技的主要业务风险控制。

1. 授信业务：大数据＋AI智能

民生银行通过在"E融平台"上设置电子签名、电子合同以及与核心企业系统的互联网对接的方式，获取了核心企业、物流公司和供应链上下游中小企业的相关交易数据。而后，民生银行通过这些交易数据，可以实时监测核心企业、物流公司和供应链上下游中小企业的资金流、物流和信息流，并以此为基础，利用大数据及人工智能搭建了风险评估模型，再以风险评估结果为基准，进行智能化授信决策，该流程如图 8-1 所示。这样做既满足了客户的金融需求，也令商业银行全面获悉了相关企业的业务能力、管理能力、行业现状、服务质量和信用状况，相应地提高了商业银行的交易信息透明度，让商业银行在信用额度的动态调整上有了依据，最终使商业银行的授信业务得以优化，并有效地控制住风险。

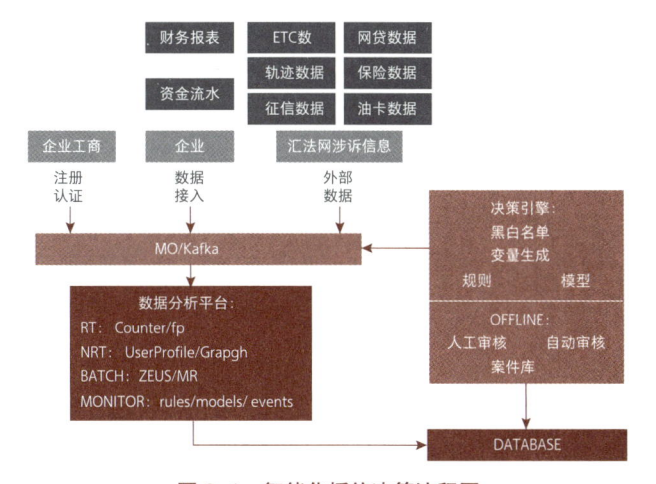

图 8-1 智能化授信决策流程图

2. 核查业务：破解贸易真实性

民生银行利用"E融平台"上获取的交易数据，对企业的发票展开真实性核查，对企业的经营数据展开深入调研分析，进而验证贸易的真实性，为企业贸易数据信用提供背书。民生银行还利用区块链技术，搭建了企业信用服务底层平台，并借助区块链难以篡改、多方共享的优势，实现了供应链企业相互之间的债权可追溯流转和迅速变现。

3. 贷后管理业务：智能贷后和风险预警

民生银行利用"E融平台"与核心企业的系统相连，并通过数据自动推送的方式传输应收账款单据信息，在避免线下花大量时间整理繁杂的纸质单据的同时，通过系统相连的方式降低了单据整理的错误率，使账款管理、文档处理、催收及账户详细信息的核对变得更加快捷、省力。智能贷后流程如图8-2所示。

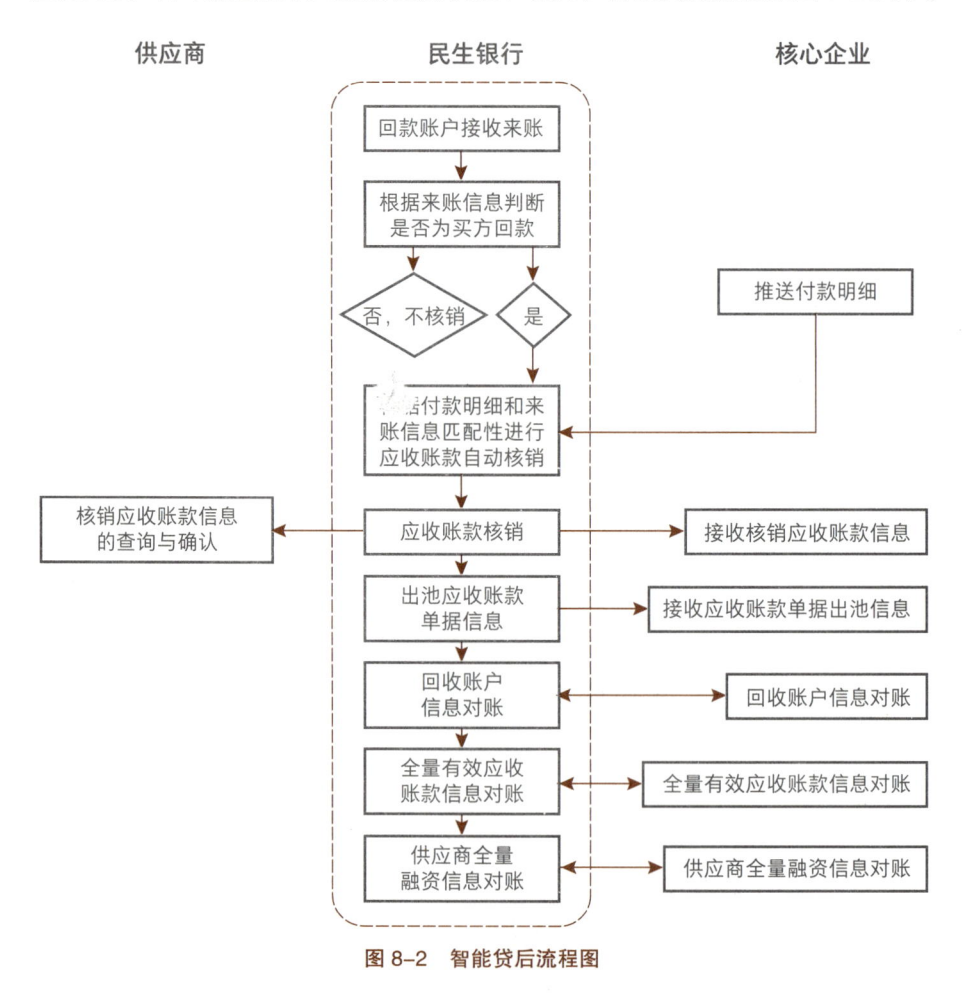

图8-2 智能贷后流程图

（1）应收账款系统化精细化管理。民生银行设置应收账款筛选基准，构建应收账款自动筛选信息系统；而核心企业则通过该系统对应收账款加以确认，并及时电子签名，以应对应收账款原有对账期间的变动风险；随后，系统会依照核心企业推送的付款信息来自动核销对应的账款，以此保障应收账款的精细化管理，也确保了核心企业付款与应收账款的一对一关系。为做到风险预警，该系统通过直接连接核心企业，锁定了核心企业的支付账户，并对还款账户的变动做到了实时预警；为保证应收账款信息的真实性和有效性，该系统还与税务系统相连，由此开展了交叉核对，以防止应收账款的重复转移。

（2）痕迹化管理辅助风险决策。鉴于该系统记录了交易、融资过程、应收账款全流程、预警等相关数据，进而可以输出核心企业和供应商的痕迹化履约记录，以辅助风险决策。以供应链汽车金融业务（汽车预付转现货融资业务）为例，民生银行在"E融平台"上搭建了"金融——物流"合作平台，为供应链客户提供专业的授信服务。在庞大的授信规模背后，需要有一套完整科学的风险管理流程，为此民生银行依照在贷中业务流程中形成的痕迹化数据，设立了一套贷后风险预警体系，如图 8-3 所示。风险预警体系设置了高、中、低三等风险预警，一旦触及高风险预警，系统就会自动停止经销商的网银出账申请，随即需要经营机构报分行的贷后管理部门处理，并且预警的各项风险阈值也会在经销商单户审批里有所明示。

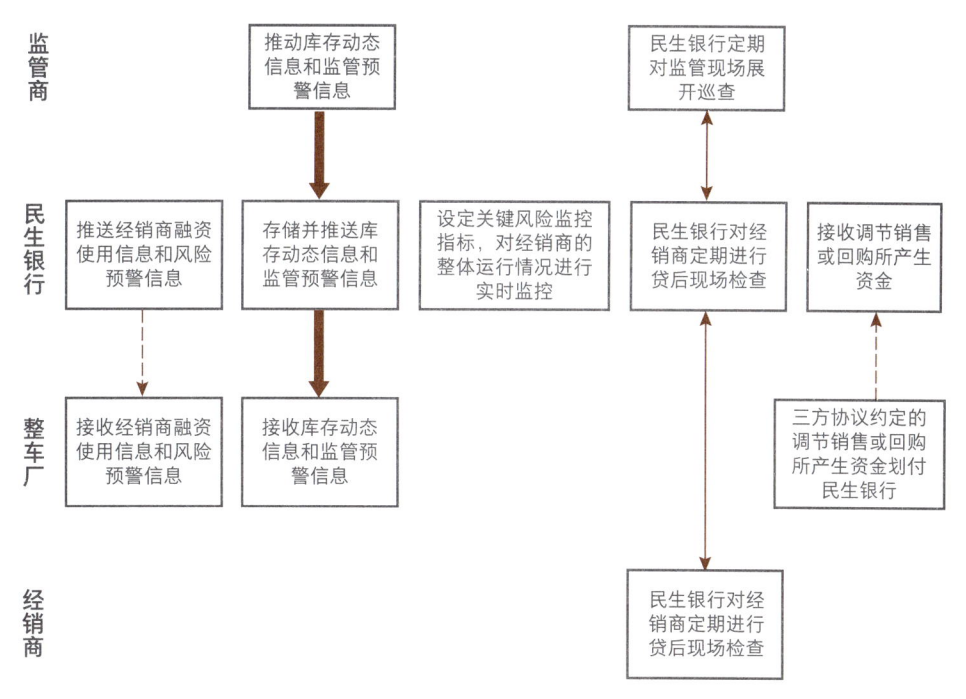

图 8-3 贷后风险预警体系

8.3 监管科技应用

8.3.1 国际金融科技监管政策

1. 英国"主动创新型",通过制度设计鼓励创新

2015年,英国前首相卡梅伦宣布金融科技五年发展规划,力求实现"打造全球金融科技投资最友善环境""成为全球金融科技中心并诞生至少25家领先企业"以及"创造10万个金融科技工作岗位"三大目标。英国创立"沙盒监管"制度,提倡"主动创新型"监管,为企业搭建了一个"创新实验室"。在对金融科技公司的业务范围、创新程度、为消费者带来的利益、"沙盒测试"的必要性以及公司背景进行测评后,符合条件的公司可以进入"沙盒监管"实施金融产品与商业模式试运行。顺利通过"沙盒测试"的金融项目即使与现行法律法规有冲突,也可以由监管机构授权进行更大范围的推广。在测试中暴露问题的项目,监管机构有权叫停,但是企业不需要对试运行失败产生的负面影响承担法律责任。这样的监管方式既卸下了企业创新的"违法包袱",鼓励大胆创新,又将潜在风险遏制在"摇篮"中,让监管机构能够根据前沿创新情况调整监管措施。

为促进金融科技的发展,英国金融行为监管局(FCA)开展了"监管创新"计划。其中"金融科技桥政策"指英国与其他国家签署合作协议,为双方的金融科技企业顺利进入彼此市场,提供市场状态和监管规则相关信息。该政策使得其他国家的金融科技公司获得了进入英国市场的机会,也激发了英国企业的国际竞争力。"监管科技政策"指监管机构支持创新企业利用科技对监管中的数据上报、标准可理解度、实时预测和监管架构等方面进行改革完善。FCA在扶持监管科技公司发展的过程中,帮助监管科技公司明确监管要求,并积极与其合作制定监管科技标准。

英国政府还为技术创新提供了税收政策优惠。中小企业可以享受230%的研发支出扣除比例,非中小企业享受130%的扣除比例。投资电子商务和信息技术的中小企业享受费用100%税前扣除优惠政策。"专利盒子"制度还允许企业按照10%的税率交纳专利权所获收益的所得税,从而鼓励企业开发专利技术与产品。

2. 美国"限制严苛型",通过完善法律体系实现功能监管

2018年,美国证券交易委员会(SEC)成立创新和金融科技战略中心,为国内外监管机构和公众参与金融科技治理提供了平台,将金融科技提升至战略高度。美国实施功能监管,即根据公司具备的金融功能进行监管。例如,具有货币功能的第三方支付归属于美国货币监理署(OCC)监管范围内,具有资产证券化功能的P2P业务属于SEC管辖范围内。这种"限制严苛型"监管意味着无论金融科技呈现何种不同形态,总是受到功能所对应监管部门的约束。为

保持监管的先进性，2017年美国发布《金融科技框架白皮书》，提出10项原则，明确"鼓励利用科技提高金融的效率和有效性，注重金融科技的安全性和稳定性"的监管理念，为金融科技市场的参与者提供了指引。同年，OCC发布《金融科技企业申请评估章程》为自愿申请且符合要求的金融科技企业颁发国家银行许可牌照，持牌的金融科技公司受到银行的约束，只能从事银行允许范围内的活动，但也因为银行的支持而享有较未持牌公司更好的社会声誉。

除了对金融监管的政策原则进行调整，美国也意识到在数字时代下，金融监管的方式需要变革。运用区块链、云计算、人工智能等新兴技术进行科技监管，用以应对金融科技中所涉及的海量数据、复杂运算、高频交易等监管难点，从而提升监管效率和精确度，实现风险实时监控和及时预警。美国证券交易委员会已经开始利用机器学习，对申请人行为进行预测，进而评估其潜在的欺诈可能性。

美国成熟的市场化征信系统也为金融科技的发展提供了帮助。美国征信信息最早来自实体商户，以消费数据反映个人征信，并通过个人征信机构之间的兼并收购，整合数据资源，形成当前三大征信机构鼎立的格局。征信行业还形成自我约束的行业自律组织，制定行业规章和标准，并促进会员之间的交流，从而构建完善的征信系统，有助于避免"同人不同分""多头借债"等问题。

3. 其他国家金融科技监管政策

（1）澳大利亚监管政策。2015年，为了有效平衡金融科技创新风险，澳大利亚证券和投资委员会（ASIC）成立创新中心（Innovation Hub），主要包括成立数字金融咨询委员会、增强金融科技监管国际合作、加强对金融科技创新监管等措施。2016年，ASIC提出监管沙盒框架，帮助企业理解评估机制，允许没有牌照的金融科技企业进行长达1年的业务测试，并根据测试反馈情况，及时调整监管规则。为进一步促进高效监管，ASIC提出为企业提供非正式援助，开展技术试验，加强金融科技项目国际推介等重点举措，推动金融科技企业创新发展。

（2）新加坡监管政策。2015年，新加坡金融管理局（MAS）实施金融科技生态建设工程，专门成立了金融科技署来管理金融科技有关事务，为金融科技企业创新发展营造良好环境。为实现金融科技企业创新和风险防范的平衡，2016年，MAS出台《金融科技监管沙箱指南》。在准入方面，将应用申请严格限制为技术创新。在退出方面，设立了测试时间延迟机制，强调如果企业需要延迟测试时间，可在到期前1个月提出申请。进一步提升金融科技监管能力，2016年，MAS推出"乌敏岛"项目，与金融机构开展区块链技术应用合作。此外，MAS非常注重国际合作，与多国政府和当局签署金融科技合作协议，支持金融科技企业的海外发展。

（3）墨西哥监管政策。2019年8月初，墨西哥银行（Banxico）宣布该国金融科技法案正式开始实施。该法案于2018年正式通过，主要目标是众筹和电子支付服务产业。但是据该国国家媒体报道，过于"严苛"的新法案可能会导致多达201家创业企业倒闭。此次新法案规定，相关金融科技创业企业要想获得业务许可，最低年利润必须达到10万美元，同时还要承担大约3.5万美元的监管合规成本，这对不少创业企业来说都不是一笔小数字。

8.3.2 沙盒监管模式创新

1. 金融监管沙盒的概念和引入

沙盒一词来自计算机用语，特指一种虚拟技术，多用于计算机安全领域，它指在受限的安全环境中运行应用程序，并通过限制授予应用程序的代码访问权限，为一些来源不可信、具备破坏力或无法判定意图的程序提供试验环境；沙盒中进行的测试多是在真实的数据环境中进行的，但因为有预设的安全隔离措施，不会对受保护的真实系统和数据的安全造成影响。

英国金融行为监管局（FCA）率先将沙盒概念引入金融监管领域，于2015年11月发布《监管沙盒》报告。报告包括六章内容和四个附件，主要涉及总述、为何创设监管沙盒、如何实施监管沙盒、行业建议、虚拟沙盒和伞形沙箱、需要调整的立法、下一步计划等。监管沙盒的基本运行机制概括如下：由监管部门在法律授权范围内，根据业务风险程度和影响面，按照适度简化的准入标准和流程，允许金融科技企业在有限的业务牌照下，利用真实或模拟的市场环境开展业务测试，经测试表明适合全面推广后，则可以依照现行法律法规，进一步获得全牌照，并纳入正常监管范围。监管沙盒的主要内容如表8-1所示。

表8-1 沙盒监管的主要内容

项目	简要描述
"沙盒"的流程	FCA将在三周内明确申请单位的审核意见。审核通过后，申请单位的方案进入"沙盒"测试阶段，FCA对运行后的评估，将就赞成或者拒绝两项中的一项，做出明确答复
"沙盒"评估标准	申请单位进入"沙盒"后必须实施金融科技解决方案。解决方案必须能解决金融科技的重大问题，并能给消费者带来好处，申请单位须按计划时间表按期向FCA汇报试验情况
"沙盒"的退出	沙盒测试时间一旦到期，申请单位应自动退出"沙盒"。如果继续需延时，申请单位应具有延时理由，并向FCA提出申请。如果测试结果比较满意，申请单位可继续扩大试验方案

2016年春季，FCA开始接受第一批来自市场主体的金融监管沙盒的试

验申请，2016年7月8日，FCA结束第一批申请。在第一批的申请受理期间，FCA共收到各领域、各种规模的监管沙盒试验申请69份，有24份申请通过审查标准，待实施监管沙盒试验通过率约35%。其中，有18份申请的申请人决定参与第一批监管沙盒试验，有6份申请的申请人准备参与第二批的沙盒试验。2017年1月19日，FCA结束了第二批监管沙盒试验申请，在第二批申请受理期间，FCA共收到各领域、各种规模的监管沙盒试验申请77份。截至2017年7月，第二批申请正在评审过程中，FCA尚未公布通过评审的机构名单和数量。FCA于2017年6月开启第三批监管沙盒试验申请，第三批申请的受理期间开放至2017年7月31日。在试验周期上，英国FCA坚持推行短周期的金融监管沙盒，并实施小批量试验原则。据FCA介绍，从试验申请被FCA接受立项至正式启动监管沙盒试验需用时近10周，金融监管沙箱试验测试期限第一批为6个月，后四批都为12个月。

创设监管沙盒的目的和意义在于：① 缩短金融创新的市场转化时间，降低转化成本；② 增加创新企业的融资机会；③ 使得更多产品有机会获得测试和进入市场；④ 使监管机构得以同创新企业合作，确保关于消费者保护的适当保障措施内嵌于创新产品和服务。

2. 金融监管沙盒的背景

监管沙盒本质上是对2008年全球金融危机之后大为强化以致过于烦琐的监管要求的"反省"和"纠偏"。后全球金融危机时代，发达金融市场国家面临一组新矛盾，即滞后的金融监管理念、方法、制度、立法和模式不能满足科技进步环境下金融创新发展和防控金融风险的需要。为缓和并解决这一新矛盾，西方主要金融市场国家和地区迅速调整金融监管理念，摒弃了过去宽松的、轻触式金融监管理念和微观审慎监管模式，转向坚持全面、"无缝隙"、刚性的监管理念和微观宏观审慎管理相结合的监管模式，陆续通过立法、行政等手段开展金融监管改革，确立了后金融危机时代的"新金融监管模式"。监管沙盒是在无法及时修订相关法律规则而为监管对象或潜在监管对象"减负"的情况下，以这种较为曲折的方式为金融创新留出余地、创造空间，以保持金融市场活力和国际竞争力。

3. 金融监管沙盒的理论基础

作为一种监管尝试和创新，监管沙盒的理论基础有两点：一是破坏性创新，二是适应性监管，二者一体两面。

破坏性创新是美国学者克莱顿·克里斯滕森提出的，大致是指以次要市场或潜在用户为目标群体，所提供的产品或服务相比主流市场更加简单、便利和廉价，具有"低端性"和初期回报不确定性等特点，因而易于被主流企业所忽视的创新活动。破坏性创新者在获得足够的市场发展空间后，会进一步改变企业的原有架构，逐步侵蚀高端市场，占据更大的市场份额，并获取更多利润，最终占据市场主导地位。金融科技的破坏性创新特质决定了对它的监管必须兼顾"破坏"和"创新"这两个维度：一方面，常规的监管要求对于金融科技初创企业而言往往是不可承受之重，易于扼杀活力、阻碍创新；另一方面，自由放任的监管立场又容易导致金融科技野蛮生长，放大和传染其破坏性，乃至酿成系统性风险。

适应性监管的基本理念是：监管者不仅可以对市场规则的内容进行创新，而且可以对其监管策略进行创新。即在其自由裁量权范围内调整决策进程，在信息更加充分的基础上迅速而又渐进地做出决策。与综合性的一揽子监管方案不同，适应性监管是一个多步骤的反复决策过程，通常包括以下步骤：① 界定问题；② 确定监管目的和目标；③ 确定底线；④ 开发概念模型；⑤ 选定未来行动；⑥ 实施并管理行动；⑦ 监控；⑧ 评估。

4. 金融监管沙盒的主要类型

就实践来看，英国的金融监管无疑走在了世界各国（地区）的前列。FCA的《监管沙盒》报告实际上一共明确了三种沙盒模式，即授权式沙盒、虚拟沙盒、伞型沙盒。

（1）授权式沙盒整个流程大致可以分为以下三个阶段：首先是准入阶段。拟申请测试的企业在规定时间内向FCA提交申请书，该申请书包括入门指南、个人相关信息、创新方法的信息、测试计划信息四个部分。FCA将会根据申请书的内容，主要以企业所提出的该项创新是否在测试接受的范围之内，是否不同于已经在市场上存在的制度，是否为消费者权益的保护提供了良好的计划，是否真的需要通过沙盒来进行测试和企业是否已经做好测试的准备工作五个标准来对该创新进行细致的审查。如果计划被同意，FCA将指派专门的官员作为联络员，并与申请企业详尽讨论包括测试参数、结果测量、报告要求和安全措施在内的最佳沙盒模式。其次是运作阶段。FCA同意企业开始测试并进行监管，企业按照与FCA协商一致的最佳沙盒模式中的要求进行测试。最后是结束阶段。企业向FCA提交有关测试结果的最终报告，在FCA收到和审查该报告之后，企业决定是否提交沙盒之外的解决方法。如果提交，则需要经FCA最终审核之后再推向市场。

（2）虚拟沙盒是一种以行业间协作为基础、以云计算为技术手段建立的测试方案。企业可以通过虚拟沙盒，利用公共数据和其他企业提供的相关数据对其产品或服务进行测试，并邀请企业或者消费者来尝试其新方案。虚拟沙盒的优势在于所有的创新者都可以在无须授权的情况下进入沙盒进行测试，且该测试并非基于真实的环境开展，不会对消费者和金融系统造成损害。FCA鼓励行业间引入虚拟沙盒，并会在不违反相关规则的情况下，为其提供数据支撑。

（3）伞型沙盒实际上是一种监管权的传递。即先在FCA的批准下成立一家非营利公司作为伞型沙盒，其受到FCA的直接监管。没有获得FCA授权成为沙盒企业的创新者可以在该伞型沙盒公司的授权和监管下，作为其委派的代理人提供金融产品或者服务。与授权式沙盒极其严格的审核与授权相比，伞型沙盒无疑为创新主体极大地减少了测试成本。

8.3.3 中国金融科技监管措施

当前，国内外环境严峻复杂，加强金融监管、防范和化解潜在金融风险这一问题变得更加突出，金融科技的蓬勃发展极大地提升了金融的场景应用空间和金融服务能力，但其发展也给金融监管和风险防范带来了难题。

总体上看，我国监管体系建设滞后于金融市场发展。随着金融科技对互联网、大数据的应用，发展与监管的失衡进一步加剧。我们可以从金融科技监管国际实践中得到一些启示和借鉴，形成适合中国的监管措施。

（1）回归本源，守住金融科技的普惠初心。抓住金融服务实体经济的本源，把金融科技发展提升实体经济金融服务的可得性和满意度，作为衡量判断金融科技发展水平的基本标准。从国家层面研究制定金融科技发展规划，确立发展原则和目标，引导金融科技公司把金融资源合理高效地配置到经济社会发展的重点领域和薄弱环节，不断增强金融科技服务的普惠性和精准度。

（2）统筹协调，健全金融科技监管体系。加强顶层设计，充分发挥中央金融委员会（原国务院金融稳定发展委员会）的牵头作用，统筹建立"一局一会（原一行两会）"、工商、工信、网信、公安等部门参加的监管协调机制，明确业务边界与监管分工，实现金融科技监管无死角。加强与各国金融监管机构和国际组织的信息沟通，加强在政策融合、风险监测、危机处理等方面的交流合作，积极参与制定金融科技监管国际规则，推动全球金融科技风险治理。

（3）创新驱动，丰富金融科技监管方式和工具。近两年，我国互联网金融监管规则特别是P2P监管规则的出台，也为实施监管沙盒积累了一定经验，应积极探索借鉴监管沙盒模式，主动引导金融科技创新，寻求风险驾驭的有效途径，弥补现有监管机制的短板。同时，金融监管部门应加强与金融科技企业的合作，积极探索将大数据、人工智能、云计算等技术嵌入金融监管当中，提升金融科技监管的科技化水平。

（4）筑牢防线，切实加强金融消费者权益保护。当前，我国金融消费者保护机构尚未完善，接连发生的互联网借贷平台"爆雷"事件，严重侵害了金融消费者的权益。因此，"一局一会（原一行两会）"在金融科技监管中，应突出金融消费者保护的基本原则，加大金融科技企业消费者保护义务的监管力度，明确信息披露责任，完善投诉处理、损失救济机制，构筑金融消费者权益保护体系。

延伸案例

我国监管沙盒实践及启示

近年来,金融科技创新监管试点工作正在稳步推进。上海自贸区进行了监管沙盒试点改革,为了促进上海金融业的发展,全国人大常委会和国务院对上海自贸区的法律适用实施了部分豁免政策,允许自贸区适用当地政府发布的各种实施办法、实施细则,在一定范围内给上海自贸区制造一个宽松有利的政策环境。中国人民银行要求上海自贸区以宏观审慎监管为基础,以微观审慎监管为核心,全方位防范系统性金融风险的发生,到目前为止,上海自贸区具体的监管措施还未落实,所以自贸区的金融监管机构在制定监管细则时就要同时兼顾监管力度与风险防范两个方面。

除了上海自贸区,国内还有多地也进行了监管沙盒试点的尝试。2017年2月,北京市政府在金融领域开放沙盒试点。2017年7月,赣州政府会同国家互联网应急中心和新华网,共同在赣州地区的沙盒产业园进行了沙盒基地的试点运行。2017年9月,深圳在电子商务领域也建立了沙盒产业园进行沙盒试点实验。2018年2月,原保监会在全国工作会议上指出,未来保险行业的发展要进行创新,在保险行业进行沙盒试点,对保监会监管技术的提升有较大作用。2018年4月,工信部也认为我国内地应当借鉴国内外监管沙盒的发展经验,改善我国固态的监管模式,给监管技术带来新的生机。2018年11月,赣州沙盒园入园企业代表——中食链技术有限公司介绍了"中国食品链"项目(以下简称中食链)。中食链以区块链技术为基础,食品溯源为切入点,打通食品产业链,进而开展农产品产地直供和生态资源确权流转等商业应用,最终建立起食品产业供应链金融服务体系,为农产品溯源、防伪,提高整个中国食品行业的可信度,中国食品区块链系统已通过2018可信区块链功能测试。2019年12月7日,北京金融科技应用试点总计获批46个项目,参与机构77家,涉及金融、医疗、社保、养老、"三农"等多个领域,其中刷脸支付、电子社保卡、电子健康卡等出现在试点项目名单内。

截至2021年6月,已经公示的监管沙盒试点应用项目已近100项。各地公示的试点应用项目包括:北京首批6项、第二批11项、第三批5项;上海第一批8项、第二批5项、第三批3项;深圳第一批4项、第二批4项;雄安第一批5项、第二批2项;苏州第一批5项、第二批4项;成都第一批6项、第二批3项;广州第一批5项、第二批4项;重庆5项;杭州5项;山东3项。至此,共有十个地区19个批次的93个创新试点应用项目对外进行公示。特别是山东金融科技创新监管沙盒试点应用首批公示了三个创新应用,分别是恒丰银行申报的"基于人工智能的风险交易预警服务"、齐鲁银行申报的"基于大数据风控的涉农信贷服务"、工商银行山东省分行和中国移动山东分公司联合申报的"基于多方数据学习的普惠信贷服务"。这三个创新应用使用了大数据、人工智能、多方数据学习等前沿技术，覆盖风险防控、涉农信贷、普惠信贷等业务领域，创新应用地方性特色明显，突出了金融科技赋能乡村振兴、金融数据综合应用、普惠金融等热点主题。6月4日，广州也对外公示了第二批的四个创新应用情况，分别是基于知识图谱技术的风险交易预警服务、基于大数据风控的小微企业融资服务、基于知识图谱的外汇违法违规风险行为识别应用、基于区块链的报关信息核验系统。

从技术应用来看，创新应用涉及人工智能、大数据、区块链、知识图谱等新技术，这些技术与金融场景的融合也更加深入。

在具体应用场景方面，风控出现的频次较高。例如，在北京第二批创新应用中，由中国电信集团系统集成有限公司与天翼电子商务联合申报的天翼智能风险监控产品、由国网征信与邮储银行联合申报的国网智能图谱风控产品等。

从申报机构来看，银行的参与度最高，超过九成。在93个创新试点项目中，只有中国银联、小米数科、京东数科联合申请的手机POS创新应用项目等七个项目的申报主体中没有银行机构。持牌金融机构尤其是银行作为创新项目的申报主体，体现出科技与金融融合的未来发展趋势。

◆ **案例分析**

金融科技创新监管沙盒试点应用，旨在引导持牌金融机构、科技公司，在依法合规、风险可控的前提下，探索运用新兴技术驱动金融创新、赋能金融提质增效，着力提高金融服务实体经济能力。

1. 监管沙盒灵活的监管规则有利于完善金融领域的法律

在监管沙盒中进行测试的产品，多数极具创新性，是金融科技领域的前沿成果，由于法律具有滞后性，对某些新兴行业的监管还未完善，监管不及时，监管沙盒制度可以根据产品的特征，随时调整沙盒内的监管规则，对新兴产品进行有效监管，并且通过沙盒测试对后续该行业的法律完善提供实践经验，有效弥补法律空白。

2. 沙盒试点适合我国先试先行的理念

监管沙盒制度是使新产品先进入一个小范围的市场，通过科学实验评估，而后总结经验，最后进行市场推广的一个活动。我国各种产业园区也是依照"先试点—再总结—后推广"的逻辑进行产品的测试，先实行监管沙盒的试点尝试，再总结经验，最后为我国建立监管沙盒制度提供实践基础。

3. 设立监管沙盒制度有助于完善我国对消费者权利保护的法律制度

新产品在进入沙盒测试之前，对消费者负有告知义务，告知消费者在测试中可能会遇到的潜在风险，以及要提交相应的消费者保护方案，保障消费者知情权，避免由于消费者与沙盒公司的信息存在不对称，导致消费者因未对产品进行充分了解，进行盲目投资。通过提交更加完善的消费者保护方案，可以减少消费者因沙盒测试失败或项目自身原因对其造成的损害，一定程度还可避免对金融市场秩序的冲击。在沙盒测试中实施的消费者权利保护方案，一定程度上也可为我国消费者保护领域的法律制度完善提供相应的实践经验参考。

实训练习

监管沙盒模式总结

1. 实训背景

监管沙盒是将"沙盒"的原理运用于金融监管。根据英国金融行为监管局（简称FCA）公布的资料进行定义，沙盒监管是一个"安全空间"，在这个安全空间内，金融科技企业可以测试其创新的金融产品、服务、商业模式和营销方式，而不用在相关活动中碰到问题时立即受到监管规则的约束。

2. 实训内容

请概括提炼中国、英国、澳大利亚和新加坡沙盒监管的主要特点。

课后习题

1. 单选题

（1）（　　）是指金融交易一方由于某种原因，违反合同事先的约定，导致交易对方遭受损失的可能性。

　　A. 信用风险　　　　　　　　B. 流动性风险
　　C. 市场风险　　　　　　　　D. 操作风险

（2）第三方支付机构违规操作挪用备付金，积聚了用户刚性兑付的困难，一旦资金链条断裂，容易引发（　　）。

　　A. 信用风险　　　　　　　　B. 流动性风险
　　C. 市场风险　　　　　　　　D. 操作风险

（3）由于各类市场主体预见金融科技市场利益而进行过度投机导致的过热

问题，当市场泡沫暴涨到一定程度而破灭时，将会引发（　　）。

  A．信用风险　　　　　　　　B．流动性风险

  C．市场风险　　　　　　　　D．操作风险

（4）金融机构运用金融科技手段让资金供求两端的交易支付线上化，致使金融业务失去时空限制，交易对象模糊，交易不透明，极大地增加了（　　）。

  A．信用风险　　　　　　　　B．流动性风险

  C．市场风险　　　　　　　　D．监管风险

（5）金融科技发展中面临的最大的操作风险是（　　）。

  A．投资者操作风险　　　　　　B．员工操作风险

  C．科技风险　　　　　　　　D．系统操作风险

2．多选题

（1）金融科技具有（　　）的互联网科技特性。

  A．轻资产　　　　　　　　　B．高创新

  C．网络效应　　　　　　　　D．高利润率

（2）金融科技安全风险包括（　　）。

  A．数据安全风险　　　　　　B．业务安全风险

  C．技术安全风险　　　　　　D．网络安全风险

（3）金融科技创新发展面临的主要风险包括（　　）。

  A．信用风险　　　　　　　　B．操作风险

  C．流动性风险　　　　　　　D．声誉风险

（4）英国前首相卡梅伦宣布金融科技五年发展规划要实现的目标有（　　）。

  A．打造全球金融科技投资最友善环境

  B．成为全球金融科技中心并诞生至少25家领先企业

  C．创造10万个金融科技工作岗位

  D．激发英国金融科技企业的国际影响力

（5）现有监管沙盒的模式分别是（　　）。

  A．授权式沙盒　　　　　　　B．环形沙盒

  C．伞形沙盒　　　　　　　　D．虚拟沙盒

3．判断题

（1）金融科技不仅强化了传统金融的固有风险，还将风险复杂化，但是并没有改变风险分布的形态。（　　）

（2）网络支付机构的流动性风险敞口比传统机构的要小，且网络支付发生极端异常风险的概率要比传统形态的要小。（　　）

（3）数据的高度集中降低了系统性风险突发的可能。（　　）

（4）美国的金融监管模式是主动创新型。（　　）

（5）新加坡的监管沙盒模式和英国完全一致。（　　）

4. 简答题

（1）我国以支付宝和微信支付为代表的第三方支付在相对宽松的监管环境下已经成长为全球普惠金融的标杆。如果我国进行监管沙盒的创新探索，应该在特定区域、特定领域、范围上做什么样的规定？

（2）金融科技风险控制的主要手段有哪些？

（3）请梳理中国迄今为止出台的有关金融科技风险管控的相关政策。

（4）浅谈民生银行的"E融平台"带给你的金融科技风险控制启示。

5. 分析应用题

2017年7月，由赣州市人民政府、国家互联网应急中心等组织共同组建运营的江西省赣州区块链金融产业沙盒园暨地方新型金融监管沙盒正式启动，这是中国第一个由政府部门主导组建的"监管沙盒"园区。沙盒园区鼓励区块链技术创新和金融应用创新的企业入驻，并出台了一系列相关政策。

请思考沙盒实践在区块链产业创新和监管创新中能取得什么成果。

Chapter 09

第 9 章
金融科技发展展望

- 9.1 金融科技创新面临的挑战
- 9.2 金融科技未来场景展望
- 9.3 全球金融科技生态系统

学习目标

知识目标
- 了解大数据、区块链、人工智能、云计算技术在金融创新应用中遇到的挑战
- 了解全球金融科技投资情况和具体投资形式，熟悉海外科技企业合作情况
- 熟悉智慧金融、物联网金融、共享金融现有应用模式和未来应用场景
- 掌握金融科技推动普惠金融、银行业务、保险业务和资产管理业务发展创新模式

能力目标
- 能够对大数据、区块链、人工智能、云计算技术在创新应用中遇到的挑战进行分析
- 能够识别金融机构与金融科技公司合作的不利因素，并提出具体的应对措施
- 能够分析金融科技推动普惠金融、银行业务、保险业务和资产管理业务的创新路径

素养目标
- 通过智慧金融的学习，帮助学生认识加快发展新一代人工智能的重大意义，并结合金融业场景，进一步理解人工智能是我国赢得全球科技竞争主动权的重要战略抓手
- 通过共享金融的学习，培养学生重视共享经济，理解公平包容，打造平衡普惠的发展模式，领会共享经济全球化发展成果的意义
- 通过全球金融科技合作的学习，帮助学生理解中国金融业正值新一轮扩大对外开放之际，金融科技生态体系能创造巨大的社会价值

思维导图

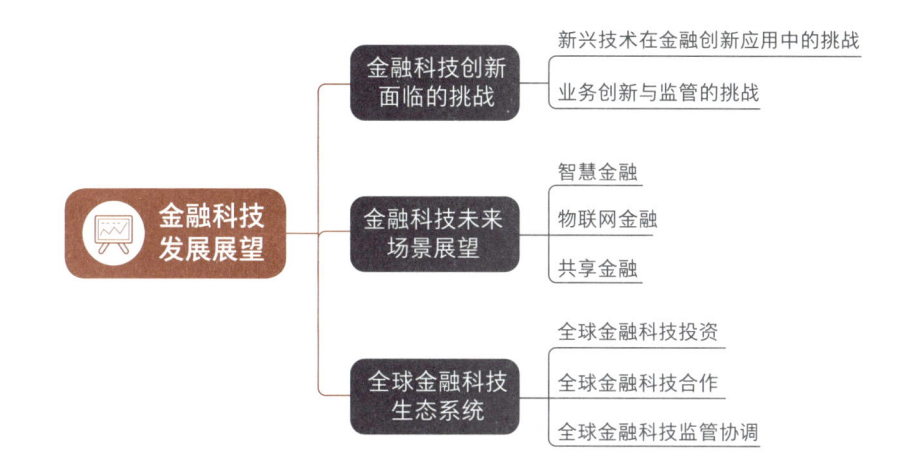

- 金融科技发展展望
  - 金融科技创新面临的挑战
    - 新兴技术在金融创新应用中的挑战
    - 业务创新与监管的挑战
  - 金融科技未来场景展望
    - 智慧金融
    - 物联网金融
    - 共享金融
  - 全球金融科技生态系统
    - 全球金融科技投资
    - 全球金融科技合作
    - 全球金融科技监管协调

9.1 金融科技创新面临的挑战

9.1.1 新兴技术在金融创新应用中的挑战

大数据、区块链、人工智能、云计算技术被广泛运用在金融领域,不仅大大提升了业务效率,而且为金融行业展开各种创新业务提供了技术支持。同时,新兴技术在金融领域的应用中遇到各种问题和挑战。

1. 大数据在金融创新应用中面临的挑战

(1)数据收集缺乏制度完善。目前我国政府有关数据开放的立法还没有出台,仍旧有大量的数据资源掌握在政府和公共机构手中并没有得到有效利用,获取难度大。另一部分主要是第三方非公共机构对数据的收集,由于法律未规定收集主体的范围和资格,也未对收集方式和收集对象范围进行限制,因此会引起个人数据泄露问题。

(2)数据安全管理难以保证。大数据背景下金融机构收集到的大量数据都涉及用户的隐秘信息,但是目前对于大数据安全保护的具体法律制度的缺失极易增加用户数据被滥用或是泄露的可能性。对企业来说,也会造成因数据泄露给经营活动带来的风险,若是金融机构的数据被境外获得,则对国家的金融安全乃至国家安全带来潜在风险。

(3)数据利用界限需要明确。在大数据背景下,虽然能让金融机构很好地进行精准化的营销和风险评价,但是也使用户个人信息在这些机构面前过度暴露。超越必要合理限度的利用就会侵犯用户的隐私权,如何在分析用户数据和保障用户私权之间进行平衡,需要法律的明确保障。

2. 区块链技术在金融创新应用中面临的挑战

(1)业务层面人才匮乏。世界各国对区块链的认识和了解非常有限,区块链的人才储备极为不足。企业非常需要掌握区块链底层技术,能对区块链底层技术改进、优化,并应用于实务场景的高端人才。

(2)区块链技术运用存在特有风险。区块链普遍采用国际通用的密码算法、虚拟机、智能合约等核心构件,这些构件并非完全自主可控,增加了受攻击的风险。

(3)区块链技术在节点规模、性能、容错性三者之间难以平衡。在区块链中,交易只能排队按序处理,所有交易结果和支付记录都要同步到全网节点,随着参与节点数量的增加,数据同步、验证的开销增多,系统的性能会进一步降低,从而影响区块链的可扩展性。而目前的区块链技术对此没有解决方案。

(4)不同区块链系统难以跨链互通。目前,相同类型的区块链之间依托定制的通信协议,可以实现数据的相互读取、验证和操作。但是,不同类型的区块链之间,由于编程语言、数据字典、系统接口、智能合约等不一致,跨链数据难以互通,容易导致业务割裂。

3. 人工智能在金融创新应用中面临的挑战

（1）人工智能技术的误判风险。人工智能算法依赖强大的计算能力和海量的数据存储，这对硬件设备和软件架构提出了较高的要求，为满足相应的需求，势必导致软硬件等层面的系统复杂度随之提高，随着物理架构和逻辑架构的复杂化，系统运行风险点也会随之增加，系统宕机等不可预知事件造成的影响将会显著上升。另外，依赖于海量的数据，如果数据支撑不够，其结果的准确性就值得商榷。

（2）人工智能技术的安全风险。随着人工智能向金融行业不断渗透，会带来大量数据的在线交互，其中不乏客户信息等敏感数据，为黑客窃取数据无形中提供了更多的机会。与此同时，人工智能的应用推动了信息化程度的提高，网络攻击的风险和影响也大大增加，对信息安全风险防控提出了更高的要求。

（3）人工智能应用人才匮乏。从现阶段金融从业者角度看，高端复合型人才严重短缺。人工智能是建立在计算机技术基础上的科学，大量依赖计算机程序和算法支持，而金融是智慧密集型产业，更需要严格复杂的计算。但是，懂得计算机算法的程序员不懂金融专业知识，懂业务的金融业经理人又不懂如何用机器语言表达复杂的对比和计算，这就导致在金融创新应用中人工智能应用人才匮乏。

4. 云计算在金融创新应用中面临的挑战

（1）云计算安全问题难以解决。金融行业涉及客户大量的敏感信息，对信息安全及隐私保护非常重视，目前大部分的金融数据都由各个机构保存在自己的系统中，相对来说是安全的。而将业务数据迁移至云上，意味着云服务商需要对数据的安全性负责。一旦"云"公司出现安全问题，使用其服务的金融机构将直接面临业务中断和数据丢失的风险。

（2）金融机构运营管理的控制权被削弱。金融机构作为云用户，无权管理控制云底层的基础设施。此外，云提供者与金融机构之间一般存在较为遥远的物理距离，金融机构需要经由网络接入云环境，当网络出现延迟波动等异常情况时，将影响金融机构相关业务的正常运营，金融机构对 IT 资源的管理控制权被削弱。

大数据、区块链、人工智能、云计算技术在金融行业的创新运用中普遍存在安全隐患、运营人才匮乏的问题。同时，每种技术又因为各自的特性，存在不同的技术挑战。新技术运用在金融业务创新领域是大势所趋，技术性的难题突破将是一项长久持续的工作。

9.1.2 业务创新与监管的挑战

1. 业务创新

（1）金融科技推动普惠金融发展。金融科技的迅速发展及其向各行业的渗透，推动了金融行业商业模式的创新和业务的充分竞争，进而覆盖至传统金融难以触达的人群和场景。尤其是在消费金融与供应链金融领域，利用金融科技使得"持续以更低的业务操作成本给普惠金融贷款利率减负、以更高效的运作效率服务实体经济"得以实现，客户与业务结构、业务模式与资产规模日趋优化，推动普惠金融的持续发展。

消费金融行业正在加速迈入科技与金融场景紧密结合的创新发展阶段，致力于为用户提供一站式、高效、便捷的金融服务。在供应链金融服务中，针对小微企业信息非结构化、非标准化、信息有效性差、时间短以及贸易信息多样化等难点，领先的金融科技企业通过实现端对端的供应链金融业务流程线上化、数据化，提升运营效率。利用人工智能和大数据分析技术，整合多维度数据与资源，并构建产业供应链的知识图谱，对小微企业进行透明度与信赖度更高的经营状况风险评估画像，建立产业供应链与链上小微企业的智能风险评分和监控模型，使得金融科技企业自身以及资金链上的合作方对小微企业信用风险与操作风险的管理能力进一步提升。

（2）金融科技推动银行业务创新，银行加速推动和深化金融科技对自身的转型和变革。创新型银行和银行科技子公司的发展分别呈现以下发展特点。创新型银行部分，以"规模小、模式新、创新快"为核心特色。商业银行为促进自身金融科技转型、满足市场科技服务需求、应对互联网金融科技公司竞争，各家商业银行先后成立了金融科技子公司。各子公司依托母公司特点、优势，建立起各自的产品体系，切入企业运营的前、中、后台，有效提供科技支撑。同时，为企业运营提供战略规划、流程优化、内部管理等整体咨询服务。银行系金融科技子公司最大的优势在于对金融行业运营、业务、监管理解更为深刻，同时，集团化优势能给予其更多金融资源。呈现出对内创新平衡、对外合作共赢、对上主动合规、对下技术输出的特点，开启金融科技时代颠覆式创新。

银行系金融科技子公司通常遵循由内到外的服务路径。在服务集团内部过程中主要通过基础设施建设、应用系统搭建、技术内部孵化提升集团信息化水平；推动集团金融服务场景化、平台生态化、风险管理智能化，从而赋能集团金融科技转型；同时促进集团创新体制朝着数字化、市场化方向发展。在对外服务过程中，整合母公司所积累的技术、业务、资源、经验优势，以软件、金融云、开放平台、咨询等方式提供技术外包服务。

（3）金融科技赋能保险业务创新。保险科技对于保险业务不同业务环节的作用和影响程度不同，影响程度最大的是营销与渠道、理赔、产品设计、核保和客户服务。展望未来，保险科技板块的亮点之一是以保险产业"数字化升级"的全链条创新，逐步取代目前"渠道创新"为主的单点创新。保险科技领域开始出现数字生态类保险科技企业。数字生态类保险科技企业，是指保险行业在产业链数字化的基础上，连接不同的场景与服务，提供全链条的数字化保险服务能力。

经纪代理是保险创新首个爆发的环节，因为新产品、新渠道可以为行业带来增量客户。从产品设计端来看，面向特定场景和人群的保险产品定制已经形成了保险科技最主要的聚集地之一。

（4）金融科技赋能资产管理业务创新。全球资产管理行业经历了增长浪潮，人口老龄化、行业竞争加剧、金融科技给行业带来了巨大的机遇和挑战。从资产管理行业未来的发展来看，行业转型势在必行，并呈现出三大趋势：一是金融科技将赋能资产管理行业转型；二是竞争格局会更加分化，全能型机构和精品机构将各自胜出；三是资本市场和金融行业的加大开放，"鲶鱼效应"将加快内部机构升级。金融科技应用能力将是未来资产管理机构不可或缺的核心竞争力之一；为行业提供解决方案的科技公司创新步伐将持续加速；传统业务与科技应用将进一步融合，逐步形成行业全面科技化的"新生态"。

随着"以客户为中心"的服务理念被全面普及，证券经纪和基金销售等机构应用大数据画像捕捉投资者需求偏好，实现精准营销；应用智能客服提升客户服务质量和效率；应用大数据与云平台为客户及时提供市场资讯，优化客户体验。在投资研究方面，资管机构运用大数据和人工智能进行数据挖掘，寻求最佳投资机会。

2. 监管创新面临新挑战

（1）平台算法带来监管挑战。平台算法是实现供需信息快速精确匹配以及服务定价的主要技术手段，高效便捷的算法不仅能够满足人们多元化、个性化、动态化的需求，也能大大降低交易成本，提升平台运营效率。但是，平台算法也带来了诸多问题，越来越成为公众关注的焦点，成为监管所面临的一个新难题。因平台算法而引发的问题主要是：平台定价机制和供需匹配规则不透明、存在较为严重的价格歧视现象等。

（2）金融科技业务创新企业注册地与经营范围全国性甚至国际化之间的矛盾突出。目前许多领域新出台的监管制度多数都具有明显的属地化特点，金融科技业务创新活动大多涉及线上线下的协调互动，属地化管理有其必要性，但是多层级的监管体系与平台企业"一点运营、服务全国"的网络化特点相冲突，并存在合规要求层层加码、自由裁量权过大的潜在风险，容易导致企业合规与运营成本大幅上升。

3. 金融机构与金融科技公司合作的挑战

新技术大量被运用的金融领域，涌现了大量的金融科技公司，其服务范围已经不再局限于提供规划咨询、应用研发、系统运维、安全服务等传统的、纯科技的外包服务，而是寻求与金融机构的深度合作，将业务合作、消费场景、科技能力等向金融机构输出，嵌入到双方合作的内容之中。金融机构与金融科技公司合作见图9-1。

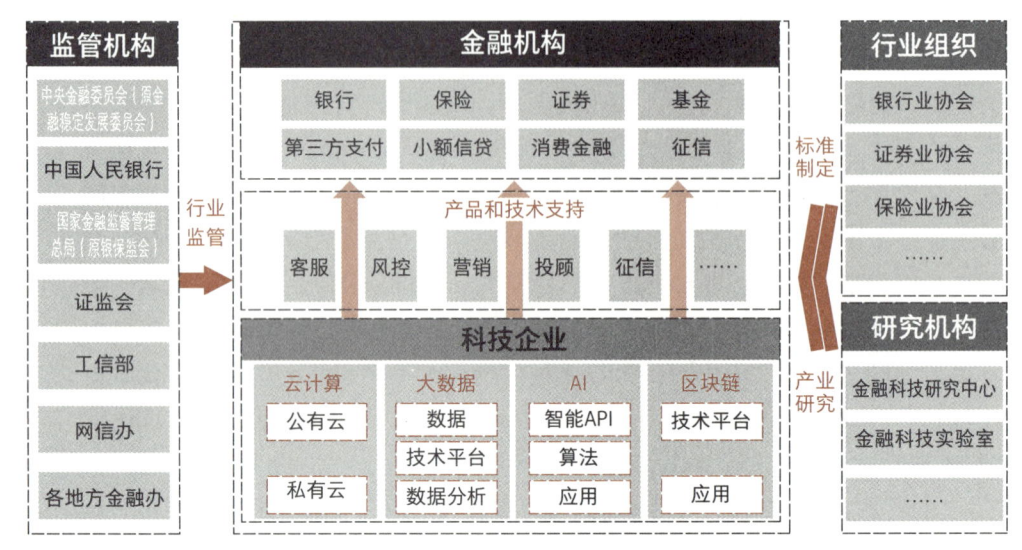

图 9-1 金融机构与金融科技公司合作
数据来源：中国信通院

金融机构与金融科技公司合作中有如下挑战：

（1）文化与管理差异带来的挑战。金融机构与金融科技公司的发展起点和发展沿革不同，面临的政策环境和监管要求也不同，所形成的管理方式与企业文化存在较大差异给各方深化合作带来极大阻碍。比如，在管理方式上，金融机构更趋层级式和体系化，金融科技公司则比较扁平化和开放式。这种差异可能导致合作中的冲突。再比如，一些机构盈利模式惯性较大，数字化思维欠缺，以客户为中心的服务理念还没有完全形成，文化理念上的差异给深化合作带来阻碍。

（2）风险管理"木桶效应"带来的挑战。金融业务的整体风控水平取决于产业链、价值链上最薄弱的环节，尤其是在关键合作方缺少完善的风控措施，风控制度执行存在"跑冒滴漏"的情况下，合作各方均可能遭受资产资金、商业机密、声誉口碑等方面的损失。2017年6月，金融稳定委员会发布了一份关于金融科技对金融稳定影响的报告，提到不同机构存在薄弱环节的系统越互相联接，金融活动对网络攻击的敏感性可能越高。比如，2016年2月，黑客通过高级持续性威胁（APT）攻击劫持网络接入服务器、篡改交易报文，最终攻破环球银行金融电信协会（SWIFT）系统安全机制，从孟加拉国央行在纽约联邦储备银行的账户中非法转走8100万美元，事后调查发现，孟加拉国央行不仅使用的是未安装防火墙的价值 10 美元的二手交换机，网络结构也未实现进一步的相互隔离，存在巨大安全隐患。

（3）过度第三方依赖带来的挑战。2018 年 10 月，世界银行和国际货币基金组织联合发布了《巴厘金融科技议程》，指出金融机构越来越多地与第三方服务提供商合作，或是将金融服务的运营支持外包给第三方，而规模经济可能推动金融机构之间或第三方服务提供商之间更大的整合，加剧集中度风险和网络风险。实践中，一些合作机构较多的金融科技公司日益扮演类似金融基础设施的角色，如果缺乏有效的风险治理和监管，容易造成风险的单点积聚，其业务连续性可能影响金融市场的平稳运行。

（4）责任难以认定带来的挑战。在金融机构与金融科技公司的开放合作中，合作各方和金融消费者都可能面临合法权益受到侵害的情况，需要有效可行的法律救济途径。但是，广泛的合作内容、多元的合作载体、多变的利益分配和风险共担方案，使得合作中的责任划分较为困难，法律救济可能面临难以确认责任主体、责任分配和损害赔偿数额等内容的情况。

9.2 金融科技未来场景展望

9.2.1 智慧金融

1. 智慧金融的发展

智慧金融是金融和科技的全面结合。随着时代发展，各项技术也逐渐成熟化继而投入交易场景中，大大提升了金融的智慧化服务程度，包括金融产品、服务、获客、风控等环节，也获得了前所未有的智慧化提高。

智慧金融是指人工智能技术与金融业深度融合的新业态，是用机器替代和超越人类部分经营管理经验与能力的金融模式变革，有透明性、便捷性、灵活性、即时性、高效性和安全性等特点。智慧金融是依托于互联网技术，运用大数据、人工智能、云计算等金融科技手段，使金融行业在业务流程、业务开拓和客户服务等方面得到全面的智慧提升，实现金融产品、风控、获客、服务的智慧化。智慧金融核心技术关系见图 9-2。

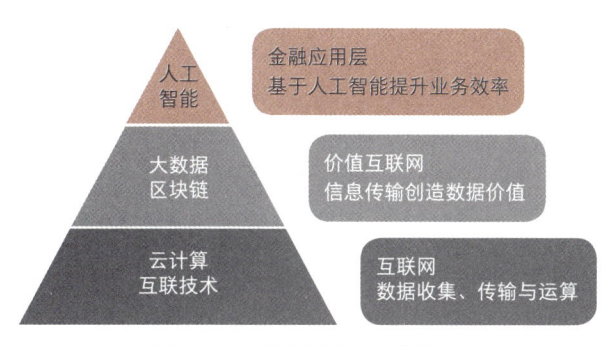

图 9-2 智慧金融核心技术关系

智慧金融是在互联网时代，传统金融服务演化的更高级阶段。它的实现基于大规模的真实数据分析，因此智慧金融的决策更能贴近用户的需求。智慧金融代表未来金融业的发展方向，相较于传统金融，智慧金融效率更高，服务成本更低。

2. 智慧金融的应用场景

智慧金融具体应用于营销、运营以及风控三方面。

营销环节是金融机构进行产品推介和服务传递的一线，也是直接与客户接触的第一道屏障，这个过程中的客户体验对于其最终的购买选择和决定有着至关重要的作用。为了解决"无法真正挖掘并及时满足客户的个性化需求，存在人力成本过高、营销效率低下的问题"，以银行为代表的金融机构开始通过加大科技投入，建立云数据中心，搭建数据平台，以及全渠道建设等方式来促进营销环节的数字化和智能化，手机银行逐渐成为各大银行推进移动化渠道建设的重要载体。

国内外部分机构智能客服实践如表9-1所示。金融机构的运营环节对机构的整体效率至关重要，但就金融机构固有的运营流程来看，各个环节都存在一定的问题。在客户接触环节，金融机构原有的服务模式无法满足客户多元化的场景化需求；在客户交互环节，客服人员的专业能力有待提高，部门之间的协调机制也有待改善；在使用与办理环节，金融机构的运营过程中存在办理流程冗杂、需求响应速度低下等问题。

表9-1 国内外部分机构智能客服实践

机构名称	智能客服实践
ATOM 银行	SIP 云客服
苏格兰皇家银行	混合机器人
中国工商银行	工小智
中国建设银行	IVR 智能语音导航系统
交通银行	娇娇（智能机器人）
信也科技	小娜

金融机构开始利用信息化的技术手段对运营环节进行升级改造，银行通过智能客服平台的打造，实现降本增效的目的。同时以用户为中心、数据驱动的智能化运营可以为"千人千面"的差异化服务提供基础的支持和保障，有助于促进客户的精细化管理，提升客户的服务体验。

风控对于金融机构的发展来说更是重中之重，但传统的风控方式主要以人工为主，信贷的审批也多依靠审批员的经验，这种模式一方面需要大量的人力投入，另一方面主观因素也会在一定程度上对结果产生影响，从而导致风险控制存在一系列不确定的潜在风险。相较于传统的风控模式，智慧风控将大数据和人工智能等技术应用到风险控制环节，以提升风险控制的效率和精准度。在传统风控的基础上，智慧风控通过对多维度的数据进行分析并构建一系列的风险模型，一方面提升了风控决策的效率，降低了依靠人工审核造成的高耗时、高成本，另一方面确切反映并量化了借款人的信用风险等级，给出合理定价。

案例：平安银行 SAS 平台

3. 智慧金融未来场景展望

（1）从以产品供给为中心到以客户需求为中心。金融服务模式变化背后的推动因素是广泛的、多元化的，其中，用户对服务和产品需求的缺口，以及用户行为习惯的变化，成为重塑金融服务产业格局的重要驱动力。

作为体量庞大的单一市场，我国金融服务市场既存在传统金融体系未能有效覆盖的金融需求，集中体现在居民和企业可获得的金融工具有限，投融资渠道较为单一等方面；又存在不断涌现的新兴金融需求。随着经济活动朝着远程化、数字化、虚拟化方向纵深发展，用户对金融产品和服务的诉求逐渐发生变化，对便捷、快速、安全、低成本的金融服务的需求显著提升。另外，在互联网环境中成长的 85 后、90 后逐渐步入主流消费市场，这部分群体对于线上沟通交流方式的偏好，对个性化服务和产品的青睐，进一步催生出全新的、差异化的金融需求和模式。传统金融与智慧金融的风控模型比较见图 9-3。

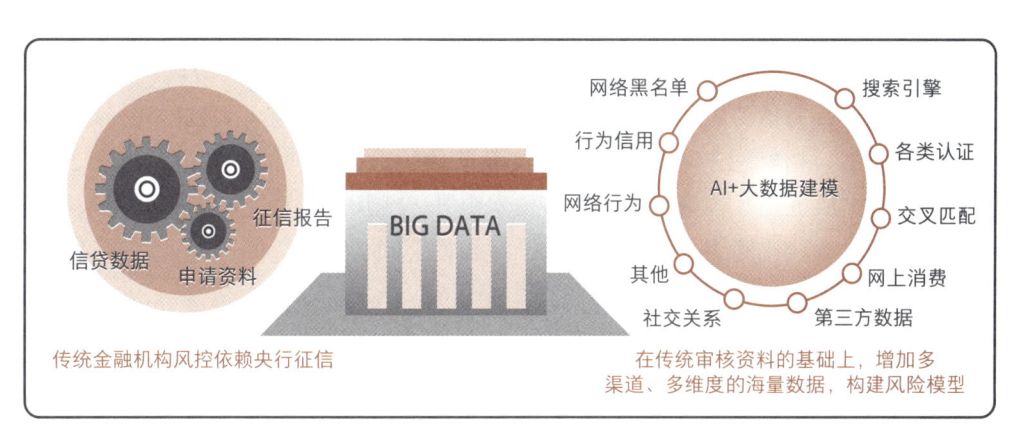

图 9-3 传统金融与智慧金融的风控模型比较

在这样的背景下，互联网金融服务的供给不再是单纯地将传统金融业务通过互联网化即可享受互联网红利，获取大量客户，而是更多地从用户视角出发，思考消费者想要哪些金融产品和服务。在金融产品和服务的研发设计中，许多带有明显"互联网思维"的非传统金融服务商，尤其强调用户体验与算法结合。产品功能丰富，操作简单，用户黏性较强，得以在短时间内积累大量固定用户群，市场份额持续扩大，由此也带来了新兴金融服务主体的涌现和崛起，在金融产业链条的参与度明显提升。

（2）从技术的简单叠加到多元融合。在过去的数十年中，技术创新已成为金融服务产业转型升级过程中的基础性要素。此前，依托互联网、移动通信、智能手机等技术的应用和普及，我国互联网金融、金融科技产业在市场规模、用户数量、技术迭代等方面一直处于高速增长并跻身国际领先水平。随着互联网基础设施建设的不断完善，移动互联应用的渗透率持续攀升，截至2020年12月，我国网民规模达9.89亿人，手机网民规模达9.86亿人，互联网普及率达70.4%。

（3）从应用场景到生态金融图谱。如果说此前的金融模式创新大多建立在对细分应用场景的价值挖掘，对传统商业模式进行的升级改造，那么，未来的智慧金融有望进一步催生新的商业模式和经济增长点，形成更为广阔的生态金融圈。

（4）从竞合博弈到协同共赢。新兴金融服务模式和服务主体的不断涌现，是我国金融改革过程中产业分工专业化趋势的集中体现。在整个金融体系中，新兴金融业态从体量和规模上仍属于补充性业务，定位于小额、快捷、便民，但是其在相当程度上满足了市场多元化需求，为我国金融改革与创新贡献了积极力量。

9.2.2 物联网金融

1. 物联网金融的发展

物联网的概念1999年出现，近几年随着传感器和处理器等硬件成本的大幅下降，智能移动设备的普及以及无线互联网的广泛覆盖，大数据和云计算的稳步发展，物联网进入了快速发展的新阶段，万物互联的时代正在到来。"物联网"本质上是一种聚合性应用与技术提升，继承了各种先进的感知技术、人工智能、现代化网络与自动化技术，在物物之间、人物之间、人人之间构建智能互联。

物联网金融是面向所有物联网的金融服务与创新，涉及各类物联网应用，不仅局限于金融物联网的应用。物联网的发展，可实现物理世界数字化，实现所有物品的网络化和数字化。金融信息化的发展，也使金融服务与资金流数字化，数字化的金融与数字化的物品有机集成与整合，可以使物联网中物品的物品属性与价值属性有机融合，实现物联网金融服务。

2. 物联网金融的应用场景

（1）改善金融安防。金融体系涉及大量资金运作，是犯罪案件的高发区，金融安防对金融机构具有举足轻重的作用。物联网可以发挥其物物相连、智能管理的优势，大大提高了金融安防的效率，节约人力资源，提高金融安防的可靠性。

（2）提高支付业务的效率和安全性。目前，金融 IC 卡、移动支付业务已成为物联网技术在我国金融行业应用的重点领域和热点领域。金融 IC 卡又称芯片银行卡，是以芯片作为介质的银行卡，存储容量大，可以存储密钥、数字证书、指纹等信息，能够同时处理多种功能，为持卡人提供一卡多用的便利。

（3）优化金融业务管理和服务。物联网通过对各个环节与流程的"可视跟踪"，可以起到提高生产效率、优化资源配置、降低成本的作用，这也必将改善金融业务管理和服务。如供应链金融是在供应链中找出一个大的核心企业，以核心企业为出发点，为供应链上的节点企业提供金融支持。应用物联网，通过对各家企业信息流、资金流和物流的实时跟踪，大大拓展供应链金融的客户范围和业务领域。

（4）保险业的应用。应用物联网技术，可以实时监测保险标的状态，对保险机构厘清赔偿责任、减少保险赔偿具有重要作用。比如在汽车保险方面，通过在车身安装传感设备，可以实时监测车辆运行状态，并进行记录保存。在发生车辆损坏之后，通过调阅记录，可以帮助判断具体责任方，厘清保险公司的赔偿责任，防止各种骗保行为的发生。

3. 物联网金融未来场景展望

物联网金融未来场景展望如下：

（1）智能仓储为动产融资。业内领先的银行已经开始通过物联网智能仓库为企业提供动产融资服务。经物联网技术改造后的智能仓库仓储和监管将处于自动化管理状态，抵押物和质押物所有的物理状态与物理变动都能实时地呈现在相关权利人面前。这种监管技术的应用可以使抵押物与实物一一对应、实时匹配，赋予动产以不动产的属性，从而可极大缓解传统动产融资业务中各方的信任危机。如货物在质押状态时，如果有人对货物进行未经授权的操作，例如位置移动，打开包裹等，系统将自动报警，并通过网络发至 App 管理端。进一步打造具有标准单位特征的物联网数字仓单就可以推动实物融资向单证化融资转变，利用物联网技术将仓单与实物三维坐标绑定，可确保仓单与实物。动态联系，并实时对应解决传统纸质仓单业务中存在的重复需开机及抵押品不足值的问题。

（2）动产浮动质押成为可能。由于操作风险第一，传统银行更倾向于静态动产质押业务。在动产浮动质押中，质押人可以随时处分所质押的部分质物，但需要用其他价值相当的质物补足代替，以确保质物的总价值始终不低于约定的金额。在质押模式下，由于出质人经常会取出旧物质和存入新物质，即以货易货，将会导致新物质于签订合约时的物质不同，银行想要深入把控其他主体的交易细节就比较困难，尤其为钢材、煤炭、矿石等没有规则形状的大宗商品办理浮动质押融资。如果采用常规监管手段，成本极高，极易发生盗窃、挪用以及重复质押等风险事件。

（3）打造物联网贸易金融生态圈。除了单仓监管模式，银行还可以实现同时对多地物联网仓库的监管，打造线上云仓模式。此时出质人便可以向银行申请同时出质存放于多个仓库的货物。或者不同类别的货物。如果将云仓进一步升级为大宗商品电子交易市场，将融资项下的商品交易行为纳入线上管理，打造集交易仓储融资于一体的线上生态平台，不仅可以消除大宗商品异地交易与储存在可视化管理方面的障碍，而且可以让银行掌握真实的交易背景，大幅降低银行提供贸易融资或供应链融资的风险敞口，此外，如果将生态平台于企业端同业数据和政府管理端公共服务数据对接，不仅可以通过交叉验证满足真实性需求，而且可以将更多的低频客户转化为高频客户，实现线上包围式获客。

（4）场景供应链金融蓄势待发。万物互联时代，供应链金融服务将实现由线上向在场的根本性改变。企业端的金融服务可以在场景中实时进行，通过将记录货物种类、材料重量等详细信息的芯片嵌入相关货物中，银行就可以通过接收装置接收货物镶嵌芯片所发射的信息，从而实时掌握企业的采购渠道、原料储存、生产过程、成品积压及销售情况，实现对供应链全程无遗漏的掌控和管理。

（5）物联网构建客观信用体系，不仅对动产融资体系带来改革，而且会为银行、保险、投资、租赁、证券等众多金融领域带来深刻而深远的变革。物联网为银行建立起客观信用体系，防控金融风险，破解实体经济融资难题。传统的保险是概率原理大数法则，互联网让保险对风险做到可控、可预期甚至可预防，这将大大降低保险的赔付成本。物联网投资推动了传统产业的转型升级，将物联网与资本紧密结合，对传统产业进行物联网技术改造模式再生，推动传统产业转型升级。

9.2.3 共享金融

1. 共享金融的发展

共享金融根植于共享经济，共享经济的实质是去中介化和再中介化的过程。共享经济就是通过互联网这一有效渠道，将闲置资源以极低的成本进行点对点的使用权交换。共享经济中参与主体地位平等、信息对称、互助互利。共享经济又称作点对点经济。

传统金融的资金供给方和需求方依托于传统金融机构进行资金调配，而共享金融的资金供给方和需求方不再完全依赖于金融机构，资金供求双方直接进行匹配；再中介化的过程就是资金供给方和需求方依托共享金融平台，通过共享金融平台实现资金供求双方直接匹配。

2. 共享金融的应用场景

（1）"互联网+"金融技术共享客户数据。共享金融是依托云计算、大数据、移动支付、移动互联网等现代信息技术发展而来的,这些"互联网+"技术与金融相互融合产生了共享金融的硬件基础。如云计算与金融融合产生"金融云",利用云计算的运算和服务优势,将金融业的数据、客户、流程、服务及价值通过数据中心、客户端等技术手段分散到"云"中,以改善客户系统体验,提升运算能力,重组数据价值,为客户提供更高水平的金融服务,同时达到降低运行成本的目的。

（2）信用评级数据共享。共享金融有效降低了资金供求双方的信息不对称。"互联网+"金融技术提升资金供求双方的信用透明度,资金供给者根据资金需求者的信用状况和自身风险偏好进行选择。共享金融平台的核心在于通过大数据对客户进行信用评级,主要有两大类:一是通过自身数据分析对客户进行信用评级;二是依托第三方信用评级机构的互联网金融公司。"互联网+"视角下共享金融的发展路径依托自身平台数据对客户进行信用评级,将更多依托第三方信用评级机构来降低供求双方信息不对称。

（3）共享金融平台。共享金融运作主体纯依托共享金融平台,共享金融平台主要体现在三方面:一是共享金融发挥平台经济功能,平台经济具有典型的正外部性和多归属性,由单方收益最大化转变为与实体经济共赢;二是互联网产业链金融共享重构,互联网产业链金融的共享边界相较于传统产业链金融得到了进一步延伸,着眼于以产业链的核心企业为依托,针对产业链的上下游各环节,设计个性化、定制化的金融服务产品,为整个产业链上的企业提供综合金融服务;三是互联网产业链金融关注产业链各环节不同企业之间的金融资源共享和互助,进而构建不同产业链金融服务生态圈,使得金融共享和互助成为互联网产业链金融的主线。

3. 共享金融未来场景展望

共享金融未来核心应用场景是征信领域。征信是现代金融体系的基础,伴随着征信体系的逐步完善,更多潜在的融资需求将得到满足,进而驱动社会融资总量的增长,这便是征信的价值所在。分场景看,由居民消费（如信用卡、消费贷款、汽车金融等）和企业融资（如供应链融资、小微企业融资）需求而产生的各类创新融资模式都有望在征信的刺激下,规模实现飞跃。

征信的基本功能在于为信贷融资提供信用评估产品和服务。尽管我国经济总量和融资规模均实现了快速增长,但征信行业规模依旧较小。一方面,我国尚未建立完善的信用体系,导致信用经济的渗透率处于较低水平;另一方面,目前商业银行等金融机构的信用信息需求主要由央行征信系统满足,且信用风险管理往往不依赖外部机构,导致市场上独立的第三方征信公司发展水平较滞后。

因此,金融科技应用于征信,夯实金融体系的信用基础,其价值在于自身具备广阔的成长空间,更在于将重构"信用"价值,促进融资模式的创新和潜在融资需求的满足。具体应用领域除了围绕信贷融资提供个人征信、企业征信评估服务外，以大数据基础衍生的诸如决策分析、市场营销方案、供应链管理等都有望成为重要的服务。

9.3 全球金融科技生态系统

9.3.1 全球金融科技投资

1. 全球金融科技投资概览

金融科技作为新的投资风口，吸引了从华尔街顶级投行到全球顶尖高科技公司的巨额资本。近年来，金融科技产业规模迅速增长，投资额逐年上升，全球各地资本竞相追逐最新技术，打造应用场景，具体投资形式主要有风险投资（Venture Capital, VC）、私募股权投资（Private Equity, PE），以及企业并购（Mergers and Acquisitions, M&A）等。2020年全球金融科技在风险投资、私募股权投资与并购等方面的总额为1 050亿美元，涉及2 861笔交易。其中，亚太地区金融科技公司累计完成565笔风险投资、私募股权和并购交易，投资金额116亿美元。2020年北美地区金融科技公司则吸金逾750亿美元，其中美国企业占到750亿美元。支付、借贷，以及监管科技这三大金融科技业务领域依旧吸引着投资者的注意力。

2. 全球金融科技投资状况分析

在投资地区方面，美国作为金融科技行业发展较早、较成熟的国家，自2013年起就领跑全球金融科技企业投资排行榜，2020年投资总额达到新高750亿美元。欧洲在2020年累计获得金融科技投资93亿美元，其中英国通过408笔交易收获41亿美元，位居第1，德国、法国、瑞典、瑞士和荷兰分列第2至6位，但是与英国的融资总额差距相对较大。

中国投资额的变化趋势与美国相似，经历了2013—2020年的逐年攀升，我国金融科技企业投资已经从最初的1.1亿美元，增长到了2016年的114.3亿美元，2018年达到182.3亿美元。受疫情影响，2020年中国金融科技投资意外疲软，投资总额仅达16亿美元。投资下降反映了中国金融科技行业已相当成熟，尤其是在少数科技巨头主导的支付领域。在投资业务领域方面，涉及财富管理和资产管理的投资最为活跃，该领域的初创企业获得了全球总投资的3成，占比最大。

在投资方式选择方面，全球各国金融科技企业的融资偏好有着明显差异，其中最为突出的区别是企业并购（M&A）的方式。美洲和欧洲大部分的金融科技企业投资交易由企业并购组成，而在亚太地区，企业并购占比较低，大部分投资交易来源于对企业的风险投资。

3. 全球金融科技风险投资情况

2018年，面向金融科技企业的风险投资（VC）交易数量连续八年攀升，投资规模不断扩张，总额达到231亿美元，而在2016年，投资数额仅为2015年的一半即116亿美元，足见投资膨胀势头之强。亚太地区自2015年起，领跑了企业风险投资交易额，并在2018年达到了173亿美元，占全球投资额的75%。来自不同行业的企业争相用资本作为敲门砖，加入金融科技这一逐渐成为主流趋势的行业，随之而来的是更加白热化的竞争势头。这已不仅是金融科技企业之间的竞争，也不仅是传统金融行业与新兴企业间的博弈，各方资本的注入意味着通过投资或企业并购加入竞赛的企业已远远超过了金融企业范畴，甚至一些全球化的科技企业与支付平台公司也欣然参与到竞争行列。全球金融科技风险投资各地区活跃度如图9-4所示。

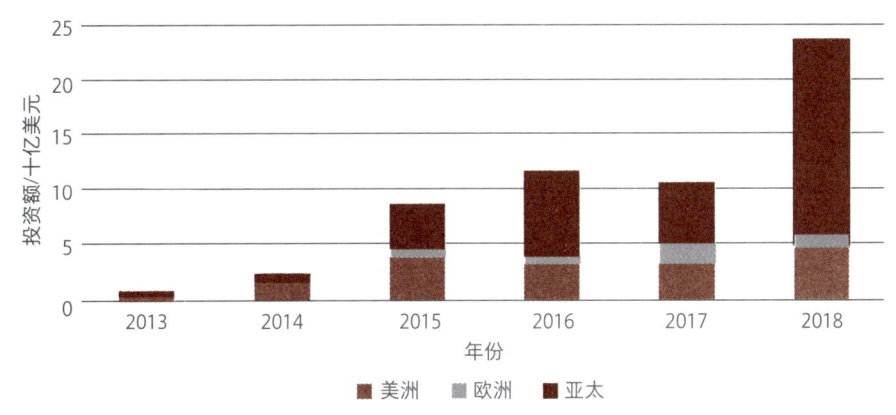

图 9-4 全球金融科技风险投资各地区活跃度

数据来源：KPMG

作为美国第二大支付处理公司，Vantiv 在 2017 年 11 月以 4.25 亿美元的价格收购了加拿大收单机构 Moneris 在美国的子公司，2018 年通过收购 Worldpay 进一步巩固了 Vantiv 在美国支付处理行业的地位，且试图将业务扩展到美洲以外的欧洲、亚太等地区，进而成为一家全球性支付集团。

近年来，大量新型金融科技创新公司崭露头角，为各个细分行业带来了新的发展契机。市场研究公司 CBInsights 近日发布报告称，2018 年由风险投资支持的包括独角兽企业在内的全球金融科技公司融资额达到创纪录的 395.7 亿美元（约合 2668 亿元人民币），同比增长 120%，融资笔数达到 1707 笔，较 2017 年的 1480 笔增长了 15%。与此同时，在一些高度成熟的领域，例如支付处理行业，更多的公司选择通过企业并购的方式寻求市场扩张、技术升级及融资机会。2018 年丹麦支付公司 Nets 收购了德国支付服务供应商 Concardis 以及总部在波兰的支付处理公司 Dotpay/eCard，旨在拓展业务市场，为跨境电商交易提供更多的便利，将德国、波兰等现金使用率高、信用卡普及度不足的国家的线上购物需求更大程度地释放。

9.3.2 全球金融科技合作

1. 金融科技企业的扩张与合作

随着近年来金融科技的持续发展，过去专注于国内市场的各国银行纷纷将眼光投向海外，与海外金融机构或科技企业建立了合作关系，发起海外并购，推动全球扩张。多家数字银行大举扩张海外业务，包括巴西的 Nubank，德国的 N26，以及几家总部位于英国的数字银行，都积极与海外机构合作，例如：腾讯联合德国保险公司安联（Allianz）向德国数字银行 N26 投资 1.6 亿美元。

同时，许多传统大型金融机构也与金融科技公司进行跨界合作，利用金融科技公司的技术优势和流量优势，实现创新转型，挖掘业务增长点。

除此之外，许多金融科技公司也积极进行海外扩张，在一些高度成熟的领域，例如支付处理行业，很多公司选择通过企业并购的方式实现市场扩张和技术升级。例如：2018 年，美国支付巨头 PayPal 以 22 亿美元收购了总部位于欧洲的支付平台 iZettle，将自身的支付业务版图扩张至欧洲。

2. 我国金融科技企业的海外融资

2018 年中国金融科技总投资额增长了 8 倍，达到 255 亿美元。在毕马威（KPMG）发布的《2018 金融科技 100 强》榜单中，排名前 10 位的龙头企业里，中国占据了 4 家。中国金融科技市场广、潜力大，得到了海外投资者的高度追捧，国际资本的注入，助推中国金融科技企业变得更大、更强，进一步巩固了其市场地位。

3. 金融科技促进"一带一路"沿线国家互联互通

过去几年，"一带一路"沿线国家在金融科技领域的一些国际合作中取得了非常好的成绩，真正做到了合作共赢，惠及相关国家的普通民众。在第三方支付领域，中国的支付宝和微信支付在很多"一带一路"沿线国家都开通了跨境支付服务，为中国游客在国外购物、消费提供便利。

"一带一路"国际金融科技合作的一个重要基础是各国的共同需求。对"一带一路"沿线国家而言，传统金融部门金融服务供给不足的矛盾十分突出，而这一矛盾对小微企业与低收入人群而言尤其突出，在这些人群中，信用卡的普及率不到 20%。比如在孟加拉国，农村的年轻人到城里打工，只能请路过的货车司机把钱捎回家，资金传递成本很高，风险也很大。金融科技的发展可以弥补传统金融服务不足的短板，各国都有需要。

由于中国已经走在了全球金融科技发展的前列，各国与中国金融科技企业合作的意愿都很强烈。根据世界银行金融科技发展指数，美国位居第一、中国位居第二，但中国的很多技术与模式更加适合发展中国家。不少"一带一路"

沿线国家的监管部门和金融科技公司主动向中国寻求合作。

迄今为止，中国金融科技公司的国际合作，基本上都是在企业层面自发推动、形成的，政府并不直接介入，这可以减少其他国家不必要的疑虑，降低政治敏感度。金融科技的国际合作有助于推进"一带一路"沿线各国之间的互联互通，已经在很多国家落地的跨境支付，可以助力休闲与商务国际旅行。

4. 金融科技推动金砖国家之间加强合作

金融科技创新推动金融服务数字化、网络化、智能化深入发展。金砖国家具有坚实的金融科技需求基础。已经开启的金砖国家合作的第二个十年，人工智能、大数据、量子信息、生物技术等新一轮科技革命和产业变革将给金砖国家科技合作带来新机遇，数字化科技创新合作列为优先战略方向。未来应着重推动加强数字技术、人工智能等诸多重点领域的务实合作；进一步完善创业环境，尤其是关注中小企业创新能力的提升，支持和促进创新创业，这是金融科技合作的实体经济基础。建立金砖国家金融科技合作框架机制。

为推动金融科技未来能够更便捷地在金砖国家相互开展，金砖五国正致力于探讨建立金砖国家未来网络研究机构，以加强金砖国家在物联网、云计算、大数据、数据分析、人工智能、5G及其创新应用等信息通信技术领域的联合研发和创新，提升五国信息通信技术基础设施建设和互联互通水平。另外，金砖五国还将在基础设施安全、数据保护、互联网空间领域制定国际通行的规则，共建和平、共享、安全的网络空间。

9.3.3 全球金融科技监管协调

金融科技的发展离不开规则，没有一个完整的监管体系，金融科技发展必将走向极端化。金融科技促进了全球金融市场一体化发展，金融科技监管客观上需要全球合作监管。

1. 金融科技的监管现状

（1）国际组织着手调研，初步评估框架出炉。2016年3月16日，金融稳定理事会在日本召开第16届全会，全球金融监管当局首次正式讨论了金融科技的系统性风险及监管问题，并发布了《金融科技的全景描述与分析框架报告》。2020年2月美国、新加坡、澳大利亚加强跨境金融数据使用监管，并签订相关协议。但是，金融科技的监管还存在缺乏全球统一标准、监管合作不足等问题。

（2）各国监管措施各异，缺乏全球统一标准。由于金融科技的创新性和成熟度不同，目前各国主要考虑并实施的是对网络融资和电子货币的监管。在其他金融科技类别中，各国对支付的监管规则已相对成熟，而区块链等技术本身及其影响还处于探索阶段。总体而言，各国对具体金融科技类别的监管差异较大，全球对金融科技的监管缺乏统一标准，呈现碎片化的割裂状态。

（3）金融科技跨境展业，监管合作不足。鉴于金融科技的跨境展业尚处于初级阶段，目前实际遇到的监管合作问题主要集中在市场准入领域。对未来可能出现的"系统重要性"金融科技企业尚无联合评估的安排。目前，已经出现了超级庞大的金融科技公司，部分公司也正在进行全球化扩张。如果其继续目前的发展势头，未来必然需要对全球或国内"系统重要性"金融科技进行联合评估，并在此基础上采取相应的监管应对。在这方面，金融稳定理事会的分析框架可借鉴。

2. 未来监管特征

各国金融监管主体和国际金融监管协调机构，均对智慧金融发展带来的新兴风险开展了前瞻性研究。从政策导向上，国际监管体现出以下特征。

（1）依据金融业务的本质属性监管。许多国家和地区对金融科技行业秉承"技术中立"原则，无论采用何种创新技术提供服务，都应根据其业务实质，同等适用相应的法律法规。

以智能投顾领域监管为例，国际证监会组织对各国证券业监管机构开展了调研，结果显示，市场发展相对成熟的国家和地区包括美国、英国、中国香港、日本，智能投顾业务需要受到现行证券领域的监管规则的约束。

（2）严格智慧金融监管。出于风险防范和消费者保护因素，对从事智慧金融创新业务的机构提出更高的标准和要求。由于智慧金融具有较为浓重的技术创新色彩，普通零售客户可能对技术和模式创新的局限性缺乏基本认知和理解，如智能投顾客户可能并不清楚自动化工具自身存在偏见，对某些专有类产品具有倾向性推荐。因此，对智慧金融从业主体的监管要采用比传统模式更加严格的程序。

（3）成立金融科技部门或团队。监管部门加强与市场机构的联系与沟通，密切跟踪金融科技领域发展情况。如包括香港证券和期货委员会（HKSFC）、美国金融业监管局（FINRA）等在内的金融监管主体，纷纷成立专门机构或团队，监测和指导辖区内金融科技机构的业务发展情况。通过为金融科技企业提供指导，协助企业理解监管框架和授权流程，更好地满足现行监管合规要求。

（4）前瞻性评估新兴风险。对风险监管模式和手段创新。目前，英国、新加坡、中国香港等国家和地区纷纷采取监管沙盒（Regulatory Sandbox）、创新中心（InnovationHub）、创新加速器（Accelerator）等创新监管模式，在促进创新的同时，对业务模式的合规性和新兴风险进行前瞻性评估。

延伸案例

一览群智，用 AI 为金融行业赋能

北京一览群智科技有限责任公司（简称一览群智）成立于 2015 年 11 月，是一家以自然语言处理、知识图谱和机器视觉等先进技术为核心的人工智能公司，为客户提供一站式 AI 产品和行业解决方案。公司自主研发出智语、智图、智慧、智策四大产品，构建 Elens 智能决策平台，为金融、政企、媒体情报等行业提供一站式 AI 产品和行业解决方案。

在金融行业，一览群智基于 Elens 智能决策平台打造了新一代智能反洗钱系统、智能审单专家系统、智能风控与授信系统、智能运营系统，满足银行、保险、基金、证券等多种类型金融机构的不同业务场景的 AI 技术应用。一览群智金融行业解决方案及产品见图 9-5。

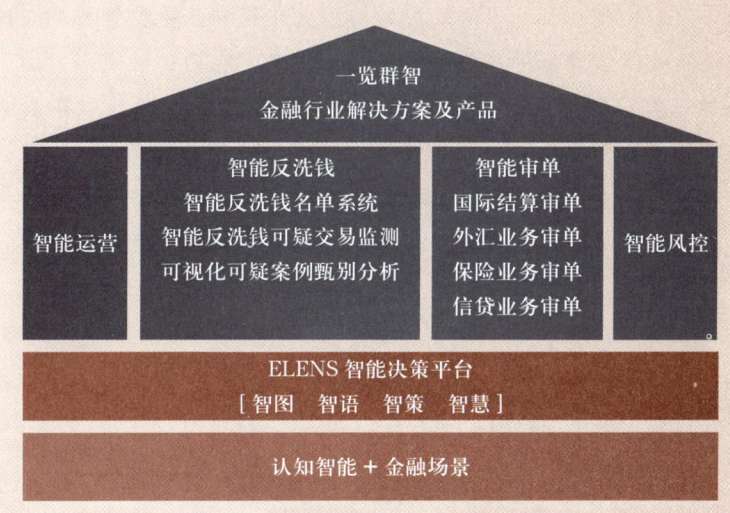

```
                    一览群智
              金融行业解决方案及产品

  ┌──────┬──────────────────┬──────────────┬──────┐
  │      │     智能反洗钱      │   智能审单    │      │
  │智能  │  智能反洗钱名单系统  │ 国际结算审单  │智能  │
  │运营  │ 智能反洗钱可疑交易监测│ 外汇业务审单  │风控  │
  │      │ 可视化可疑案例甄别分析│ 保险业务审单  │      │
  │      │                  │ 信贷业务审单  │      │
  └──────┴──────────────────┴──────────────┴──────┘
  │          ELENS 智能决策平台                    │
  │        [智图  智语  智策  智慧]                │
  ├───────────────────────────────────────────────┤
  │            认知智能 + 金融场景                  │
  └───────────────────────────────────────────────┘
```

图 9-5　一览群智金融行业解决方案及产品
来源：亿欧智库

成功应用案例：智能风控与自动授信

传统处理方式存在的缺陷：风控流程相对烦琐，审批周期长，业务效率低；过度依赖人力审核，无法处理个人和小微企业的零散数据信息；缺少对个人和小微企业数据的有效风控和授信方法。

具体案例：一览群智的智能风控与自动授信系统已经在国内某大型银行应用。在国家鼓励金融机构服务于普惠金融的政策指引下，该行希望提升自身服务更多小额、高频、分散的信贷场景的能力。但是，如果采用传统的信贷模

式，就会面临例如审批流程复杂、业务处理效率低、人力成本高等问题。银行决定使用一览群智的智能风控与自动授信系统来提升信贷服务能力。系统帮助银行构建了适合小额、高频、分散的信贷场景的信贷审批模型，深度挖掘场景涉及人群的关系网络，充分识别其中的团伙欺诈、个人欺诈等风险，并通过自动授信模型，秒级给出申请人授信额度。通过与一览群智的合作，银行极大地提升了在这一领域业务的处理效率，并降低了违约率。同时，在进一步开拓长尾客户市场推进普惠金融服务方面，积累了可行性实践经验。

◆ **案例分析**

在金融机构端，监管科技的应用场景包含三大类：与客户互连的应用、金融机构内部应用、与监管机构互连应用。一览群智的智能风控与自动授信系统正是金融机构内部应用的人工智能风控技术。

与客户互连的应用包括客户身份识别、交易行为监控，是在金融机构合规端应用较多的场景，防控合规风险、降低合规成本是所有金融机构亟待解决的一大难题。金融机构业务场景端的风险防控策略将向注重监管科技在内部合规端、业务端及外部监管端的全应用场景闭环转变。在内部合规端，运用人工智能、机器学习解读监管规则，甚至将部分监管规则直接嵌入业务系统的程序中；在业务端，运用生物特征识别技术，对客户进行身份识别和验证，对交易合规性进行分析；在监管端，监管科技可就违规行为、可疑交易和异常情况生成分析报告和解决方案，自动向监管端报送风险数据和监管报告。

实训练习

金融科技生态系统认知

1. 实训背景

在万物互联的时代，独善其身越来越不可能。以开放联合的态度，构建基于伙伴关系的商业模式，共创开放生态，已经成为金融科技行业生态参与者普遍认同的理念。

本章所讲的智慧金融、物联网金融、共享金融等金融科技推动普惠金融、银行业务、保险业务和资产管理业务发展创新，构成国内乃至全球金融科技生态系统。当前金融科技行业分工日趋专业化、精细化，无论是金融机构、场景流量平台还是金融科技公司，依托原有单点服务能力已经难以应对外部环境变化。

基于多方合作、共赢共生的理念，围绕消费者和企业在场景中的金融服务需求，以及金融机构在场景中提供金融服务时产生的科技赋能需求，形成的金融科技生态圈开始兴起。

在生态圈内，金融机构、金融科技公司、场景流量平台、监管机构及其他利益相关者之间相互合作、优势互补，以满足各自所服务用户多样化、个性化、低成本、高价值的需求。

2. 实训内容

不同企业的特色优势和发展阶段不同，其融入金融科技生态圈的模式策略也不尽相同。在构建模式上，大致可以分为自建与合作两种方式。

（1）自建模式。大型金融机构和场景流量平台通常采用自建模式，其核心业务具备高位优势，构建金融科技生态圈的目的是巩固已有利润渠道，拓展多元化盈利模式，规避自身核心能力单一风险，提升综合服务能力，获取持续的竞争优势。

（2）合作模式。中小企业可以以合作的方式加入金融科技生态圈中。由于资金、影响力、技术能力有限，中小企业自建生态圈的难度较大，风险较高。同时，其核心业务优势容易受到大型企业竞争和市场环境变化的影响，市场地位不稳定性强。通过双方合作的方式加入大型企业的生态圈中，或与规模实力相当的企业建立联盟，共同融入金融科技生态圈中，是一种试错成本比较低，业务推进相对灵活的方式。

请同学们在系统学习金融科技生态系统相关知识后，阅读毕马威发布的《2020中国领先金融科技企业50》报告，基于金融科技生态系统视角，从科技与数据、创新与变革、金融服务普及、资本市场认可度、发展前瞻度等维度，对企业发展前景进行讨论、分析。并结合自身学习的金融科技知识技能，探讨哪些技能是未来工作中亟待提高的。

课后习题

1. 单选题

（1）大数据应用的前提条件为（　　）。

　　A．已经聚集到大数据相关人才
　　B．已经收集相当数量的数据资源
　　C．已经拥有相关科技设备
　　D．已经掌握大数据相关技术

（2）在区块链中，交易只能（　　）处理。

　　A．直接　　　　　　　　　　　　B．不须排队，按序
　　C．排队按序　　　　　　　　　　D．排队，无须按序

（3）对区块链金融高端人才的要求为：理解区块链底层技术和（　　）。

　　A．能系统讲解区块链底层技术

　　B．能对区块链底层技术改进和优化

　　C．精通人工智能技术

　　D．精通大数据和云计算技术

（4）风险密码算法、虚拟机、（　　）等是区块链特有的核心构件。

　　A．安全稳定风险　　　　　　　B．交易数据的信息安全风险

　　C．智能合约风险　　　　　　　D．信用的技术背书风险

（5）（　　）的实质是去中介化和再中介化过程。

　　A．数字经济　　B．信息经济　　C．共享经济　　D．金融经济

2．多选题

（1）大数据在金融创新应用中面临的挑战包括（　　）。

　　A．数据收集缺乏制度完善　　　B．数据安全管理难以保证

　　C．业务层面人才匮乏　　　　　D．数据利用界限需要明确

（2）区块链技术在（　　）之间难以平衡。

　　A．节点规模　　B．容量　　　C．容错性　　　D．性能

（3）人工智能在金融创新应用中面临的挑战包括（　　）。

　　A．人工智能技术的误判风险

　　B．人工智能技术的安全风险

　　C．人工智能应用人才匮乏

　　D．金融机构运营管理的控制权被削弱

（4）金融机构收集到的信息范围来自（　　），这些数据共同组成一个巨大的集合。

　　A．互联网络数据　　　　　　　B．估计数据

　　C．传统机构数据　　　　　　　D．其他机构

（5）小微企业信息（　　）、时间短以及贸易信息多样化等难点，很难获得比较客观的风险评估画像。

　　A．灵活多样　　　　　　　　　B．信息有效性差

　　C．非标准化　　　　　　　　　D．非结构化

3．判断题

（1）金融机构数据的收集主要来自内部和外部两个方面。（　　）

（2）比特币采用了PoW共识算法。（　　）

（3）不同区块链系统很容易跨链互通。（　　）

（4）大数据应用前提条件是已经收集大量全面的、有效的数据资源。（　　）

（5）市场能自主调节，利用大数据对用户情况进行分析和保障用户私权之间进行平衡，不需要法律予以明确保障。（　　）

（6）大数据背景下金融机构收集到的大量数据很多涉及用户的隐秘信息，存在数据安全管理隐患。（　　）

（7）智能投顾客户都能认识到自动化工具自身可能存在偏见，对某些专有类产品具有倾向性推荐。（　　）

（8）由于各项金融科技的创新性和成熟度不同，各国监管措施各异，缺乏全球统一标准。（　　）

4. 简答题

（1）新兴技术在创新应用中遇到哪些挑战？

（2）金融科技通过哪些方式推动普惠金融业务发展创新？

（3）金融科技通过哪些方式推动银行业务发展创新？

（4）简要谈谈金融科技全球监管合作的现状和存在的问题。

参考文献

[1] 郭福春. 人工智能概论[M]. 北京：高等教育出版社，2019.

[2] 郭福春，史浩. 互联网金融基础[M]. 2版. 北京：高等教育出版社，2019.

[3] 郭福春，陶再平. 互联网金融概论[M]. 2版. 北京：中国金融出版社，2018.

[4] 王均山. 金融科技生态系统的研究——基于内部运行机理及外部监管机制视角[J]. 上海金融，2019（5）：83–87.

[5] 赵鹞. Fintech的特征、兴起、功能及风险研究[J]. 金融监管研究，2016（9）：57–70.

[6] 高洪民，李刚. 金融科技、数字货币与全球金融体系重构[J]. 学术论坛，2020（2）：102–108.

[7] 孙国峰. 金钉子：中国金融科技变革新坐标[M]. 北京：中信出版集团，2019.

[8] 吴水炯. 金融科技内涵简析和未来展望[J]. 中国信用卡，2019（6）：66–68.

[9] 陈元. 新时代金融科技发展与展望[J]. 中国金融，2020（1）：9–10.

[10] 霍兵，张延良. 互联网金融发展的驱动因素和策略——基于长尾理论视角[J]. 宏观经济研究，2015（2）：86–93.

[11] 张沁悦，马艳等. 基于技术与制度的经济长波理论及实证研究[J]. 马克思主义研究，2015（5）：74–85.

[12] 谢富胜，吴越等. 平台经济全球化的政治经济学分析[J]. 中国社会科学，2019（12）：62–81.

[13] 漆铭. 商业银行数字普惠金融发展策略研究——基于长尾理论的视角[J]. 金融纵横，2019（4）：35–41.

[14] 马艳，王琳. 三大经济长波理论的比较研究[J]. 当代经济研究，2015（3）：32–39.

[15] 中国人民银行. "2019年支付体系运行总体情况"[EB/OL]. [2020-03-17].

中国人民银行网站.

[16] 中国人民银行支付结算司."互联网时代的支付变革"[EB/OL]. [2015-04-23]. 中国人民银行网站.

[17] 陈文."国际上如何区分支付、清算、结算基本概念？"[EB/OL]. [2020-03-02] 未央网.

[18] 余丰慧. 金融科技：大数据、区块链和人工智能的应用与未来 [M]. 杭州：浙江大学出版社，2018.

[19] 张赟，刘欣惠，朱南. 直销银行与纯网络银行比较分析 [J]. 新金融，2015（6）：34-38.

[20] 巴曙松，白海峰. 金融科技的发展历程与核心技术应用场景探索 [J]. 清华金融评论，2016（11）：99-103.

[21] 许衍会. 金融科技在供应链金融风险控制中的应用研究 [D]. 广西大学，2019.

[22] 戴海东、周苏. 大数据导论 [M]. 北京：清华大学出版社，2016.

[23] 周苏、王文. 人工智能导论 [M]. 北京：中国铁道出版社，2020.

[24] 张丽萍，颜配强，刘波. 人工智能时代我国商业银行金融科技业务风险管理 [J]. 银行家，2019（10）：140-142.

[25] 徐明星、田颖等. 图说区块链 [M]. 北京：中信出版集团，2017.

[26] 刘斌、赵云德. 金融科技：人工智能与机器学习卷 [M]. 北京：机械工业出版社，2019.

[27] 钟慧安. 金融科技发展与风险防范研究 [J]. 金融发展研究，2018（3）：81-84.

[28] 武卿. 区块链真相 [M]. 北京：机械工业出版社，2019.

[29] 刘振友. 区块链金融 [M]. 北京：文化发展出版社，2018.

[30] 陈辉. 金融科技框架与实践 [M]. 北京：中国经济出版社，2018.

[31] 壹零财经. 金融科技发展报告（2018）[M]. 北京：中国经济出版社，2019.

[32] 杨涛等. 中国金融科技运行报告（2019）[M]. 北京：社会科学文献出版社，2019.

[33] 陈学彬. 程序化交易初级教程（国信 Tradestation 量化平台）[M]. 北京：高等教育出版社，2017.

[34] 王雯，李滨，陈春秀. 金融科技与风险监管协同发展研究 [J]. 新金融，2018（2）：43-46.

[35] 程军，何军等. 金融科技风险与监管对策 [J]. 中国金融，2017（12）：70-71.

[36] 刘勇等. 金融科技行业发展趋势及人才培养 [J]. 中国大学教学，2020

(1)：31-36.

[37] 华泰证券课题组.证券公司数字化财富管理发展模式与路径研究[J].证券市场导报，2020（4）：2-12.

[38] 中国证券业协会.中国证券业发展报告（2019）[M].北京：中国财政经济出版社，2019.

[39] 邓辛.金融科技概论[M].北京：高等教育出版社，2020.

[40] 吴庆念.互联网金融基础[M].北京：机械工业出版社.2018.

[41] 宋梅.金融科技演化发展与未来趋势[J].贵州社会科学，2019（10）：138-148.

[42] 吴小平.财富管理行业发展现状与趋势[J].山东工商学院学报，2020（2）：9-20.

[43] 贾拓.大数据对征信体系的影响与实践研究[J].征信，2018（4）：17-25.

[44] 李晴.智能投顾的风险分析及法律规制路径[J].南方金融，2017（4）：90-98.

[45] 陈红，郭亮.金融科技风险产生缘由、负面效应及其防范体系构建[J].改革，2020（3）：63-73.

[46] 於勇成，赵阳.金融科技风险防范路径研究[J].金融经济，2019（8）：60-63.

[47] 陈华，杨聪.金融科技风险及其防范化解对策[J].中国财政，2019（3）：76-78.

[48] 中国人民银行长沙中心支行课题组.金融科技发展研究与监管建议——基于金融监管者视角[J].金融经济，2021（4）：53-59.

[49] 陆洋.我国对区块链立法规制的沿袭、突破与展开[J].南京邮电大学学报（社会科学版），2021,23（2）：24-36.

[50] 上官晓丽，王秉政.网络安全国家标准体系建设研究[J].信息技术与标准化，2021（5）：7-10.

[51] 姜珊.我国互联网保险监管法律制度研究[D].吉林大学，2019.

主编简介

郭福春，浙江金融职业学院党委委员、副校长，二级教授，博士，全国优秀教师，浙江省杰出教师，国家级专业教学团队负责人，国家职业教育金融专业与金融科技应用专业教学资源库及升级改进项目主持人，荣获高等教育和职业教育国家级教育教学成果二等奖3项（主持人），国家精品资源共享课"现代金融概论"负责人。

兼全国信息化教学指导委员会副主任委员，全国高等职业技术教育研究会秘书长，中国高等教育学会理事，中国职业技术教育学会理事。主编的《金融基础》（第二版）荣获首届全国教材建设奖全国优秀教材一等奖。主编的《金融基础》（第三版）《互联网金融基础》（第三版）《人工智能概论》为"十四五"职业教育国家规划教材。在《财贸经济》《金融研究》《社会科学战线》《中国高教研究》等期刊上发表学术论文100余篇，10余篇论文被中国人大复印报刊资料全文转载；主编学术专著10余部；主持国家社科基金、浙江省哲学社会科学规划重点课题、浙江省自然科学基金项目等省级以上课题10余项。

吴金旺，浙江金融职业学院金融管理学院副书记、副院长，教授，博士研究生，全国金融行指委金融科技专指委副主任委员兼秘书长，国家职业教育金融科技应用专业教学资源库项目执行负责人，教育部高等职业学校金融科技应用专业教学标准制订专家组组长，教育部行指委互联网金融行业人才需求预测与专业设置指导报告项目负责人，首批浙江省职业教育教师教学创新团队负责人，中国金融教育基金会"百名优秀教师"、公益项目评审专家，浙江省教育厅高职高专互联网金融专业带头人，职业教育国家在线精品课程"金融科技概论"负责人，浙江省高等学校精品在线开放课程"互联网金融基础"课程负责人，教育部生产型实训基地互联网金融虚拟运营创新创业实训中心项目负责人。主编、副主编《金融科技概论》《区块链金融》《金融基础》《金融科技合规实务》《人工智能概论》等教材10余部，出版《数字普惠金融：中国创新与实践》等著作4部。主持教育部行指委、浙江省教育厅、浙江省社科联、嘉兴市金融办、中国邮政储蓄银行浙江省分行等金融研究课题10余项，先后在Expert Systems With Applications（SCI一区）《浙江学刊》《金融理论与实践》《武汉金融》《浙江金融》《高等工程教育研究》《金融时报》《中国教育报》等国内外期刊报纸公开发表学术论文40余篇，人大复印资料全文转载3篇。

郑重声明

高等教育出版社依法对本书享有专有出版权。任何未经许可的复制、销售行为均违反《中华人民共和国著作权法》，其行为人将承担相应的民事责任和行政责任；构成犯罪的，将被依法追究刑事责任。为了维护市场秩序，保护读者的合法权益，避免读者误用盗版书造成不良后果，我社将配合行政执法部门和司法机关对违法犯罪的单位和个人进行严厉打击。社会各界人士如发现上述侵权行为，希望及时举报，我社将奖励举报有功人员。

反盗版举报电话　（010）58581999　58582371
反盗版举报邮箱　dd@hep.com.cn
通信地址　北京市西城区德外大街 4 号
　　　　　高等教育出版社法律事务部
邮政编码　100120

咨询电话　400-810-0598
反馈邮箱　gjdzfwb@pub.hep.cn
通信地址　北京市朝阳区惠新东街 4 号富盛大厦 1 座
　　　　　高等教育出版社总编辑办公室
邮政编码　100029

防伪查询说明

用户购书后刮开封底防伪涂层，使用手机微信等软件扫描二维码，会跳转至防伪查询网页，获得所购图书详细信息。

防伪客服电话　（010）58582300

资源服务提示

授课教师如需获取本书配套教辅资源，请登录"高等教育出版社产品信息检索系统"（http://xuanshu.hep.com.cn/），搜索本书并下载资源。首次使用本系统的用户，请先注册并进行教师资格认证。

高教社高职金融教师交流及资源服务 QQ 群：424666478

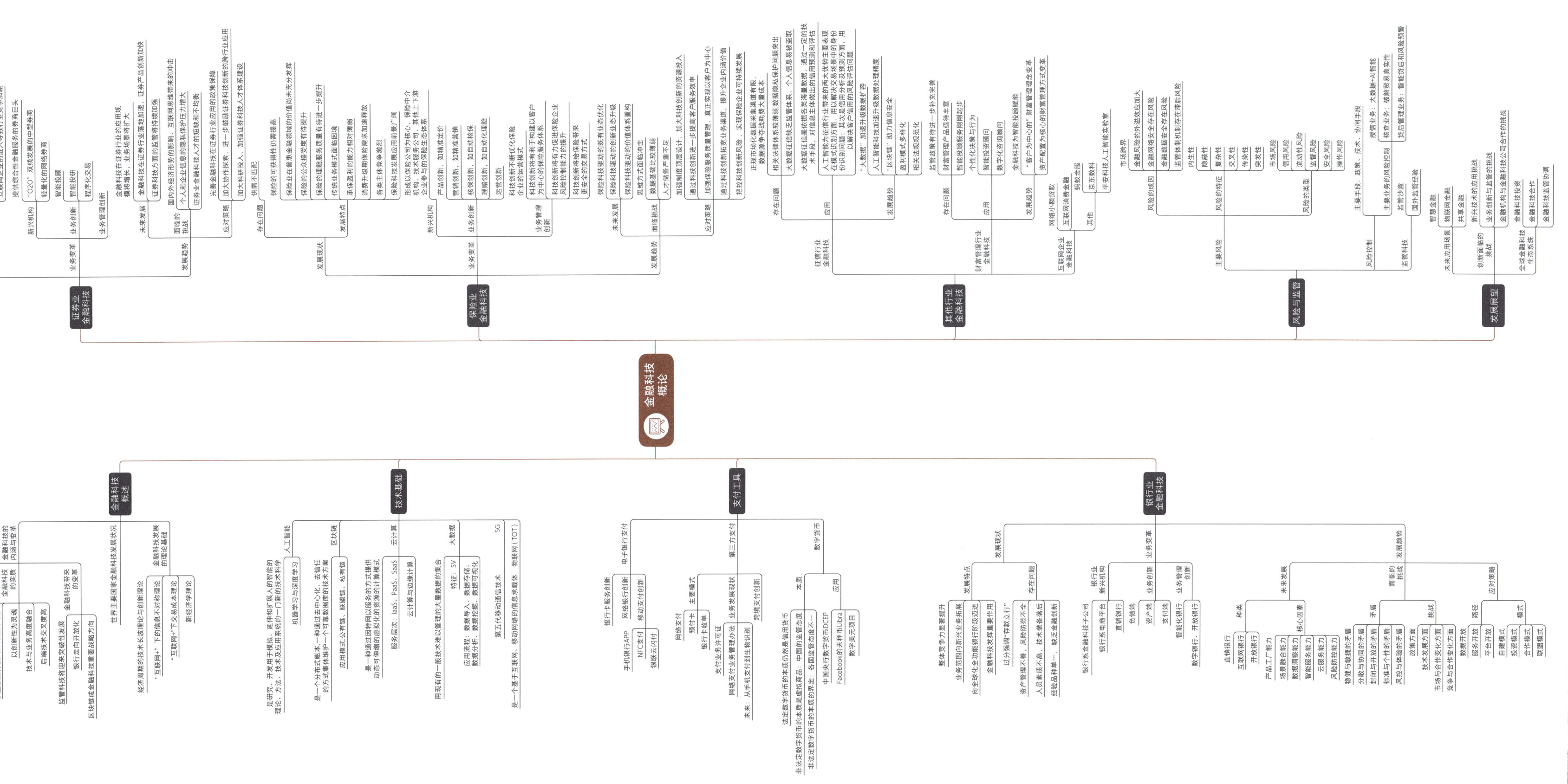

金融科技概论

金融概述
- **金融科技的内涵与变革**
  - 金融科技的内涵
  - 以创新性与灵敏
  - 技术与业务高度融合
  - 后端技术交叉渗透
  - 金融科技带来的变革
  - 银行业向开放化发展
  - 监管科技将迎来突破性发展
  - 区块链成金融科技重要战略方向
- **世界主要国家金融科技发展状况**
- **金融科技发展的理论基础**
  - 经济周期的技术长波理论与创新理论
  - "互联网+"下的信息不对称理论
  - "互联网+"下交易成本理论
  - 新经济学理论

技术基础
- **大数据**
  - 特征：5V
  - 应用流程：数据导入、数据存储、数据挖掘、数据分析、数据可视化
- **5G**
  - 第五代移动通信技术
- **物联网（IOT）**
  - 是一个基于互联网、移动网络的信息承载体
- **人工智能**
  - 是研究、开发用于模拟、延伸和扩展人的智能的理论、方法、技术及应用系统的一门新的技术科学
  - 机器学习、深度学习
- **区块链**
  - 是一分布式账本、一种通过去中心化、去信任的方式集体维护一个可靠数据库的技术方案
  - 应用模式：公有链、联盟链、私有链
- **云计算**
  - 是一种通过网络以服务的方式提供动态可伸缩的虚拟化的资源的计算模式
  - 服务层次：IaaS、PaaS、SaaS
  - 云计算与边缘计算

支付工具
- **电子银行支付**
  - 银行卡服务创新
  - 网络支付
    - 主要模式
    - 预付卡
    - 银行业务许可证
    - 支付业务许可证
    - 网络支付业务管理办法
  - 移动支付创新
    - 手机银行APP
    - NFC支付
    - 银联云闪付
- **第三方支付**
  - 支付宝、微信等
  - 业务发展现状
  - 未来：从车机支付到生物识别
  - 跨境支付创新
- **数字货币**
  - 本质
    - 法定数字货币的本质与数字信用货币
    - 非法定数字货币的本质是虚拟数字货币
    - 非法定数字货币的本质决定了其监管态度——各国监管态度不一
    - 中国央行数字货币DCEP
    - Facebook发行天秤币Libra
  - 应用
    - 数字美元项目

银行业金融科技
- **发展现状**
  - 发展特点
    - 整体竞争力显著提升
    - 业务范围向新兴业务拓展
    - 向全能化方向渐进
    - 金融科技发挥重要作用
  - 存在问题
    - 过分强调"存款立行"
    - 资产管理不善，风险防范不全
    - 人员素质不高，技术装备落后
    - 经营品种单一，缺乏金融创新
- **业务变革**
  - 银行机构
    - 银行系金融科技子公司
    - 银行系电商平台
    - 直销银行
    - 负债端
    - 资产端
    - 支付端
    - 智能化银行
    - 数字银行、开放银行
  - 业务创新
  - 业务管理创新
- **发展趋势**
  - 未来发展
    - 互联网银行
    - 产品工厂能力
    - 场景融合能力
    - 数据洞察能力
    - 智能服务能力
    - 云服务能力
    - 风险防控能力
    - 平台开放
  - 面临的挑战
    - 矛盾
      - 封闭与开放的矛盾
      - 分散与协同的矛盾
      - 标准化与个性化的矛盾
      - 风险与合作发展的矛盾
      - 竞争与合作变化的矛盾
    - 应对策略
      - 自建模式
      - 控股模式
      - 合作模式
      - 联盟模式

证券业金融科技
- **业务变革**
  - 新兴机构
    - 提供综合性金融服务的券商巨头
    - "O2O"双线业务的中型券商
    - 轻量化经营的网络服务商
    - 智能投顾
    - 智能投研
  - 业务创新
    - 程序化交易
- **未来发展**
  - 金融科技在证券行业的应用规模增长，业务场景将扩大
  - 金融科技在证券行业的监管将持续加快
- **面临的挑战**
  - 国内外经济形势影响加速，互联网思维带来冲击
  - 个人和企业信息的隐私保护压力增大
  - 证券业务模式与监管缺乏人才的短板将扩大
- **应对策略**
  - 完善协作探索，进一步激励证券行业的政策保障
  - 加大科技投入，推动技术研发，其他工具与跨行业应用
  - 加强金融科技人才队伍建设，缓解人才体系建设

保险业金融科技
- **发展现状**
  - 发展特点
    - 保险创新，加精准定价
    - 保险创新，加精准营销
    - 核保创新，加自动核保
    - 理赔创新，加自动化理赔
    - 运营创新
  - 存在问题
    - 保险业的获取性仍需提升
    - 保险业在普惠金融领域的价值尚未充分发挥
    - 保险业各模式面临压缩
    - 传统业务模式面临压缩
    - 承保金融的能力相对薄弱
    - 各类技术的交易方式
    - 保险科技发展驱动力薄弱
- **业务变革**
  - 业务创新
  - 业务模式创新
  - 思维方式加速迁移
  - 数据基础比较薄弱
  - 人才储备严重不足
- **发展趋势**
  - 应对策略
    - 加强制度顶层设计，加大科技创新的资源投入
    - 科技创新所有利于构建以客户为中心的保险服务体系
    - 加强保险服务质量管理，真正实现以客户为中心
    - 通过科技创新拓展保险医疗业务渠道，提升企业内涵价值
    - 把控科技创新风险，实现保险企业可持续发展

其他行业金融科技
- **征信行业**
  - 存在问题
    - 相关法律体系较薄弱，监管体系…
    - 大数据征信信息来源依赖性海量数据，个人信息易被盗取
    - 人工智能为征信行业带来的两大优势主要表现在模式识别方面：其一是增加次交易场景中的身份识别问题；其二是信用分析及预测方面，用以解决客户信用的风险评估问题
  - 发展趋势
    - "大数据"加速升级数据处理精度
    - 人工智能加速升级数据处理精度
    - "区块链"助力信息安全
- **财富管理金融科技**
  - 应用
    - 财富管理产品多样化
    - 智能服务服务刚起步
    - 个性化决策与行为
    - 数字化咨询顾问
  - 发展趋势
    - 金融科技为智能投顾赋能
    - 金融科技为核心的财富管理理念变革
    - 资产配置为核心的财富管理方式变革
- **互联网企业金融科技**
  - 网络消费金融
  - 约贷金融
  - 京东数科
  - 平安科技人工智能实验室

风险与监管
- **主要风险**
  - 风险成因
    - 金融风险的外溢效应加大
    - 金融数据安全存在风险
    - 监管体制制约在风险
  - 风险类别
    - 新兴技术应用的业务创新与监管合作的挑战
    - 市场跨界
    - 隐蔽性
    - 复杂性
    - 交叉性
    - 传染性
    - 市场风险
    - 信用风险
    - 流动性风险
    - 操作风险
- **风险控制**
  - 主要业务：大数据+人工智能
  - 主要业务的风险防控
  - 核查业务：破解交易真实性
  - 贷后与监管的创新合作
- **监管科技**
  - 智慧监管
  - 监管沙箱
  - 国外监管经验
- **未来应用场景**
  - 全球金融科技生态系统

发展展望
- **创新面临的挑战**
  - 业务创新与监管创新的挑战
  - 金融机构与金融科技公司合作的挑战
  - 金融科技法规
  - 金融监管协调
- **未来应用场景**
  - 核查业务：大数据+AI智能
  - 贷后管理业务：智能贷后和风险预警

数智化财经

核心专业
- 大数据与会计
- 大数据与财务管理
- 会计信息管理
- 大数据与审计
- 财税大数据应用
- 金融

专业课程（外环）
业财一体信息化、财务数字化、企业内部控制、会计制度设计、企业财务分析、财务大数据分析、业务财务一体化设计、初级会计实务、企业财务会计、管理会计实务、财务决策、业务财务信息分析、ERP财务业务一体化、ERP沙盘、企业财务管理、出纳业务操作、财务机器人应用、会计信息系统应用、EXCEL财务应用、行业会计比较、成本核算与管理、会计实查、全部差生等税、会计电算化、纳税实务、审计基础、智能审计、金税务实务应用、税务计算与申报、税务会计、税收筹划、财经法规与职业道德、政府会计、审计实务、区块链金融、保险实务、金融法律法规、金融服务礼仪、商业银行会计、证券投资实务、商业银行综合柜台业务、国际金融、金融服务营销

专业基础课
中国会计文化、中国金融文化、会计基础、管理会计基础、金融基础、金融科技概论、财政与金融、财经基本技能、Python财务基础、财务大数据基础

高等职业教育财经类专业群

岗课赛训
- 基础会计实训
- 成本会计实训
- 审计综合实训
- 管理会计实训
- 数字金融业务实训
- 财务会计实训
- 出纳岗位实训
- 税务会计实训
- 会计综合实训
- 会计信息化实验

1+X 书证融通
- 智能财税
- 财务共享服务
- 财务数字化应用
- 智能估值
- 财务机器人应用
- 金税财务应用
- 业财一体信息化应用
- 数字化管理会计
- 智能审计